Reforma da Previdência
Entenda Ponto a Ponto

CARLOS ALEXANDRE DE CASTRO MENDONÇA
WASHINGTON LUÍS BATISTA BARBOSA

Reforma da Previdência
Entenda Ponto a Ponto

Contempla a Emenda Constitucional n. 103/2019 e as Leis ns. 13.846, 13.847 e 13.876/2019, assim como Projeto de Lei n. 1.649/2019

LTr Editora Ltda.

© Todos os direitos reservados

Rua Jaguaribe, 571
CEP 01224-003
São Paulo, SP — Brasil
Fone (11) 2167-1101
www.ltr.com.br
Novembro, 2019

Produção Gráfica e Editoração Eletrônica: RLUX
Projeto de capa: DANILO REBELLO
Impressão: PSP DIGITAL

Versão impressa — LTr 6265.4 — ISBN 978-85-301-0126-8
Versão digital   — LTr 9660.3 — ISBN 978-85-301-0139-8

Dados Internacionais de Catalogação na Publicação (CIP)
(Câmara Brasileira do Livro, SP, Brasil)

Barbosa, Washington Luís Batista
  Reforma da previdência : entenda ponto a ponto /Washington Luís Batista Barbosa, Carlos Alexandre de Castro Mendonça. -- São Paulo : LTr, 2019.

  Bibliografia.
  ISBN 978-85-301-0126-8

  1. Previdência social - Brasil 2. Reforma previdenciária — Brasil 3. Seguridade social — Brasil I. Mendonça, Carlos Alexandre de Castro. II. Título.

19-31071   CDU-34:364.3(81)

Índice para catálogo sistemático:

1. Brasil : Reforma previdenciária : Direito
   previdenciário   34:364.3(81)

Cibele Maria Dias — Bibliotecária — CRB-8/9427

SUMÁRIO

PREFÁCIO 9

INTRODUÇÃO 11

CAPÍTULO I — OS PILARES E OS PRINCÍPIOS DA REFORMA DA PREVIDÊNCIA DE 2019

1. OS PILARES DA REFORMA DA PREVIDÊNCIA DE 2019 13

    1.1. Pilar da Idade Mínima 13

    1.2. Pilar Combate às Fraudes 15

    1.3. Pilar Mecanismos de Execução e Cobrança de Dívidas 16

2. OS PRINCÍPIOS DA REFORMA DA PREVIDÊNCIA DE 2019 19

    2.1. Princípio da Segurança Jurídica 20

    2.2. Princípio da Justiça Previdenciária 21

    2.3. Princípio do Equilíbrio e da Sustentabilidade 22

CAPÍTULO II — REGRAS PERMANENTES

1. APOSENTADORIA — TEORIA GERAL 25

    1.1. Condições Comuns para o Regime Geral e para o Regime Próprio da Previdência Social 26

        1.1.1. Direito Adquirido 31

    1.2. Regime geral da previdência social — RGPS 33

    1.3. Regime Próprio da Previdência Social — RPPS 34

        1.3.1. Condições Gerais 34

        1.3.2. Abono de Permanência 39

        1.3.3. Aposentadoria por Invalidez 40

        1.3.4. Regime de Previdência Complementar 41

    1.4. Cálculo de Benefícios 44

2. APOSENTADORIA ESPECIAL 50

2.1. Professor 50

2.2. Portadores de Deficiência 53

2.3. Agentes Nocivos 58

2.4. Forças Policiais Federais e do Distrito Federal, Agente Federal Penitenciário ou Socioeducativo 61

3. BENEFÍCIOS DE RISCO 65

3.1. Aposentadoria por Invalidez 65

3.2. Pensão Por Morte 67

3.2.1. Acumulação de Benefícios 73

4. BENEFÍCIOS ASSISTENCIAIS 78

4.1. LOAS/BPC 78

4.2. Rurais 80

CAPÍTULO III — REGRAS DE TRANSIÇÃO

1. APOSENTADORIA — TEORIA GERAL DAS REGRAS DE TRANSIÇÃO 81

1.1. Condições comuns para o Regime Geral e para o Regime Próprio da Previdência Social 82

1.2. Regime Geral da Previdência Social 82

1.2.1. Primeira Regra de Transição — Pontos 83

1.2.1.1. Professor — Regra dos Pontos 85

1.2.2. Segunda Regra de Transição– Idade e Tempo de Contribuição 86

1.2.2.1. Professor — Regra de Idade e Tempo de Contribuição 87

1.2.3. Terceira Regra de Transição — Pedágio de 50% 89

1.2.4. Quarta Regra de Transição — Aposentadoria por Idade 91

1.2.5. Quinta Regra de Transição — Pedágio de 100% 92

1.2.5.1. Professor — Regra do Pedágio de 100% 93

1.2.6. Regra de Transição — Aposentadoria Especial 94

1.2.7. Regra de Transição — Aposentadoria do Deficiente 96

1.3. Regime próprio da previdência social 97

1.3.1. Primeira Regra de Transição — Pontos 97

1.3.1.1. Professor — Regra de Pontos 100

1.3.2. Segunda Regra de Transição — Pedágio de 100% 102

1.3.2.1. Professor — Regra de Pedágio de 100% 104

1.3.3. Regra de Transição para Policiais Federais 105

1.3.4. Regra de Transição — Atividade Especial 107

CAPÍTULO IV — FORMAS DE CUSTEIO

1. CONTRIBUIÇÃO EXTRAORDINÁRIA 111

2. ALÍQUOTAS PROGRESSIVAS 115

2.1. Elevação da alíquota da CSSLL 119

3. CONTRIBUIÇÃO COMPLEMENTAR 120

4. VINCULAÇÃO DE RECEITAS 122

CAPÍTULO V — CONDIÇÕES ESPECÍFICAS

1. COMPETÊNCIA LEGISLATIVA: POLICIAIS MILITARES E BOMBEIROS 127

2. FIM DA APOSENTADORIA PUNITIVA DOS MAGISTRADOS E PROMOTORES 129

3. DETENTORES DE MANDATO ELETIVO 132

4. CADASTRAMENTO PRODUTORES RURAIS 136

5. SITUAÇÕES ESPECIAIS PARA SERVIDORES PÚBLICOS 137

5.1. Readaptação 138

5.2. Rompimento do Vínculo Empregatício 139

5.3. Adesão ao FUNPRESP e Benefício Especial 141

6. COMPETÊNCIA DA JUSTIÇA FEDERAL 143

APÊNDICES

A. EMENDA CONSTITUCIONAL 147

B. LEI COMBATE A FRAUDES — Lei n. 13.486/2019 175

C. PROJETO DE LEI N. 1.646/2019 205

D. QUADROS COMPARATIVOS 213

PREFÁCIO

Bastante honrado recebi o convite dos Professores Carlos Mendonça e Washington Barbosa para prefaciar o novo livro, "Reforma da Previdência: Entenda Ponto a Ponto".

O entusiasmo se deve, sobretudo, à amizade que nutro pelos professores Mendonça e Washington, juristas que vêm se destacando com ideias bem interessantes no Direito Previdenciário, bem como pela qualidade ímpar da obra que se têm em mãos.

O entusiasmo se deve menos à inovação legislativa que se pretende comentar, a denominada Reforma Previdenciária.

A estrutura da Reforma da Previdência, originada da PEC n. 6/2019, tem a pretensão de estabelecer a denominada "Nova Previdência".

Nesse caminho, em grande medida promove enorme retrocesso social, pois em geral dificulta o acesso aos benefícios previdenciários e proporciona redução no valor das prestações mensais pagas, promovendo também uma significativa quebra no pacto de solidariedade social inaugurado pela Constituição Federal de 1988.

Em diversos textos nossos tivemos a oportunidade de apresentar estes pontos negativos que advêm da Reforma Previdenciária.

Porém, "rei morto, rei posto", diz o ditado. Com a aprovação da Reforma Previdenciária, porém, a situação é similar: doravante há uma regra jurídica nova, que deve ser lida, compreendida e severamente escrutinada pelos operadores do Direito, sobretudo à luz das demais regras constitucionais, do sistema constitucional como um todo.

Nesse sentido, a nova obra dos professores Carlos Mendonça e Washington Barbosa cumpre com maestria esse papel de apresentação dos pilares que nortearam a elaboração da Reforma Previdenciária, bem como de demonstrar as principais novas regras aplicáveis aos benefícios previdenciários, as regras de transição, de custeio e também algumas regras mais específicas.

À LTr Editora, agora capitaneada pela querida Dra. Beatriz Casimiro Costa, também registro meus elogios, pela celeridade e eficiência com que leva ao público leitor uma obra que tem tudo para se tornar referência para todos e todas que almejam conhecer um pouco melhor e de forma segura o novo sistema previdenciário que acaba de entrar em vigência.

Recomendo vivamente a leitura deste livro.

S. Paulo, outubro de 2019.

MARCO AURÉLIO SERAU JUNIOR

Professor da UFPR — Universidade Federal do Paraná, nas áreas de Direito do Trabalho e Direito Previdenciário. Doutor e Mestre em Direitos Humanos (USP). Diretor Científico do IBDP — Instituto Brasileiro de Direito Previdenciário. Autor e coordenador de diversas obras jurídicas, como "Resolução do conflito previdenciário e direitos fundamentais" e "Benefício Assistencial — Teoria Geral — Processo — Custeio", ambas pela LTr Editora.

INTRODUÇÃO

De há muito se fala na existência de um déficit financeiro e atuarial dos regimes de previdência nacionais. De um lado, principalmente o Governo Federal, apresenta-se números alarmantes sobre a situação das contas da Previdência e da saúde fiscal do país. De outro lado, principalmente as entidades de classe, sindicatos e associações, questionam a existência do déficit dos Regimes, apresentam-se relatórios, textos e arregimentam-se as categorias para se posicionarem contrariamente às propostas encaminhadas pelo Governo e analisadas pelo Congresso Nacional.

Independente das posições divergentes, a situação fática é que foi aprovada a Emenda Constitucional n. 103/2019, que alterou significativamente as normas constitucionais e, porque não dizer, infraconstitucionais sobre os regimes de previdência, tanto do Regime Próprio de Previdência Social quanto do Regime Geral da Previdência Social.

Certamente estas não serão as únicas alterações, ainda tramitam no Congresso Nacional a chamada PEC Paralela, que contempla, principalmente, a inclusão dos estados, do Distrito Federal e dos municípios; as propostas de mudanças no Sistema de Proteção Social das Forças Militares e o projeto de lei para o recrudescimento das ações de execução contra devedores. Mais do que isso, sabe-se que os regimes previdenciários devem ser constantemente atualizados, de forma a assegurar os equilíbrios financeiro e atuarial.

O propósito desta obra é apresentar as mudanças promovidas pela Emenda Constitucional n. 103/2019, promover o cotejo entre a legislação anteriormente vigente e analisar os impactos da implementação do novo ordenamento jurídico previdenciário nacional.

Em um primeiro momento, apresentar-se-ão os pilares e os princípios que nortearam a elaboração e a tramitação da Reforma da Previdência de 2019. Os pilares: "Idade Mínima", "Combate às Fraudes" e "Mecanismos de Execução e Cobrança de Dívidas" serão analisados um a um, como forma de se compreender os eixos mais relevantes de atuação que foram considerados pelo Governo Federal. Ainda, a fim de se estabelecer referencial principiológico e para melhor compreensão didática, elencar-se-ão os três princípios fundamentais da Reforma: "Segurança Jurídica", "Justiça Previdenciária" e "Equilíbrio e Sustentabilidade".

Saliente-se que não se entrará no mérito se a proposta encaminhada atendeu ou não aos pilares e aos princípios estabelecidos, a ideia será demonstrar o que se pretendeu ao listar os princípios da Reforma da Previdência de 2019. Do ponto de vista acadêmico, mostra-se como de grande valor promover esse estudo, até mesmo para poder confrontá-los, em um outro momento, com o resultado efetivo da Reforma da Previdência.

A seguir, o Capítulo: Regras Permanentes, trará as normas constitucionais definitivas e que regularão tanto o Regime Geral da Previdência Social quanto o Regime Próprio da Previdência Social. Inicialmente mostrar-se-ão as regras gerais, que valerão para ambos os regimes, para depois se apresentar as características específicas para o RGPS e para o RPPS, passando-se pela aposentadoria especial, pelos benefícios de risco e pelos benefícios sociais.

Entretanto, considerando a premissa fundamental que salvaguarda os direitos adquiridos, foi necessário o estabelecimento de regras de transição, que serão apresentadas uma a uma, explicitando-se cada uma das situações, a depender do regime, do benefício ou da categoria.

A Reforma da Previdência de 2019 promoveu alterações também nas formas de custeio dos regimes previdenciários. A instituição de alíquotas progressivas e da possibilidade de implementação de contribuição complementar para suprir déficits atuariais fazem parte das principais inovações contempladas e que serão objeto de capítulo próprio.

Finalmente, a Emenda Constitucional trouxe situações que podem ser enquadradas como "condições específicas" que, necessariamente, não se referem a um dos regimes especialmente, mas tratam de matérias complementares e suplementares para a perfeita implementação dos pilares e dos princípios que nortearam a construção da Reforma.

Boa leitura e bons estudos.

Carlos Alexandre de Castro Mendonça
Washington Luís Batista Barbosa

CAPÍTULO I

OS PILARES E OS PRINCÍPIOS DA REFORMA DA PREVIDÊNCIA DE 2019

Antes de iniciar a apresentação dos detalhes da Reforma da Previdência de 2019, faz-se necessário identificar os pilares e os princípios que foram utilizados pelo Governo Federal para a elaboração da proposta. O material base utilizado para tanto foi a apresentação feita pelo Governo Federal, elaborado pelo Ministério da Economia, Secretaria Especial de Previdência e Trabalho, no dia 20 de fevereiro de 2019.[1]

Dessa forma, mesmo que algumas das propostas não tenham sido aprovadas pelo Congresso Nacional, analisar-se-á a principiologia e as premissas que nortearam a proposta, até mesmo porque, ainda que a Nova Previdência tenha sofrido baixas nesse primeiro momento, esses princípios estão na agenda do Governo e, provavelmente, em outro momento, poderão nortear futuras propostas de alteração do Regime Previdenciário no Brasil.

1. OS PILARES DA REFORMA DA PREVIDÊNCIA DE 2019

A Reforma da Previdência de 2019, chamada pelo Governo de "Nova Previdência", calcou-se em três pilares principais:

1.1. Pilar da Idade Mínima

O primeiro pilar da Reforma da Previdência de 2019 diz respeito à extinção da aposentadoria por tempo de contribuição e a instituição do requisito de idade mínima para a concessão do benefício de aposentadoria.

---

(1) BRASIL. Ministério da Economia, Secretaria Especial de Previdência e Trabalho. Disponível em <http://www.economia.gov.br/central-de-conteudos/apresenta-coes/2019/2019-02-27_nova-previdencia_revisada.pdf>. Acesso em: 23 set. 2019.

Antes da Emenda Constitucional, no Regime Geral de Previdência Social — RGPS, havia a possibilidade de aposentar-se por tempo de contribuição, 35 anos para homens e 30 anos para as mulheres, independente da idade no momento da concessão. Há muito tempo, vários estudos, inclusive de governos anteriores, contrapuseram-se à possibilidade de concessão de aposentadoria levando em conta somente a idade.

Medidas como a instituição do Fator Previdenciário e da fórmula de pontos (86/96), idade somada ao tempo de contribuição; foram implementadas como tentativa de controlar o impacto da concessão de aposentadoria por tempo de contribuição. A primeira medida tratava-se de uma fórmula matemática que acabava por reduzir o valor da aposentadoria, ao levar em consideração a idade do segurado no momento da concessão e, por consequência, a sua respectiva expectativa de sobrevida. Na prática, quanto mais novo o segurado completasse o tempo de contribuição mínimo para aposentar-se, menor seria valor do seu benefício. Em relação à segunda medida, foi configurado para privilegiar àqueles que começaram a contribuir desde a juventude e, dessa forma, fugir da incidência do fator previdenciário, a medida buscou incentivar o início precoce da contribuição para a previdência social, fazendo uma ponderação entre o tempo de contribuição e a idade da concessão de aposentadoria.

O debate sobre a possibilidade de concessão de aposentadoria somente por tempo de contribuição ganha destaque quando, ao olhar os regimes utilizados no mundo, verifica-se que o Brasil é um dos poucos países que adotam tempo de contribuição como requisito para concessão da aposentadoria. Na realidade, somente dois países no mundo, dentre os que compõem o G-20 e a América do Sul, além do Brasil, adotam esse requisito como essencial: Arábia Saudita e Equador. Caso a pesquisa seja feita em todo o mundo, esse número sobe para 12 países, quais sejam: Arábia Saudita, Argélia, Bahrein, Egito, Equador, Hungria, Iêmen, Irã, Iraque, Luxemburgo, Sérvia e Síria. [2]

Esse primeiro Pilar, além de considerar a extinção da aposentadoria somente por tempo de contribuição e a valorização do requisito de idade mínima, trouxe em seu bojo a própria proposta de emenda à constituição apresentada pelo Governo, que incluiu: a busca da equipa-

---

(2) BRASIL. Senado Federal, Textos para Discussão 190, Março/2016, p. 15. Disponível em: <https://www2.senado.leg.br/bdsf/bitstream/handle/id/518439/Textos_para_discussao_190.pdf?sequence=1>. Acesso em: 23 set. 2019.

ração entre os diversos regimes previdenciários no Brasil e a redução das chamadas aposentadorias especiais.

Na realidade, esse primeiro pilar é a própria PEC n. 06/2019 encaminhada pelo Governo para análise do Congresso Nacional.

1.2. Pilar Combate às Fraudes

No pilar Combate às Fraudes, incialmente objeto da Medida Provisória n. 871/2019[3], convertida na Lei n. 13.846/2019[4], configura-se em um conjunto de ações para estancar a drenagem de recursos da previdência social objeto de fraudes. Segundo o Governo Federal, somente no primeiro ano de vigência, seria possível alcançar o impacto de R$ 9,8 bilhões.[5]

O pilar trouxe como premissas basilares:

a) a instituição de regras mais rígidas para evitar fraudes;

b) revisão permanentes de benefícios, principalmente àqueles que apresentem indícios de fraudes;

c) instituição de programa de incentivo para otimizar a realização de perícias médicas e análise dos processos administrativos previdenciários; e

d) maior rigor na concessão de isenções a portadores de doenças graves.

Na prática, a Lei instituiu dois programas: Programa Especial para Análise de Benefícios com Indícios de Irregularidade (Programa Especial) e o Programa de Revisão de Benefícios por Incapacidade (Programa de Revisão). Ambos trazem consigo a utilização de bônus, consubstanciado em incentivo financeiro de caráter temporário para os servidores.

---

(3) BRASIL. Medida Provisória n. 871, de 18 de janeiro de 2019. Disponível em <http://www.planalto.gov.br/ccivil_03/_Ato2019-2022/2019/Mpv/mpv871.htm>. Acesso em: 23 set. 2019.
(4) BRASIL. Lei n. 13.846, de 18 de junho de 2019. Disponível em: <http://www.planalto.gov.br/ccivil_03/_Ato2019-2022/2019/Lei/L13846.htm>. Acesso em: 23 set. 2019.
(5) BRASIL. Ministério da Economia, Secretaria de Previdência e Trabalho. Disponível em: <http://www.economia.gov.br/central-de-conteudos/apresentacoes/2019/2019-02-27_nova-previdencia_revisada.pdf>. Acesso em: 23 set. 2019.

Ainda, a mesma lei criou a carreira de Perito Médico Federal integrada ao quadro de pessoal do Ministério da Economia, integrou os sistemas de informações do Departamento Nacional de Registro do Comércio (DNRC) e do Sistema Nacional de Informações de Registro Civil aos sistemas do INSS. Além disso, possibilitou o acesso aos dados biométricos mantidos e administrados pelos órgãos públicos federais, aos dados da Justiça Eleitoral e de outros entes federativos; aos registros de prontuários eletrônicos do SUS, aos documentos médicos mantidos por entidades públicas e privadas e à movimentação das contas do FGTS.

Como se pode perceber, a ideia é aprimorar as ferramentas de informações e de gestão do INSS de modo a permitir o combate permanente às fraudes perpetradas contra a previdência social. Pela primeira vez o combate à fraude e a gestão do risco previdenciário foram considerados como fator determinante para uma proposta de reforma da previdência. Em regra, e até esse momento, as propostas de reforma somente se atinham a alteração dos requisitos para concessão de benefícios, sem buscar fechar a torneira do desperdício e das fraudes.

Ainda é cedo para se avaliar o impacto da implantação das medidas, não se trata de um processo de fácil implementação, não obstante, entende-se que as suas linhas básicas são: a) aperfeiçoamento da gestão; b) integração de informações dos diversos sistemas da administração pública e da iniciativa privada; c) a especialização da carreira de peritos federais; e d) a busca por uma gestão voltada para resultados; possivelmente trarão bons resultados.

O ideal é aguardar a implementação de todas as medidas para que se possa fazer uma avaliação sobre os resultados alcançados.

1.3. Pilar Mecanismos de Execução e Cobrança de Dívidas

Além das fraudes, o crescente volume de débitos previdenciários também foi considerado na Reforma da Previdência de 2019. Trata-se de um conjunto de medidas de combate ao grande devedor recorrente e de fortalecimento da cobrança da dívida ativa.

As propostas são objeto do Projeto de Lei n. 1.646/2019, que estabelece medidas para o combate ao devedor contumaz e de fortalecimento da cobrança da dívida ativa e altera a Lei n. 6.830, de 22 de setembro de 1980, a Lei n. 8.397, de 6 de janeiro de 1992, e a Lei n. 9.430, de 27 de dezembro de 1996. Para tramitação do projeto de lei, a Câmara dos Deputados criou Comissão Especial para tratar especificamente sobre o projeto.[6]

Em linhas gerais, o Projeto de Lei estabelece o conceito de Devedor Contumaz, que será aquele contribuinte cujo comportamento fiscal se caracteriza pela inadimplência substancial e reiterada de tributos.[7] Em um primeiro momento, seria priorizada a atuação junto àqueles que somarem mais de R$ 15 milhões em débitos, tenham o propósito específico de fraudar (fraude estruturada), ou se utilizem de pessoas interpostas (laranjas), ou utilizem de ardil para burlar os mecanismos de cobrança.[8] [9]

Dentre as medidas propostas, esses devedores contumazes teriam como consequência: o cancelamento do CNPJ e o impedimento de fruição de benefícios fiscais pelo prazo de 10 anos, inclusive no que diz respeito à adesão a parcelamentos, remissão, anistia e utilização de créditos fiscais.

Outra frente de atuação, diz respeito aos créditos de difícil recuperação, desde que não haja indícios de fraude. Para esses devedores, poderão ser concedidos descontos de até 50% no valor da dívida, para pagamento à vista ou em até 60 meses.[10]

Finalmente, a terceira frente de atuação que se refere às propostas de melhoria do processo de cobrança[11], que podem ser assim sintetizadas:

---

(6) BRASIL. Senado Federal, Ato da Presidência. Disponível em: <https://www.camara. leg.br/proposicoesWeb/prop_mostrarintegra;jsessionid=472C98295001192813CAF5DCCC-53FF25.proposicoesWebExterno1?codteor=1757409&filename=Tramitacao-PL+1646/2019>. Acesso em: 23 set. 2019.

(7) BRASIL. Senado Federal, Projeto de Lei n. 1.646/2019, Art. 1º, parágrafo único. Disponível em: <https://www.camara.leg.br/proposicoesWeb/prop_mostrarintegra?codteor=1721790&filename=PL+1646/2019>. Acesso em: 23 set. 2019.

(8) BRASIL. Ministério da Economia, Procuradoria da Fazenda Nacional. Disponível em: <http://www.economia.gov.br/central-de-conteudos/apresentacoes/2019/2019-03-22_previdencia_pgfn.pdf>. Acesso em: 23 set. 2019.

(9) BRASIL. Senado Federal, Projeto de Lei n. 1.646/2019, Art. 2º. Disponível em: <https://www.camara.leg.br/proposicoesWeb/prop_mostrarintegra?codteor=1721790&filename=PL+1646/2019>. Acesso em: 23 set. 2019.

(10) BRASIL. Senado Federal, Projeto de Lei n. 1.646/2019, Art. 5º. Disponível em: <https://www.camara.leg.br/proposicoesWeb/prop_mostrarintegra?codteor=1721790&filename=PL+1646/2019>. Acesso em: 23 set. 2019.

(11) BRASIL. Senado Federal, Projeto de Lei n. 1.646/2019, Arts. 7º a 10. Disponível em: <https://www.camara.leg.br/proposicoesWeb/prop_mostrarintegra?codteor=1721790&-filename=PL+1646/2019>. Acesso em: 23 set. 2019.

a) juízo único para a execução fiscal, excluindo juízos de falência, recuperação judicial, liquidação, insolvência e inventário;

b) novo regramento para os bens penhorados com a imediata remoção, exploração econômica e alienação antecipada;

c) possibilidade de contratação de empresa especializada na gestão de bens, principalmente no que diz respeito à guarda, conservação, transporte e alienação;

d) possibilidade de oposição de embargos pelo devedor, independente da garantia integral do juízo; e

e) possibilidade de contratação de terceiros para atividades de cobrança por telefone e por meios digitais.

As medidas virão em um bom momento, principalmente por conta do expressivo estoque da dívida ativa da União, no que se refere aos débitos relacionados às questões previdenciárias. Segundo informações da Procuradoria Geral da Fazenda Nacional, esse estoque alcança R$ 491,2 bilhões, posição em dezembro de 2018, que representa 22,5% do montante da dívida pública da União. [12]

Mais que isso, e com base nas mesmas informações da PGFN, de 2014 a 2018, houve um crescimento de 54% do estoque de dívida pública previdenciária, o que representa uma taxa de 11,5% ao ano. A Procuradoria Geral da Fazenda Nacional indica como motivadores desse crescimento vertiginoso da dívida:

a) longo prazo dos parcelamentos de débitos; e

b) tempo despendido nas discussões judiciais sobre a exigibilidade dos créditos.

O ponto que mais preocupa no levantamento realizado pela PGFN, diz respeito ao fato de que, desses créditos previdenciários 71% deles são irrecuperáveis ou de baixa perspectiva de recuperação. Muito disso deve-se a falta de atuação proativa e preventiva na recuperação dos créditos, o que, aparentemente, será combatido pelas medidas propostas neste Pilar.

---

(12) BRASIL. Ministério da Economia, Procuradoria da Fazenda Nacional. Disponível em: <http://www.economia.gov.br/central-de-conteudos/apresentacoes/2019/2019-03-22_ previdencia_pgfn.pdf>. Acesso em: 23 set. 2019.

Não obstante, há de se esperar qual será a posição do Congresso Nacional sobre o Projeto de Lei n. 1.646/2019. Destaque-se que, pelo menos até esse momento, aparentemente o projeto de lei é considerado uma prioridade pela Câmara dos Deputados, haja vista a rápida tramitação que o processo tem apresentado.[13]

2. OS PRINCÍPIOS DA REFORMA DA PREVIDÊNCIA DE 2019

Após se analisar os três pilares da Reforma da Previdência de 2019, chamada de Nova Previdência pelo Governo Federal, há de se debruçar sobre os princípios que nortearam a Proposta de Emenda Constitucional 06/2019. Destaque-se, mais uma vez, que a ideia de estudar esses princípios, mesmo que algumas das propostas iniciais não tenham sido aprovadas pelo Congresso Nacional, funda-se na intenção de compreender melhor qual a linha de pensamento do Governo Federal sobre o tema. Principalmente porque nada impede que as propostas que foram, inicialmente, nessa primeira fase, rejeitadas pelo Congresso, venham a ser objeto de nova PEC, ou mesmo, de alterações legislativas futuras.

Ainda, destaque-se que não se entrará no mérito se a proposta encaminhada atendeu ou não aos princípios estabelecidos, a ideia será demonstrar o que se pretendeu ao listar os princípios da Reforma da Previdência de 2019. Do ponto de vista acadêmico, mostra-se como de grande valor promover esse estudo, até mesmo para poder confrontá-lo, em um outro momento, com o resultado efetivo da Reforma da Previdência.

Nesse sentido, utilizar-se-á como base os princípios apresentados pelo Ministério da Economia, quando do encaminhamento da Proposta de Emenda Constitucional ao Congresso Nacional[14], quais sejam:

a) sistema justo e igualitário;

b) quem ganha menos paga menos;

---

(13) BRASIL. Câmara Federal, Acompanhamento de Proposição Legislativa, PL 1646/2019. Disponível em: <https://www.camara.leg.br/proposicoesWeb/fichadetramitacao?idProposicao=2194879>. Acesso em: 23 set. 2019.

(14) BRASIL. Ministério da Economia, Secretaria de Previdência e Trabalho. Disponível em: <http://www.economia.gov.br/central-de-conteudos/apresentacoes/2019/2019-02-27_nova-previdencia_revisada.pdf>. Acesso em: 23 set. 2019.

c) garantir a sustentabilidade do sistema;

d) garantia dos direitos adquiridos;

e) separação entre assistência e previdência;

f) maior proteção social ao idoso: assistência fásica;

g) opção pela capitalização; e

h) fortalecimento do financiamento direto pelo Próprio Segurado.

Dessa forma, para fins didáticos, poder-se-ia sintetizar a lista apresentada, quando do encaminhamento da Reforma da Previdência de 2019, em três princípios:

a) Segurança Jurídica;

b) Justiça Previdenciária; e

c) Equilíbrio e Sustentabilidade.

2.1. Princípio da Segurança Jurídica

Talvez um dos mais caros aos cidadãos brasileiros, o Princípio da Segurança Jurídica estabelece a garantia do direito adquirido e a utilização de regras de transição àqueles que já eram filados a um sistema de Previdência Social.

Em primeiro lugar, no que diz respeito à garantia do direito adquirido, observa-se que segue a jurisprudência dos tribunais superiores nacionais, quanto à garantia do direito adquirido à concessão de benefício previdenciário. Mais do que isso, segue a diretriz do art. 5º, XXXVI, da Constituição Federal de 1988.[15]

A aparente despicienda citação desse princípio não pode turvar a análise sobre o peso conceitual que ele representa. Até então, nenhuma das alterações promovidas na Previdência Social brasileira deixou a garantia do direito adquirido de forma tão nítida e indene de dúvidas. Em outras situações, não era incomum ver os tribunais nacionais se depararem com uma série de ações judiciais para questionar o direito adquirido em matéria previdenciária. Deve-se a isso a ausência de declaração expressa nos textos das reformas da previdência anteriores.

Talvez o leitor esteja pensando que seria prescindível a declaração do princípio da Segurança Jurídica, por conta do previsto no art. 5º, XXVI, da Constituição Federal, não obstante, ao se alçar a garantia do direito adquirido à categoria de princípio da Reforma da Previdência de 2019, dá-se um norte para a interpretação de todo e qualquer dispositivo da Emenda Constitucional. Esse é o importante papel desempenhado por um princípio, o de balizar a aplicação e a interpretação das normas.

Além da garantia do direito adquirido, o Princípio da Segurança Jurídica fundamenta a criação de regras de transição destinadas àqueles que já faziam parte do sistema previdenciário, antes da publicação da Emenda Constitucional. Somente por meio de parâmetros que promovam a integração entre o regime anterior e o ora iniciado, poder-se-ia promover a segurança jurídica tão almejada por todos.

2.2. Princípio da Justiça Previdenciária

Entende-se por Princípio da Justiça Previdenciária aquele que busca a implementação de um sistema justo, no qual todos se aposentem seguindo as mesmas condições; a equiparação entre os regimes previdenciários, assim como o sistema de proteção social das forças de segurança; e, ainda, estabelece um sistema de contribuições progressivas para custear a previdência social.

Nesse sentido, a busca pela equiparação entre os requisitos básicos do Regime Geral da Previdência Social, Regime Próprio de Previdência

---

(15) "Art. 5º (...) XXXVI — a lei não prejudicará o direito adquirido, o ato jurídico perfeito e a coisa julgada;" BRASIL. Constituição Federal de 1988.

Social e Sistema de Proteção Social das forças de segurança. A instituição de idade mínima e de tempo mínimo de contribuição para concessão da aposentadoria; o fim dos benefícios de integralidade e paridade de proventos de aposentadoria; a extinção do Plano de Seguridade Social dos Congressistas; a redução das condições especiais para concessão de aposentadoria; e a unificação das alíquotas entre o RGPS, o RPPS e Sistema de Proteção Social das forças de segurança.

De outro lado, a implantação do sistema de contribuições progressivas para custear a previdência social, que buscará a efetiva Justiça Previdenciária, por meio do estabelecimento de alíquotas progressivas por faixa de renda, de forma a proporcionar que quem ganhe menos pague menos e quem ganha mais pague mais.

Ainda, esse princípio busca a separação das bases de financiamento e de aplicação dos recursos entre assistência e previdência. Dessa forma buscar-se-á a identificação de rubricas orçamentárias específicas para cada área, em que serão contabilizadas as receitas e as despesas vinculadas à ações de saúde, de previdência e de assistência social, preservando-se o caráter contributivo da previdência social.

2.3. Princípio do Equilíbrio e da Sustentabilidade

O Princípio do Equilíbrio e da Sustentabilidade consubstancia-se pela busca da sustentabilidade do sistema e do fim do sistema de repartição para a implementação de um sistema de capitalização na Previdência Social.

As medidas propostas buscam a redução dos custos da Previdência Social brasileira, quer por meio do recrudescimento dos requisitos para concessão de benefícios; quer pela vedação de acúmulo de benefícios; quer pela implementação de alíquotas progressivas que chegam à 22%, equivalentes à taxa efetiva de 16,68% no RPPS federal; quer a previsão de instituição de contribuição extraordinária para suprir eventual déficit atuarial.

Ainda, esse Princípio fundamentaria o fim do sistema de repartição, que pressupõem um pacto intergeracional e se baseia na necessidade de uma taxa de reposição populacional adequada, e na implantação do sistema de capitalização. Como se sabe, o regime de capitalização foi excluído da proposta pelo Congresso Nacional, não obstante, conforme sustentado anteriormente, ele foi incluído na presente principiologia, por se entender que a proposta poderá ser encaminhada novamente.

As premissas básicas para implementação do sistema de capitalização apresentado na proposta de emenda constitucional encaminhada pelo Governo Federal[16] pressupunham:

a) sistema alternativo e opcional;

b) capitalização em regime de contribuição definida;

c) garantia do salário mínimo, por meio da instituição de um fundo solidário;

d) livre escolha, pelo trabalhador, da entidade ou modalidade de gestão de suas reservas;

e) portabilidade;

f) gestão e administração por entidades de previdências públicas e privadas;

g) ampla transparência na escolha das entidades gestoras; e

h) estabelecimento de camada nocional, com maior proteção para o trabalhador e menor custo de transição.

A par disso, a reforma buscou reduzir o auxílio que a sociedade sempre forneceu para equalizar as contas da previdência, cobrindo o déficit previdenciário. A bem da verdade, a reforma deu destaque ao financiamento direto do sistema por meio do expressivo aumento da contribuição previdenciária, obviamente no intuito de reduzir o financiamento indireto perpetrado por meio dos recursos adicionais do orçamento, que nada mais são que o socorro financeiro bancado por impostos e empréstimos. Ademais, a reforma utilizou os mecanismos ortodoxos de equacionamento das contas previdenciárias, ou seja:

a) aumento da contribuição;

b) aumento do tempo de contribuição; e

c) redução do benefício.

---

(16) BRASIL. Ministério da Economia, Secretaria de Previdência e Trabalho. Disponível em: <http://www.economia.gov.br/central-de-conteudos/apresentacoes/2019/2019-02-27_nova-previdencia_revisada.pdf>. Acesso em: 23 set. 2019.

CAPÍTULO II
REGRAS PERMANENTES

1. APOSENTADORIA — TEORIA GERAL

A Reforma da Previdência de 2019 aproximou os requisitos de aposentadoria dos trabalhadores da iniciativa privada e do serviço público, igualando a idade mínima para ter acesso aos benefícios, bem como a metodologia de cálculo e as condições de concessão das pensões.

Com a emenda constitucional, a aposentadoria por tempo de contribuição deixa de existir, restando as seguintes modalidades:

- Aposentadoria por idade
- Aposentadoria Especial
- Aposentadoria por Invalidez

Lembre-se que os trabalhadores rurais do Regime Geral da Previdência Social — RGPS não foram contemplados na Reforma da Previdência de 2019, razão pela qual suas regras de aposentadoria por idade permanecem intactas.

Destaque-se, ainda, que a aposentadoria por idade, requerida pelo empregador continua existindo. Essa modalidade de aposentadoria é prevista no art. 51, da Lei n. 8.213/91[17]:

> Art. 51. A aposentadoria por idade pode ser requerida pela empresa, desde que o segurado empregado tenha cumprido o período de carência e completado 70 (setenta) anos de idade, se do sexo masculino, ou 65 (sessenta e cinco) anos, se do sexo feminino, sendo compulsória, caso em que será garantida ao empregado a indenização prevista na legislação trabalhista, considerada como data da rescisão do contrato de trabalho a imediatamente anterior à do início da aposentadoria.

_____

(17) BRASIL. Lei n. 8.213, de 24 de julho de 1991. Disponível em: <http://www.planalto.gov.br/ccivil_03/leis/l8213cons.htm>. Acesso em: 18 set. 2019.

Trata-se, na realidade, de uma norma infraconstitucional que não entra em conflito com o texto constitucional vigente, porquanto foi recepcionada[18] pela nova ordem jurídica. Todavia, no caso dos empregados dos consórcios públicos, das empresas públicas, das sociedades de economia mista e das suas subsidiárias, observado o cumprimento do tempo mínimo de contribuição, será aplicada a aposentadoria compulsória ao atingir a idade máxima aplicável aos servidores públicos de que trata o inciso II do § 1º do art. 40 (75 anos), na forma estabelecida em lei, conforme previsão do novel §16, inserido pela Reforma da Previdência no art. 201 do Texto Constitucional.

Em relação às aposentadorias, destaco que a Constituição diferencia a regra permanente das regras de transição, razão pela qual, antes de definir a regra aplicável ao caso concreto, é imprescindível identificar a situação do destinatário do benefício no caso concreto, ou seja, se a atividade laborativa foi iniciada antes ou depois da Reforma da Previdência de 2019.

Neste primeiro momento, vamos analisar as regras permanentes de aposentadoria por idade, comparando os dispositivos constitucionais pertinentes de cada regime. Neste passo, as regras permanentes para o RGPS — Regime Geral de Previdência Social constam do art. 201, § 7º, I c/c art. 19 da EC /19 e do RPPS — Regime Próprio de Previdência Social no art. 40, § 1º, III c/c art. 10 da EC /19.

1.1. Condições Comuns para o Regime Geral e para o Regime Próprio da Previdência Social

Antes da Reforma da Previdência de 2019, a Constituição Federal trazia condições diferenciadas para a aposentadoria dos segurados do Regime Geral da Previdência Social e do Regime Próprio da Previdência Social.

Para os primeiros, filiados ao RGPS, os requisitos básicos que deveriam ser atendidos eram os previstos na redação anterior do art. 201, § 7º, da Constituição Federal:

---

(18) O princípio constitucional da RECEPÇÃO foi elaborado pela doutrina e leva em conta que seria absolutamente impossível, quando da alteração da ordem constitucional, adequar todo o ordenamento legislativo nacional ao novo texto constitucional. Dessa forma, haverá dispositivos considerados recepcionados pela nova ordem constitucional, porquanto não conflitantes, assim como haverá outros que serão considerados não recepcionados, haja vista a existência de conflito entre o dispositivo e o novo texto constitucional.

§ 7º É assegurada aposentadoria no regime geral de previdência social, nos termos da lei, obedecidas as seguintes condições: *(Redação dada pela Emenda Constitucional n. 20, de 1998)*

I — trinta e cinco anos de contribuição, se homem, e trinta anos de contribuição, se mulher; *(Incluído dada pela Emenda Constitucional n. 20, de 1998)*

II — sessenta e cinco anos de idade, se homem, e sessenta anos de idade, se mulher, reduzido em cinco anos o limite para os trabalhadores rurais de ambos os sexos e para os que exerçam suas atividades em regime de economia familiar, nestes incluídos o produtor rural, o garimpeiro e o pescador artesanal. *(Incluído dada pela Emenda Constitucional n. 20, de 1998)*

Veja que havia a possibilidade de aposentar-se por tempo de contribuição (35 anos para homem e 30 anos para mulher) ou por idade (65 anos para homem e 60 anos para mulher), desde que atendido o prazo de carência de 180 contribuições.

Para os segundos filiados ao RPPS, os requisitos eram definidos pela redação anterior do art. 40, § 1º, III, da Constituição Federal:

Art. 40. Aos servidores titulares de cargos efetivos da União, dos Estados, do Distrito Federal e dos Municípios, incluídas suas autarquias e fundações, é assegurado regime de previdência de caráter contributivo e solidário, mediante contribuição do respectivo ente público, dos servidores ativos e inativos e dos pensionistas, observados critérios que preservem o equilíbrio financeiro e atuarial e o disposto neste artigo. *(Redação dada pela Emenda Constitucional n. 41, 19.12.2003)*

§ 1º Os servidores abrangidos pelo regime de previdência de que trata este artigo serão aposentados, calculados os seus proventos a partir dos valores fixados na forma dos §§ 3º e 17: *(Redação dada pela Emenda Constitucional n. 41, 19.12.2003)*

(...)

III — voluntariamente, desde que cumprido tempo mínimo de dez anos de efetivo exercício no serviço público e cinco anos no cargo efetivo em que se dará a aposentadoria, observadas as seguintes condições: *(Redação dada pela Emenda Constitucional n. 20, de 1998)*

a) sessenta anos de idade e trinta e cinco de contribuição, se homem, e cinquenta e cinco anos de idade e trinta de contribuição, se mulher; *(Redação dada pela Emenda Constitucional n. 20, de 1998)*

b) sessenta e cinco anos de idade, se homem, e sessenta anos de idade, se mulher, com proventos proporcionais ao tempo de contribuição. *(Redação dada pela Emenda Constitucional n. 20, de 1998)*

No caso dos servidores públicos, também era permitida a aposentadoria voluntária por tempo de contribuição, desde que atendidos o tempo mínimo de 10 anos no serviço público e 5 anos no cargo, nas seguintes modalidades:

a) 60 anos de idade e 35 anos de contribuição, para homens, e 55 anos de idade e 30 anos de contribuição, para mulheres; ou

b) 65 anos, se homem, e 60 anos de idade, se mulher, com proventos proporcionais.

Dessa forma, havia a possibilidade de aposentadoria por idade, com proventos proporcionais, e aposentadoria por tempo de contribuição combinado com as idades mínimas de 60 e 55 anos, para homens e mulheres, respectivamente.

Com a Reforma da Previdência de 2019, as regras definitivas foram praticamente unificadas, tanto para o Regime Geral da Previdência Social quanto para o Regime Próprio da Previdência Social, que passaram a exigir idade e tempo de contribuição mínimos.

Para ambos os casos, é requisito a idade mínima de 65 anos de idade, para homens, e de 62 anos de idade para mulheres.

RGPS	RPPS — FEDERAL
Urbano	Servidor Público Federal
Art. 201. ..... (...) § 7º É assegurada aposentadoria no regime geral de previdência social, nos termos da lei, obedecidas as seguintes condições: I — 65 (sessenta e cinco) anos de idade, se homem, e 62 (sessenta e dois) anos de idade, se mulher, observado tempo mínimo de contribuição;	Art. 40. ...... (...) § 1º O servidor abrangido por regime próprio de previdência social será aposentado: (...) III — no âmbito da União, aos 62 (sessenta e dois) anos de idade, se mulher, e aos 65 (sessenta e cinco) anos de idade, se homem, e, no âmbito dos Estados, do Distrito Federal e dos Municípios, na idade mínima estabelecida mediante emenda às respectivas Constituições e Leis Orgânicas, observados o tempo de contribuição e os demais requisitos estabelecidos em lei complementar do respectivo ente federativo.

Destaque-se que o trabalhador rural não sofreu nenhuma alteração nos requisitos para aposentadoria, permanecendo: 60 anos de idade, para homens, e 55 anos de idade para as mulheres, observado o tempo mínimo de contribuição.

QUADRO COMPARATIVO — RGPS — RURAL	
Antes da Emenda Constitucional	**Depois da Emenda Constitucional**
Art. 201.	Art. 201. .....
§ 7º É assegurada aposentadoria no regime geral de previdência social, nos termos da lei, obedecidas as seguintes condições:	**§ 7º** É assegurada aposentadoria no regime geral de previdência social, nos termos da lei, obedecidas as seguintes condições:
(...)	(...)
II — sessenta e cinco anos de idade, se homem, e sessenta anos de idade, se mulher, **reduzido em cinco anos o limite para os trabalhadores rurais de ambos os sexos e para os que exerçam suas atividades em regime de economia familiar, nestes incluídos o produtor rural, o garimpeiro e o pescador artesanal.** *(Incluído dada pela Emenda Constitucional n. 20, de 1998)*	**II — 60 (sessenta) anos de idade, se homem, e 55 (cinquenta e cinco) anos de idade, se mulher, para os trabalhadores rurais e para os que exerçam suas atividades em regime de economia familiar, nestes incluídos o produtor rural, o garimpeiro e o pescador artesanal.**

Merece destaque uma alteração que se deu no âmbito do Regime Próprio da Previdência Social, antes da Reforma da Previdência de 2019, os requisitos de tempos mínimos no serviço público e no cargo efetivo em que se dará a aposentadoria eram definidos na Constituição Federal, conforme a redação anterior do art. 40, § 1º, III:

§ 1º Os servidores abrangidos pelo regime de previdência de que trata este artigo serão aposentados, calculados os seus proventos a partir dos valores fixados na forma dos §§ 3º e 17: *(Redação dada pela Emenda Constitucional n. 41, 19.12.2003)*

(...)

III — voluntariamente, desde que cumprido tempo mínimo de dez anos de efetivo exercício no serviço público e cinco anos no cargo efetivo em que se dará a aposentadoria, observadas as seguintes condições: *(Redação dada pela Emenda Constitucional n. 20, de 1998)*

Após a reforma, com a alteração do artigo, foi atribuída competência de **lei complementar** para a definição do tempo de contribuição e demais requisitos para a concessão da aposentadoria.

Ainda, o art. 10 da Emenda, determinou:

Art. 10. Até que entre em vigor lei federal que discipline os benefícios do regime próprio de previdência social dos servidores da União, aplica-se o disposto neste artigo.

§ 1º Os servidores públicos federais serão aposentados:

I — voluntariamente, observados, cumulativamente, os seguintes requisitos:

a) 62 (sessenta e dois) anos de idade, se mulher, e 65 (sessenta e cinco) anos de idade, se homem; e

b) 25 (vinte e cinco) anos de contribuição, desde que cumprido o tempo mínimo de 10 (dez) anos de efetivo exercício no serviço público e de 5 (cinco) anos no cargo efetivo em que for concedida a aposentadoria;

Em primeiro lugar, há de se ressaltar a carência de boa técnica legislativa, pois o artigo limitou-se a indicar "lei federal", quando o correto seria citar "lei complementar federal".

Feito esse registro, veja que a reforma criou um novo requisito para a concessão de aposentadoria para o filiado ao Regime Próprio da Previdência Social, qual seja a carência de **25 anos de contribuição**, para ambos os sexos, equivalente a **300 contribuições**.

Já no que diz respeito ao Regime Geral da Previdência Social — RGPS, muito embora já exista a Lei n. 8.213/91, que em seu art. 25, II, determina a carência de 180 (cento e oitenta) contribuições mensais, equivalentes a 15 anos de contribuição, para a concessão da aposentadoria por idade, por tempo de contribuição e especial[19], a reforma estabeleceu:

Art. 19. Até que lei disponha sobre o tempo de contribuição a que se refere o inciso I do § 7º do art. 201 da Constituição Federal, o segurado filiado ao Regime Geral de Previdência Social após a data de entrada em vigor desta Emenda Constitucional será aposentado aos 62 (sessenta e dois) anos de idade, se mulher, 65 (sessenta e cinco) anos de idade, se homem, **com 15 (quinze) anos de tempo de contribuição, se mulher, e 20 (vinte) anos de tempo de contribuição, se homem.**

É importante atentar para esse artigo, pois ele afasta a possibilidade de se considerar recepcionada pela nova ordem constitucional, no que se refere a esse tema, a Lei n. 8.213/91. Isso trará uma situação interessante que é a recepção parcial de uma Lei à Constituição.

---

(19) "Art. 25. A concessão das prestações pecuniárias do Regime Geral de Previdência Social depende dos seguintes períodos de carência, ressalvado o disposto no art. 26: (...) II — aposentadoria por idade, aposentadoria por tempo de serviço e aposentadoria especial: 180 contribuições mensais". BRASIL, Lei n. 8.213, de 24 de julho de 1991. Disponível em: <http://www.planalto.gov.br/ccivil_03/leis/l8213cons.htm>. Acesso em: 18 set. 2019.

Feitos esses registros, percebe-se que a carência para concessão da aposentadoria manteve-se em 15 anos, equivalentes à 180 contribuições, para as mulheres; e foi ampliado para 20 anos, equivalentes a 240 contribuições, para os homens.[20]

Dessa forma, percebe-se que a nova redação dos dispositivos constitucionais abandonou a referência à **aposentadoria por tempo de contribuição**, sendo certo afirmar que a aposentadoria passa a ter como principal requisito a **idade mínima** conjugada com um **tempo mínimo de contribuição**, da seguinte forma:

Regime Geral da Previdência Social RGPS (Art. 19)	Regime Próprio da Previdência Social RPPS-FEDERAL (Art. 10)
Homem:	**Homem:**
65 anos de idade; e	65 anos de idade; e
20 anos de contribuição.	**25 anos de contribuição.**
Mulher:	**Mulher:**
62 anos de idade; e	62 anos de idade; e
15 anos de contribuição.	**25 anos de contribuição.**
	Para ambos os sexos:
	➢ 10 anos no serviço público; e
	➢ 5 anos no cargo.

1.1.1. Direito Adquirido

Para os trabalhadores que cumpriram os requisitos da aposentadoria antes da entrada em vigor da Reforma da Previdência de 2019, em respeito ao direito adquirido, fica garantida a concessão do benefício de acordo com as regras em vigor na época de sua implementação, conforme preconizado no art. 3º da Emenda Constitucional:

> Art. 3º A concessão de aposentadoria ao servidor público federal vinculado a regime próprio de previdência social e ao segurado do Regime Geral de Previdência Social e de pensão por morte aos respectivos dependentes será

---

(20) Há movimentos para igualar essa carência, assim homens e mulheres permaneceriam com a carência de 15 anos, equivalentes a 180 contribuições. Destaque-se que, para isso acontecer, há de se incluir a alteração em uma nova Proposta de Emenda Constitucional.

assegurada, a qualquer tempo, desde que **tenham sido cumpridos os requisitos para obtenção destes benefícios** até a data de entrada em vigor desta Emenda Constitucional, observados os critérios da legislação vigente na data em que foram atendidos os requisitos para a concessão da aposentadoria ou da pensão por morte.

Destaque-se que o valor da aposentadoria e da pensão concedida de acordo com as regras antigas para o segurado ou para seus dependentes será apurado de acordo com a legislação em vigor à época em que foram atendidos os requisitos para a concessão do benefício. Esta regra está garantida, tanto para o Regime Geral da Previdência Social quanto para o Regime Próprio da Previdência Social, nos termos dos §§ 1º e 2º, do mesmo artigo.[21]

Na realidade, a Emenda Constitucional seguiu a jurisprudência dos tribunais superiores nacionais, quanto à garantia do direito adquirido à concessão de benefício previdenciário. Mais do que isso, segue a diretriz do art. 5º, XXXVI, da Constituição Federal de 1988.[22]

Outro destaque, nesse aspecto, foi a manutenção do **"abono de permanência"** para os **servidores públicos** que, mesmo tendo atendido os requisitos para a concessão de aposentadoria, optem por permanecer em atividade. Essa regra terá lugar até o momento em que entre em vigor a lei federal prevista no novo § 19, do art. 40 da Constituição Federal.

> Art. 3º (...)
>
> § 3º **Até que entre em vigor lei federal** de que trata o § 19 do art. 40 da Constituição Federal, o servidor de que trata o *caput* que tenha cumprido os requisitos para aposentadoria voluntária com base no disposto na alínea "a" do inciso III do § 1º do art. 40 da Constituição Federal, na redação vigente até a data de entrada em vigor desta Emenda Constitucional, no art. 2º, no § 1º do art. 3º ou no art. 6º da Emenda Constitucional n. 41, de 19 de dezembro de 2003, ou no art. 3º da Emenda Constitucional n. 47, de 5 de julho de 2005,

---

(21) "Art. 3º (...) § 1º Os proventos de aposentadoria a serem concedidos ao **servidor público** a que se refere o caput e as pensões por morte devidas aos seus dependentes serão calculados e reajustados de acordo com a legislação em vigor à época em que foram atendidos os requisitos nela estabelecidos para a concessão destes benefícios. § 2º O valor da aposentadoria e da pensão concedida na forma prevista no caput para o segurado do **Regime Geral de Previdência Social** ou para seus dependentes será apurado de acordo com a legislação em vigor à época em que foram atendidos os requisitos nela estabelecidos para a concessão do benefício." BRASIL, Constituição Federal, Emenda Constitucional n. 103/2019.

(22) "Art. 5º (...) XXXVI — a lei não prejudicará o direito adquirido, o ato jurídico perfeito e a coisa julgada;" BRASIL, Constituição Federal de 1988.

que optar por permanecer em atividade fará jus a um abono de permanência equivalente ao valor da sua contribuição previdenciária, até completar a idade para aposentadoria compulsória.

CUIDADO: com a alteração do § 19, do art. 40, da Constituição Federal, promovida pela Reforma da Previdência de 2019, o "abono de permanência" deixou de ser estabelecido por norma constitucional, passando para competência de lei ordinária do respectivo ente federativo. Dessa forma, a qualquer momento, por simples lei ordinária, que precisa somente de maioria simples para ser aprovada, poderão ser alteradas as características do abono.

QUADRO COMPARATIVO	
Antes da Emenda Constitucional	**Depois da Emenda Constitucional**
Art. 40.	Art. 40. .....
§ 19. O servidor de que trata este artigo que tenha completado as exigências para aposentadoria voluntária estabelecidas no § 1º, III, a, e que opte por permanecer em atividade **fará jus** a um abono de permanência equivalente ao valor da sua contribuição previdenciária até completar as exigências para aposentadoria compulsória contidas no § 1º, II. *(Incluído pela Emenda Constitucional n. 41, 19.12.2003)*	**§ 19. Observados critérios a serem estabelecidos em lei do respectivo ente federativo,** o servidor titular de cargo efetivo que tenha completado as exigências para a aposentadoria voluntária e que opte por permanecer em atividade **poderá fazer jus** a um abono de permanência equivalente, no máximo, ao valor da sua contribuição previdenciária, até completar a idade para aposentadoria compulsória.

1.2. Regime geral da previdência social — RGPS

Destaque-se que, em primeiro lugar, praticamente todas as regras do Regime Geral da Previdência Social — RGPS foram tratadas no tópico anterior. Com a Reforma da Previdência de 2019 e a busca pela equiparação dos requisitos para concessão de benefícios entre os dois regimes previdenciários (RGPS e RPPS), esse regime passou a conter as regras gerais da previdência social brasileira.

Feito esses registros, no âmbito do Regime Geral de Previdência Social — RGPS ressalta-se, mais uma vez, o fim da aposentadoria por tempo de contribuição para os novos trabalhadores. No caso dos trabalhadores que estavam em atividade antes da vigência da Reforma da Previdência de 2019, incidem as regras de transição que serão oportunamente analisadas.

Em breve síntese, os trabalhadores que ingressarem no RGPS após a Reforma da Previdência de 2019 deverão se aposentar por idade, desde que cumprido o tempo mínimo de contribuição (carência) que, agora, passa a ser diferente para homens e mulheres do meio urbano.

Neste passo, o trabalhador deve reunir o tempo mínimo de contribuição quando alcançar a idade mínima prevista na Constituição, de modo que devem ser preenchidos os seguintes requisitos:

APOSENTADORIA POR IDADE — RGPS	
Trabalhador(a) Urbano(a)	**Trabalhador(a) Rural**
Homem: • 65 anos de idade; e • 20 anos de contribuição. **Mulher:** • 62 anos de idade; e • 15 anos de contribuição.	**Homem:** • 60 anos de idade; e • 15 anos de contribuição. **Mulher:** • 55 anos de idade; e • 15 anos de contribuição.

Em relação aos trabalhadores rurais do RGPS, não houve alteração em relação aos requisitos de acesso à aposentadoria por idade (Homem: 60 anos de idade e 15 anos de contribuição; Mulher: 55 anos de idade e 15 anos de contribuição).

1.3. Regime Próprio da Previdência Social — RPPS

1.3.1. Condições Gerais

Certamente o Regime Próprio da Previdência Social foi o mais atingido pelas mudanças da Reforma da Previdência de 2019, o art. 40 da Constituição Federal foi bastante alterado, quase em sua totalidade. A partir de então, vai-se apresentar cada uma das mudanças e compará-las com o texto constitucional anterior para a melhor compreensão do leitor.

A primeira grande mudança realizada diz respeito à desconstitucionalização da forma de cálculo dos proventos de aposentadoria. Anteriormente, o texto constitucional determinava o cômputo das remunerações utilizadas como base para as contribuições do servidor[23], assim como os parâmetros para definição do valor do benefício de pensão. Agora, essas regras serão estabelecidas por lei ordinária do respectivo ente federativo, o que proporciona a simplificação do processo legislativo para o estabelecimento dos critérios que definirão o valor dos benefícios.

QUADRO COMPARATIVO	
Antes da Emenda Constitucional	**Depois da Emenda Constitucional**
Art. 40. ..... (...) § 3º Para o cálculo dos proventos de aposentadoria, por ocasião da sua concessão, **serão consideradas** as remunerações utilizadas como base para as contribuições do servidor aos regimes de previdência de que tratam este artigo e o art. 201, **na forma da lei.** *(Redação dada pela Emenda Constitucional n. 41, 19.12.2003)* (...) § 7º **Lei disporá** sobre a concessão do benefício de pensão por morte, **que será igual:** *(Redação dada pela Emenda Constitucional n. 41, 19.12.2003)* I — ao valor da totalidade dos proventos do servidor falecido, até o limite máximo estabelecido para os benefícios do regime geral de previdência social de que trata o art. 201, acrescido de setenta por cento da parcela excedente a este limite, caso aposentado à data do óbito; ou *(Incluído pela Emenda Constitucional n. 41, 19.12.2003)* II — ao valor da totalidade da remuneração do servidor no cargo efetivo em que se deu o falecimento, até o limite máximo estabelecido para os benefícios do regime geral de previdência social de que trata o art. 201, acrescido de setenta por cento da parcela excedente a este limite, caso em atividade na data do óbito. *(Incluído pela Emenda Constitucional n. 41, 19.12.2003)*	Art. 40. ..... (...) **§ 3º As regras para cálculo de proventos de aposentadoria serão disciplinadas em lei do respectivo ente federativo.** (...) **§ 7º Observado o disposto no § 2º do art. 201 quando se tratar da única fonte de renda formal auferida pelo dependente, o benefício de pensão por morte será concedido nos termos de lei do respectivo ente federativo**, a qual tratará de forma diferenciada a hipótese de morte dos servidores de que trata o § 4º-B decorrente de agressão sofrida no exercício ou em razão da função.

(23) BRASIL, Constituição Federal, art. 40, §§ 3º e 7º.

Reforma da Previdência: Entenda Ponto a Ponto | **35**

Outra alteração que se deu no âmbito do Regime Próprio da Previdência Social foi a atribuição de competência à **lei complementar** para a definição do tempo de contribuição e demais requisitos para a concessão da aposentadoria.

QUADRO COMPARATIVO	
Antes da Emenda Constitucional	**Depois da Emenda Constitucional**
Art. 40.	Art. 40. .....
(...)	(...)
III — voluntariamente, desde que cumprido tempo mínimo de dez anos de efetivo exercício no serviço público e cinco anos no cargo efetivo em que se dará a aposentadoria, observadas as seguintes condições: *(Redação dada pela Emenda Constitucional n. 20, de 1998)*	III — no âmbito da União, aos 62 (sessenta e dois) anos de idade, se mulher, e aos 65 (sessenta e cinco) anos de idade, se homem, e, no âmbito dos Estados, do Distrito Federal e dos Municípios, na idade mínima estabelecida mediante emenda às respectivas Constituições e Leis Orgânicas, observados **o tempo de contribuição e os demais requisitos estabelecidos em lei complementar do respectivo ente federativo.**
a) sessenta anos de idade e trinta e cinco de contribuição, se homem, e cinquenta e cinco anos de idade e trinta de contribuição, se mulher; *(Redação dada pela Emenda Constitucional n. 20, de 1998)*	
b) sessenta e cinco anos de idade, se homem, e sessenta anos de idade, se mulher, com proventos proporcionais ao tempo de contribuição. *(Redação dada pela Emenda Constitucional n. 20, de 1998)*	

Ainda, o art. 10 da Emenda determinou:

Art. 10. **Até que entre em vigor lei federal que discipline** os benefícios do regime próprio de previdência social dos servidores da União, aplica-se o disposto neste artigo.

§ 1º Os servidores públicos federais serão aposentados:

I — voluntariamente, observados, cumulativamente, os seguintes requisitos: a) 62 (sessenta e dois) anos de idade, se mulher, e 65 (sessenta e cinco) anos de idade, se homem; e

b) 25 (vinte e cinco) anos de contribuição, desde que cumprido o tempo mínimo de 10 (dez) anos de efetivo exercício no serviço público e de 5 (cinco) anos no cargo efetivo em que for concedida a aposentadoria;

Veja-se que a reforma criou um novo requisito para a concessão de aposentadoria para o filiado ao Regime Próprio da Previdência Social, qual seja a carência de **25 anos de contribuição**, equivalente a **300 contribuições**. Assim, a aposentadoria passa a ter como principal requisito a **idade mínima** conjugada com um **tempo mínimo de contribuição**, da seguinte forma:

Regime Próprio da Previdência Social RPPS-FEDERAL (Art. 10)		
	Mulher	Homem
• Idade	• 62	• 65
• Contribuição	• 25	• 25
Tempo no	Mulher e Homem	
• Serviço Público	• 10	
• Cargo	• 5	

Outro aspecto foi a alteração na vedação de acúmulo de aposentadorias no RPPS, ressalvada para os cargos acumuláveis definidos na Constituição, que passou a incluir as vedações, regras e condições estabelecidas no Regime Geral da Previdência Social.[24]

---

(24) "Art. 8º, § 8º É vedada a percepção mensal simultânea da reparação mensal com proventos de aposentadoria, hipótese em que o anistiado poderá, nos termos previstos em lei, optar pelo benefício previdenciário ou pela reparação mensal de natureza econômica, respeitados os casos de direito adquirido até o início da vigência desta vedação." BRASIL. Constituição Federal, Ato das Disposições Constitucionais Transitórias. "Art. 24. É vedada a acumulação de mais de uma pensão por morte deixada por cônjuge ou companheiro, no âmbito do mesmo regime de previdência social, ressalvadas as pensões do mesmo instituidor decorrentes do exercício de cargos acumuláveis na forma do art. 37 da Constituição Federal. § 1º Será admitida, nos termos do § 2º, a acumulação de: I — pensão por morte deixada por cônjuge ou companheiro de um regime de previdência social com pensão por morte concedida por outro regime de previdência social ou com pensões decorrentes das atividades militares de que tratam os arts. 42 e 142 da Constituição Federal; II — pensão por morte deixada por cônjuge ou companheiro de um regime de previdência social com aposentadoria concedida no âmbito do Regime Geral de Previdência Social ou de regime próprio de previdência social ou com proventos de inatividade decorrentes das atividades militares de que tratam os arts. 42 e 142 da Constituição Federal; ou III — pensões decorrentes das atividades militares de que tratam os arts. 42 e 142 da Constituição Federal com aposentadoria concedida no âmbito do Regime Geral de Previdência Social ou de regime próprio de previdência social. § 2º Nas hipóteses das acumulações previstas no § 1º, é assegurada a percepção do valor integral do benefício mais vantajoso e de uma parte de cada um dos demais benefícios, apurada cumulativamente de acordo com as seguintes faixas: I — 60% (sessenta por cento) do valor que exceder 1 (um) salário-mínimo, até o limite de 2 (dois) salários-mínimos; II — 40% (quarenta por cento) do

QUADRO COMPARATIVO	
Antes da Emenda Constitucional	**Depois da Emenda Constitucional**
Art. 40. ..... (...) § 6º Ressalvadas as aposentadorias decorrentes dos cargos acumuláveis na forma desta Constituição, é vedada a percepção de mais de uma aposentadoria à conta do regime de previdência previsto neste artigo. *(Redação dada pela Emenda Constitucional n. 20, de 15/12/98)*	Art. 40. ..... (...) **§ 6º Ressalvadas as aposentadorias decorrentes dos cargos acumuláveis na forma desta Constituição, é vedada a percepção de mais de uma aposentadoria à conta de regime próprio de previdência social, aplicando-se outras vedações, regras e condições para a acumulação de benefícios previdenciários estabelecidas no Regime Geral de Previdência Social.**

Ainda, o novo texto trouxe vedação expressa à instituição de novos regimes próprios de previdência social e atribuiu competência à lei complementar federal para determinar as normas gerais de organização, de funcionamento e de responsabilidade na gestão do RPPS. Essa lei complementar tratará, dentre outros aspectos, sobre[25]:

a) requisitos para sua extinção e consequente migração para o Regime Geral de Previdência Social;

b) modelo de arrecadação, de aplicação e de utilização dos recursos;

c) fiscalização pela União e controle externo e social;

d) definição de equilíbrio financeiro e atuarial;

e) condições para instituição do fundo com finalidade previdenciária de que trata o art. 249 e para vinculação a ele dos recursos provenientes de contribuições e dos bens, direitos e ativos de qualquer natureza;

f) mecanismos de equacionamento do déficit atuarial;

---

valor que exceder 2 (dois) salários-mínimos, até o limite de 3 (três) salários-mínimos; III — 20% (vinte por cento) do valor que exceder 3 (três) salários-mínimos, até o limite de 4 (quatro) salários-mínimos; e IV — 10% (dez por cento) do valor que exceder 4 (quatro) salários-mínimos. § 3º A aplicação do disposto no § 2º poderá ser revista a qualquer tempo, a pedido do interessado, em razão de alteração de algum dos benefícios. § 4º As restrições previstas neste artigo não serão aplicadas se o direito aos benefícios houver sido adquirido antes da data de entrada em vigor desta Emenda Constitucional. § 5º As regras sobre acumulação previstas neste artigo e na legislação vigente na data de entrada em vigor desta Emenda Constitucional poderão ser alteradas na forma do § 6º do art. 40 e do § 15 do art. 201 da Constituição Federal." BRASIL. Emenda Constitucional n. 103/2019.
(25) BRASIL. Constitucional Federal, art. 40, § 22.

g) estruturação do órgão ou entidade gestora do regime, observados os princípios relacionados com governança, controle interno e transparência;

h) condições e hipóteses para responsabilização daqueles que desempenhem atribuições relacionadas, direta ou indiretamente, com a gestão do regime;

i) condições para adesão a consórcio público; e

j) parâmetros para apuração da base de cálculo e definição de alíquota de contribuições ordinárias e extraordinárias.

Finalmente, no que se refere às condições gerais para o Regime Próprio da Previdência Social, a contagem recíproca entre os diversos regimes próprios e entre eles e o Regime Geral da Previdência Social foram mantidas sem maiores alterações. Na realidade, somente foram realizadas pequenas adequações na redação do § 9º do art. 40 da Constituição Federal. Somente a título de curiosidade, o Distrito Federal, no novo texto, foi expressamente citado dentre entes federados.

1.3.2. Abono de Permanência

Uma das primeiras perguntas dos servidores públicos durante a tramitação da Reforma da Previdência de 2019 sempre foi: "e o abono de permanência?"

Nesse aspecto, há de se ter bastante cuidado, com a alteração do § 19, do art. 40, da Constituição Federal, promovida pela Reforma da Previdência de 2019, o "abono de permanência" deixou de ser estabelecido por norma constitucional, passando para a competência de lei ordinária do respectivo ente federativo. Dessa forma, a qualquer momento, por simples lei ordinária, que precisa somente de maioria simples para ser aprovada, poderão ser alteradas as características do abono.

Não obstante, ao determinar as regras incluídas no art. 3º da Emenda Constitucional, a reforma garantiu para os **servidores públicos federais** a manutenção do abono de permanência, até o momento que entre em vigor lei federal para reger a matéria.

Art. 3º (...)

§ 3º **Até que entre em vigor lei federal** de que trata o § 19 do art. 40 da Constituição Federal, o servidor de que trata o *caput* que tenha cumprido os requisitos para aposentadoria voluntária com base no disposto na alínea "a" do inciso III do § 1º do art. 40 da Constituição Federal, na redação vigente até a data de entrada em vigor desta Emenda Constitucional, no art. 2º, no § 1º do art. 3º ou no art. 6º da Emenda Constitucional n. 41, de 19 de dezembro de 2003, ou no art. 3º da Emenda Constitucional n. 47, de 5 de julho de 2005, que optar por permanecer em atividade fará jus a um abono de permanência equivalente ao valor da sua contribuição previdenciária, até completar a idade para aposentadoria compulsória.

1.3.3. Aposentadoria por Invalidez

As regras de aposentadoria por invalidez, em linhas gerais, foram mantidas, conforme quadro comparativo abaixo:

QUADRO COMPARATIVO	
Antes da Emenda Constitucional	**Depois da Emenda Constitucional**
Art. 40.	Art. 40. .....
§ 1º Os servidores abrangidos pelo regime de previdência de que trata este artigo serão aposentados, calculados os seus	§ 1º O servidor abrangido por regime próprio de previdência social será aposentado:

QUADRO COMPARATIVO	
Antes da Emenda Constitucional	**Depois da Emenda Constitucional**
proventos a partir dos valores fixados na forma dos §§ 3º e 17: *(Redação dada pela Emenda Constitucional n. 41, 19.12.2003)* I — por invalidez permanente, sendo os proventos proporcionais ao tempo de contribuição, exceto se decorrente de acidente em serviço, moléstia profissional ou doença grave, contagiosa ou incurável, na forma da lei; *(Redação dada pela Emenda Constitucional n. 41, 19.12.2003)*	I — por incapacidade permanente para o trabalho, no cargo em que estiver investido, **quando insuscetível de readaptação**, hipótese em que será obrigatória a realização de avaliações periódicas para verificação da continuidade das condições que ensejaram a concessão da aposentadoria, na forma de lei do respectivo ente federativo;

Destaque-se que o novo texto constitucional deixa claro a intenção do constituinte reformador de alçar à esfera constitucional a indicação de que antes de se conceder a aposentadoria por invalidez, no RPPS, há de se certificar da impossibilidade de readaptação do servidor em outro cargo.

Tal assertiva é fortalecida ao se confrontar as mudanças efetuadas no art. 40 da Constituição:

> I — por incapacidade permanente para o trabalho, no cargo em que estiver investido, **quando insuscetível de readaptação**, hipótese em que será obrigatória a realização de avaliações periódicas para verificação da continuidade das condições que ensejaram a concessão da aposentadoria, na forma de lei do respectivo ente federativo;

O mesmo texto foi incluído no art. 10, § 1º, II, das regras de transição, que estabeleceram as regras até que entre em vigor lei federal que discipline os benefícios do regime próprio de previdência social dos servidores da União.

1.3.4. Regime de Previdência Complementar

A Constituição Federal, por ocasião da Emenda Constitucional 20/1998, deu permissão para a União, os estados, o Distrito Federal e os municípios instituírem o regime de previdência complementar para os seus servidores públicos. Ainda, estabeleceu que, ao criar a sua previdência complementar, a unidade da federação poderia limitar o valor das aposentadorias e pensão ao valor do teto dos benefícios do Regime Geral da Previdência Social — RGPS.[26]

---

(26) BRASIL. Constituição Federal, art. 40, §§ 14 a 16.

A União, por meio da Lei n. 12.618/12[27], instituiu a Fundação de Previdência Privada Complementar do Servidor Público Federal do Poder Executivo (Funpresp-Exe), a Fundação de Previdência Complementar do Servidor Público Federal do Poder Legislativo (Funpresp-Leg) e a Fundação de Previdência Complementar do Servidor Público Federal do Poder Judiciário (Funpresp-Jud).

A Reforma da Previdência de 2019, estabeleceu a vedação para a complementação de aposentadorias de servidores públicos e de pensões a seus dependentes que não se dê por meio da criação de fundos de previdência complementar privada.

Art. 37. (...)

§ 15. É vedada a complementação de aposentadorias de servidores públicos e de pensões por morte a seus dependentes que não seja decorrente do disposto nos §§ 14 a 16 do art. 40 ou que não seja prevista em lei que extinga regime próprio de previdência social.[28]

Ainda, o art. 34 da Emenda Constitucional estabeleceu as condições, diria mais, o incentivo, para a extinção do Regime Próprio de Previdência Social e a sua migração para o Regime Geral da Previdência Social:

Art. 34. Na hipótese de extinção por lei de regime previdenciário e migração dos respectivos segurados para o Regime Geral de Previdência Social, serão observados, até que lei federal disponha sobre a matéria, os seguintes requisitos pelo ente federativo:

I — assunção integral da responsabilidade pelo pagamento dos benefícios concedidos durante a vigência do regime extinto, bem como daqueles cujos requisitos já tenham sido implementados antes da sua extinção;

II — previsão de mecanismo de ressarcimento ou de complementação de benefícios aos que tenham contribuído acima do limite máximo do Regime Geral de Previdência Social;

III — vinculação das reservas existentes no momento da extinção, exclusivamente:

a) ao pagamento dos benefícios concedidos e a conceder, ao ressarcimento de contribuições ou à complementação de benefícios, na forma dos incisos I e II; e

b) à compensação financeira com o Regime Geral de Previdência Social.

---

(27) BRASIL. Lei n. 12.618, de 30 de abril de 2012. Disponível em: <http://www.planalto.gov.br/ccivil_03/_Ato2011-2014/2012/Lei/L12618.htm>. Acesso em: 18 set. 19.
(28) BRASIL. Constituição Federal, art. 37, § 15.

Parágrafo único. A existência de superavit atuarial não constitui óbice à extinção de regime próprio de previdência social e consequente migração para o Regime Geral de Previdência Social.

QUADRO COMPARATIVO	
Antes da Emenda Constitucional	**Depois da Emenda Constitucional**
Art. 40.	Art. 40. .....
§ 14 — A União, os Estados, o Distrito Federal e os Municípios, **desde que instituam regime de previdência complementar** para os seus respectivos servidores titulares de cargo efetivo, poderão fixar, para o valor das aposentadorias e pensões a serem concedidas pelo regime de que trata este artigo, o limite máximo estabelecido para os benefícios do regime geral de previdência social de que trata o art. 201. *(Incluído pela Emenda Constitucional n. 20, de 15.12.98)*	**§ 14. A União, os Estados, o Distrito Federal e os Municípios instituirão**, por lei de iniciativa do respectivo Poder Executivo, regime de previdência complementar para servidores públicos ocupantes de cargo efetivo, observado o limite máximo dos benefícios do Regime Geral de Previdência Social para o valor das aposentadorias e das pensões em regime próprio de previdência social, ressalvado o disposto no § 16.
§ 15. O regime de previdência complementar de que trata o § 14 será instituído por lei de iniciativa do respectivo Poder Executivo, observado o disposto no art. 202 e seus parágrafos, no que couber, por intermédio de entidades fechadas de previdência complementar, de natureza pública, que oferecerão aos respectivos participantes planos de benefícios somente na modalidade de contribuição definida. *(Redação dada pela Emenda Constitucional n. 41, 19.12.2003)*	**§ 15. O regime de previdência complementar de que trata o § 14 oferecerá plano de benefícios somente na modalidade contribuição definida, observará o disposto no art. 202 e será efetivado por intermédio de entidade fechada de previdência complementar ou de entidade aberta de previdência complementar.**

Essa orientação caberá, em regra, para os estados, o Distrito Federal e os municípios, que já tenham instituído seus regimes próprios de previdência e que optem por extingui-los. Mais uma vez, impera o princípio da busca pela unificação das condições dos regimes previdenciários brasileiros (RPPS e RGPS).

Destaque-se que o novo texto constitucional passa a determinar a instituição do regime de previdência complementar. Anteriormente, a Constituição possibilitava a criação, que seria requisito fundamental para a limitação do valor das aposentadorias ao teto do RGPS. A mudança, que, em uma primeira leitura, pode parecer somente de forma, ou mesmo de redação, representa uma alteração radical para o Regime Próprio da Previdência Social. Tal medida está intimamente ligada à premissa de unificar as características dos regimes previdenciários nacionais — RGPS e RGPP.

Outro detalhe que não pode passar, foi a possibilidade de utilização de entidades de previdência complementar fechadas ou abertas.[29] No texto anterior, somente se admitia o regime de previdência complementar para o RPPS por meio de entidades fechadas de natureza pública.

Na prática, a Reforma da Previdência de 2019 permitiu o acesso do mercado financeiro à gestão dos planos de previdência complementar dos servidores públicos da União, dos estados, do Distrito Federal e dos Municípios, que tenham, até a data da publicação da Emenda Constitucional, instituído regime próprio de previdência social.

Não obstante, o art. 33 da Emenda Constitucional determinou que, até que seja disciplinada a relação entre a União, os estados, o Distrito Federal, os municípios e as entidades abertas de previdência complementar, somente está autorizado a utilização de entidades **fechadas** de previdência complementar.

1.4. Cálculo de Benefícios

No que diz respeito ao cálculo de benefício de aposentadoria, as regras continuam a ser competência de lei ordinária e garantida a atualização das remunerações utilizadas para o cálculo.

QUADRO COMPARATIVO — RPPS	
Antes da Emenda Constitucional	Depois da Emenda Constitucional
Art. 40.	Art. 40. .....
§ 3º Para o cálculo dos proventos de aposentadoria, por ocasião da sua concessão, serão consideradas as remunerações utilizadas	**§ 3º As regras para cálculo de proventos de aposentadoria serão disciplinadas em lei do respectivo ente federativo**.

---

(29) As entidades fechadas de previdência complementar, organizadas sob a forma de fundação ou de sociedade civil sem fins lucrativos, são acessíveis somente aos empregados de uma empresa ou grupo de empresas, servidores públicos dos entes da federação, associados ou membros de pessoas jurídicas de caráter profissional, classista ou setorial. De outro lado, as entidades abertas de previdência complementar são constituídas sob a forma de sociedades anônimas, são acessíveis a qualquer pessoa física. O assunto é regulamentado pela Lei Complementar 109/2001. BRASIL. Lei Complementar n. 109, de 29 de maio de 2001, que dispõe sobre o Regime de Previdência Complementar e dá outras providências. Disponível em: <http://www.planalto.gov.br/ccivil_03/LEIS/LCP/Lcp109. htm>. Acesso em: 19 set. 2019.

QUADRO COMPARATIVO — RPPS	
Antes da Emenda Constitucional	Depois da Emenda Constitucional
como base para as contribuições do servidor aos regimes de previdência de que tratam este artigo e o art. 201, **na forma da lei.** *(Redação dada pela Emenda Constitucional n. 41, 19.12.2003)* (...) § 17. Todos os valores de remuneração considerados para o cálculo do benefício previsto no § 3° serão devidamente atualizados, na forma da lei. *(Incluído pela Emenda Constitucional n. 41, 19.12.2003)*	MANTIDO

Não obstante, muito embora a Lei n. 8.213/1991 regulamente as bases de cálculo dos benefícios, a Emenda Constitucional definiu regras até o momento da publicação da Lei que regerá a matéria. Veja que, com isso, foram afastadas as normas que tratavam sobre o assunto, passando a viger o estatuído no art. 26 da Emenda.

De acordo com o art. 26 da Emenda Constitucional, até que lei discipline, o cálculo dos benefícios do regime próprio de previdência social da União e do Regime Geral de Previdência Social será utilizada a média aritmética simples dos salários de contribuição e das remunerações adotados como base para contribuições a regime próprio de previdência social e ao Regime Geral de Previdência Social, ou como base para contribuições decorrentes das atividades militares de que tratam os arts. 42 e 142 da Constituição Federal, atualizados monetariamente, correspondentes a cem por cento do período contributivo desde a competência julho de 1994 ou desde o início da contribuição, se posterior àquela competência.

Art. 26. **Até que lei discipline** o cálculo dos benefícios do **regime próprio de previdência social da União** e do **Regime Geral de Previdência Social,** será utilizada a média aritmética simples dos salários de contribuição e das remunerações adotados como base para contribuições a regime próprio de previdência social e ao Regime Geral de Previdência Social, ou como base para contribuições decorrentes das atividades militares de que tratam os arts. 42 e 142 da Constituição Federal, atualizados monetariamente, **correspondentes a 100% (cem por cento) do período contributivo desde a competência julho de 1994** ou desde o início da contribuição, se posterior àquela competência.

§ 1° A média a que se refere o *caput* será limitada ao valor máximo do salário de contribuição do Regime Geral de Previdência Social para os segurados deste regime e para o servidor que ingressou no serviço público em cargo efetivo após a implantação do regime de previdência complementar ou que tenha exercido a opção correspondente, nos termos do disposto nos §§ 14 a 16 do art. 40 da Constituição Federal.

§ 2º O valor do benefício de aposentadoria corresponderá a 60% (sessenta por cento) da média aritmética definida na forma prevista no *caput* e no § 1º, com acréscimo de 2 (dois) por cento para cada ano de contribuição que exceder o tempo de 20 (vinte) anos de contribuição no caso:

I — do inciso II do § 6º do art. 4º, do § 4º do art. 15, do § 3º do art. 16 e do § 3º do art. 18;

II — do § 4º do art. 10, ressalvado o disposto no inciso II do § 3º e no § 4º deste artigo;

III — de aposentadoria por incapacidade permanente aos segurados do Regime Geral de Previdência Social, ressalvado o disposto no inciso II do § 3º deste artigo; e

IV — do § 2º do art. 19 e do § 3º do art. 21, ressalvado o disposto no § 5º deste artigo.

§ 3º O valor do benefício de aposentadoria corresponderá a 100% (cem por cento) da média aritmética definida na forma prevista no *caput* e no § 1º:

I — no caso do inciso II do § 2º do art. 20;

II — no caso de aposentadoria por incapacidade permanente, quando decorrer de acidente de trabalho, de doença profissional e de doença do trabalho.

§ 4º O valor do benefício da aposentadoria de que trata o inciso III do § 1º do art. 10 corresponderá ao resultado do tempo de contribuição dividido por 20 (vinte anos), limitado a um inteiro, multiplicado pelo valor apurado na forma do *caput* do § 2º deste artigo, ressalvado o caso de cumprimento de critérios de acesso para aposentadoria voluntária que resulte em situação mais favorável.

§ 5º O acréscimo a que se refere o *caput* do § 2º será aplicado para cada ano que exceder 15 (quinze) anos de tempo de contribuição para os segurados de que tratam a alínea "a" do inciso I do art. 19 e do inciso I do art. 21 e para as mulheres filiadas ao Regime Geral de Previdência Social.

§ 6º Poderão ser excluídas da média as contribuições que resultem em redução do valor do benefício, desde que mantido o tempo mínimo de contribuição exigido, vedada a utilização do tempo excluído para qualquer finalidade, inclusive para o acréscimo a que se referem os §§ 2º e 5º, para a averbação em outro regime previdenciário ou para a obtenção dos proventos de inatividade de que tratam os arts. 42 e 142 da Constituição Federal.

§ 7º Os benefícios calculados nos termos do disposto neste artigo serão reajustados nos termos estabelecidos para o Regime Geral de Previdência Social.

Mudança no cálculo de benefício
Valor será de 60% da média salarail, subindo 2% a cada ano a partir de 15 anos de contribuição para mulheres e de 20 para homens

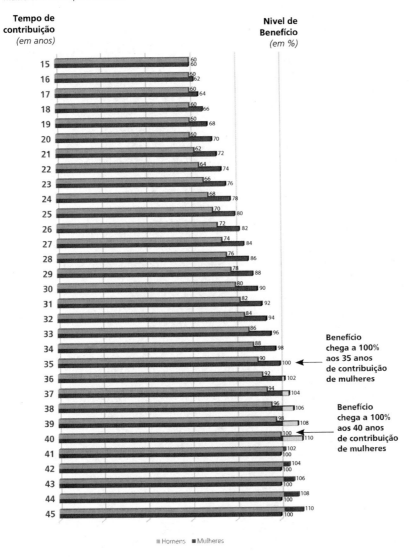

O novo regramento manteve o Período Básico de Cálculo — PBC, ou seja, o período laborado a partir de julho de 1994 (implantação do

Plano Real), mas ampliou a abrangência de 80% dos maiores salários de contribuição para 100% dos salários de contribuição, mesmo que vertidos para outros regimes de proteção social, a exemplo de forças armadas e polícias militares.

A média a que se refere o *caput* será limitada ao valor máximo do salário de contribuição do Regime Geral de Previdência Social para os segurados deste regime e para o servidor que ingressou no serviço público em cargo efetivo após a implantação do regime de previdência complementar ou que tenha exercido a opção correspondente, nos termos do disposto nos §§ 14 a 16 do art. 40 da Constituição Federal.

No entanto, o valor do benefício de aposentadoria corresponderá a sessenta por cento da média aritmética obtida, com acréscimo de dois por cento para cada ano de contribuição que exceder o tempo de vinte anos de contribuição no caso:

- regra de transição dos pontos do RGPS (art. 15 da Emenda Constitucional);
- regra de transição de idade + tempo do RGPS (art. 16 da Emenda Constitucional);
- regra de transição da aposentadoria por idade do RGPS (art. 18 da Emenda Constitucional);
- aposentadoria por incapacidade permanente aos segurados do Regime Geral de Previdência Social, salvo no caso de acidente de trabalho, de doença profissional e de doença do trabalho;
- aposentadoria pela regra permanente do RGPS; e
- aposentadoria especial do RGPS, salvo para quem deve cumprir o tempo mínimo de 15 anos.

CUIDADO: O ACRÉSCIMO INCIDE A PARTIR DE 15 ANOS NOS SEGUINTES CASOS:

- aposentadoria especial — 15 anos; e
- mulheres filiadas ao RGPS.

O valor do benefício de aposentadoria corresponderá a cem por cento da média aritmética obtida, nos seguintes casos:

- regra de transição do pedágio de 100% do RGPS; e
- no caso de aposentadoria por incapacidade permanente, quando decorrer de acidente de trabalho, de doença profissional e de doença do trabalho.

Poderão ser excluídas da média as contribuições que resultem em redução do valor do benefício, desde que mantido o tempo mínimo de contribuição exigido, vedada a utilização do tempo excluído para qualquer finalidade, inclusive para o acréscimo a que se referem os §§ 2º e 5º, para a averbação em outro regime previdenciário ou para a obtenção dos proventos de inatividade de que tratam os arts. 42[30] e 142[31] da Constituição Federal.

Merece destaque o fim do **"fator previdenciário"**, fórmula matemática utilizada para adequar o valor da aposentadoria por tempo de contribuição e compensar os custos de aposentadoria precoces, que somente será utilizado na regra de transição com o pagamento de pedágio de 50%.[32]

Vale destacar que a reforma da previdência fez importantes alterações no cálculo dos benefícios destinados aos dependentes dos segurados de baixa renda:

a) Auxílio Reclusão: o cálculo continua seguindo as regras da pensão por morte, no entanto, o valor apurado não poderá ultrapassar o valor de 1(um) salário mínimo. Até então, o benefício poderia chegar ao limite da baixa renda, ou seja, R$ 1.364,43 (um mil trezentos e sessenta e quatro reais e quarenta e três centavos); e

b) Salário-Família: antes o benefício possuía dois valores, a depender da faixa salarial[33]. Com a reforma, o valor da cota por filho

---

(30) "Art. 42 Os membros das Polícias Militares e Corpos de Bombeiros Militares, instituições organizadas com base na hierarquia e disciplina, são militares dos Estados, do Distrito Federal e dos Territórios." BRASIL. Constituição Federal.

(31) "Art. 142. As Forças Armadas, constituídas pela Marinha, pelo Exército e pela Aeronáutica, são instituições nacionais permanentes e regulares, organizadas com base na hierarquia e na disciplina, sob a autoridade suprema do Presidente da República, e destinam-se à defesa da Pátria, à garantia dos poderes constitucionais e, por iniciativa de qualquer destes, da lei e da ordem." BRASIL. Constituição Federal.

(32) "Art. 17. Ao segurado filiado ao Regime Geral de Previdência Social até a data de entrada em vigor desta Emenda Constitucional e que na referida data contar com mais de 28 (vinte e oito) anos de contribuição, se mulher, e 33 (trinta e três) anos de contribuição, se homem, fica assegurado o direito à aposentadoria quando preencher, cumulativamente, os seguintes requisitos: (...) Parágrafo único. O benefício concedido nos termos deste artigo terá seu valor apurado de acordo com a média aritmética simples dos salários de contribuição e das remunerações calculada na forma da lei, **multiplicada pelo fator previdenciário**, calculado na forma do disposto nos §§ 7º a 9º do art. 29 da Lei n. 8.213, de 24 de julho de 1991." BRASIL, Emenda Constitucional n. 103/2019.

(33) " Art. 4. O valor da cota do salário-família por filho ou equiparado de qualquer condição, até 14 (quatorze) anos de idade, ou inválido de qualquer idade, a partir de 1º de janeiro de 2019, é de: I — R$ 46,54 (quarenta e seis reais e cinquenta e quatro centavos) para o segurado com remuneração mensal não superior a R$ 907,77 (novecentos e sete

ou equiparado de qualquer condição, até 14 (quatorze) anos de idade, ou inválido de qualquer idade foi unificado em R$ 46, 54 (quarenta e seis reais e cinquenta e quatro centavos) .

2. APOSENTADORIA ESPECIAL

A Reforma da Previdência de 2019 trouxe novidades para as chamadas aposentadorias especiais, àquelas que considerando a atividade desenvolvida estabelecem condições diferenciadas para a concessão do benefício.

Mais uma vez, seguindo as premissas básicas da Reforma da Previdência de 2019, acresceu-se aos requisitos a exigência de uma idade mínima, extirpando de vez do ordenamento jurídico a aposentadoria por tempo de contribuição.

2.1. Professor

A questão dos requisitos para a aposentadoria de professores sempre foi e será o calcanhar de Aquiles de uma Reforma da Previdência. Tanto por conta da importância dessa categoria profissional para o país, quanto pelo peso dos professores nas folhas de pagamento, principalmente no que se refere aos municípios.

Por isso mesmo, a proposta inicial de reforma foi totalmente rechaçada, o que acabou por promover pequenos ajustes em relação aos requisitos de aposentadoria.

O primeiro ponto que merece destaque diz respeito à atribuição de competência expressa à lei complementar para reger a matéria. Em uma primeira análise, poder-se-ia pensar que as alterações foram meramente de redação, mas o impacto será muito maior do que uma simples adequação do texto constitucional.

---

reais e setenta e sete centavos); II — R$ 32,80 (trinta e dois reais e oitenta centavos) para o segurado com remuneração mensal superior a R$ 907,77 (novecentos e sete reais e setenta e sete centavos) e igual ou inferior a R$ 1.364,43 (um mil trezentos e sessenta e quatro reais e quarenta e três centavos)." BRASIL, Ministério da Economia, Portaria n. 9, de 15 de janeiro de 2019. Disponível em < http://pesquisa.in.gov.br/imprensa/jsp/visualiza/index.jsp?data=16/01/2019&jornal=515&pagina=25> . Acesso em 18 set. 19.

Seguindo a linha da Reforma da Previdência, a definição do requisito de uma idade mínima, que será definida por meio da publicação de uma lei complementar, pode significar alterações substanciais no futuro.

QUADRO COMPARATIVO — RPPS — Professores	
Antes da Emenda Constitucional	**Depois da Emenda Constitucional**
Art. 40......... (...) § 5º Os requisitos de idade e de tempo de contribuição serão **reduzidos em cinco anos**, em relação ao disposto no § 1º, III, "a", para o professor que comprove exclusivamente tempo de efetivo exercício das funções de magistério na educação infantil e no ensino fundamental e médio. *(Redação dada pela Emenda Constitucional n. 20, de 15.12.98)*	Art. 40. ..... (...) **§ 5º Os ocupantes do cargo de professor terão idade mínima reduzida em 5 (cinco anos)** em relação às idades decorrentes da aplicação do disposto no inciso III do § 1º, desde que comprovem tempo de efetivo exercício das funções de magistério na educação infantil e no ensino fundamental e médio **fixado em lei complementar do respectivo ente federativo.**

QUADRO COMPARATIVO — RGPS — Professores	
Antes da Emenda Constitucional	**Depois da Emenda Constitucional**
Art. 201. ..... (...) § 8º Os requisitos a que se refere o inciso I do parágrafo anterior serão **reduzidos em cinco anos**, para o professor que comprove exclusivamente tempo de efetivo exercício das funções de magistério na educação infantil e no ensino fundamental e médio. *(Redação dada pela Emenda Constitucional n. 20, de 1998)*	Art. 201. ..... (...) **§ 8º O requisito de idade a que se refere o inciso I do § 7º será reduzido em 5 (cinco anos)**, para o professor que comprove tempo de efetivo exercício das funções de magistério na educação infantil e no ensino fundamental e médio fixado em **lei complementar.**

Seguindo a determinação do novo texto constitucional, a Emenda Constitucional estabeleceu as condições para a concessão de aposentadoria para professores, até que a Lei regulamente a questão:

> Art. 19. Até que lei disponha sobre o tempo de contribuição a que se refere o inciso I do § 7º do art. 201 da Constituição Federal, o segurado filiado ao Regime Geral de Previdência Social após a data de entrada em vigor desta Emenda Constitucional será aposentado aos 62 (sessenta e dois) anos de idade, se mulher, 65 (sessenta e cinco) anos de idade, se homem, 15 (quinze) anos de tempo de contribuição, se mulher, e 20 (vinte) anos de tempo de contribuição, se homem.

§ 1º Até que lei complementar disponha sobre a redução de idade mínima ou tempo de contribuição prevista nos §§ 1º e 8º do art. 201 da Constituição Federal, será concedida aposentadoria:

(...)

II — **ao professor** que **comprove 25 (vinte e cinco) anos** de contribuição exclusivamente em efetivo exercício das funções de magistério na educação infantil e no ensino fundamental e médio e possua **57 (cinquenta e sete) anos** de idade, se mulher, e **60 (sessenta) anos de idade**, se homem.

§ 2º O valor das aposentadorias de que trata este artigo corresponderá ao valor apurado na forma da lei.

Assim, após intenso debate sobre a idade mínima que deveria ser aplicada ao professor do ensino básico (infantil, fundamental e médio) vinculado ao Regime Geral de Previdência Social — RGPS, o Congresso Nacional decidiu estabelecer os seguintes requisitos para a aposentadoria do professor (art. 201, § 8º da CF/88 c/c art. 19, §1º, II da Emenda Constitucional):

- Professor: 60 anos de idade e 25 anos de contribuição na efetiva função de magistério; e
- Professora: 57 anos de idade e 25 anos de contribuição na efetiva função de magistério.

Destaque-se que o tempo mínimo de exercício da efetiva função de magistério foi equiparado para homens e mulheres. Anteriormente, nos termos dos arts. 40, § 5º, e 201, § 8º, da Constituição Federal e 56 da Lei n. 8.213/1991, era exigido o tempo de 30 anos para os homens e de 25 anos para as mulheres.[34]

Quando o professor reunir os requisitos acima indicados, o cálculo de sua aposentadoria será feito pela média de todos os salários auferidos na vida laborativa, a partir de julho de 1994 (Plano Real). Após, será aplicada a regra geral de cálculo, ou seja, 60% da média aritmética + 2% por cada ano que exceder 20 anos para o homem e 15 anos para a mulher[35]. Assim, o valor inicial da aposentadoria do professor será de:

---

(34) "Art. 56. O professor, após 30 (trinta) anos, e a professora, após 25 (vinte e cinco) anos de efetivo exercício em funções de magistério poderão aposentar-se por tempo de serviço, com renda mensal correspondente a 100% (cem por cento) do salário-de-benefício, observado o disposto na Seção III deste Capítulo" BRASIL. Lei n. 8.213/1991, de 24 de julho de 1991. Disponível em: <http://www.planalto.gov.br/ccivil_03/leis/l8213cons. htm>. Acesso em: 20 set. 2019.

(35) "Art. 26. (...) § 5º O acréscimo a que se refere o *caput* do § 2º será aplicado para cada ano que exceder 15 (quinze) anos de tempo de contribuição para os segurados de que tratam a alínea "a" do inciso I do art. 19 e do inciso I do art. 21 e **para as mulheres filiadas ao Regime Geral de Previdência Social.**

- Professor: 70% da média aritmética dos salários: 20 (60%) + 5 x 2% (10%); e
- Professora: 80% da média aritmética dos salários: 15 (60%) + 10 x 2% (20%).

Dessa forma, com a equiparação do tempo mínimo de exercício da função de magistério e, considerando, a diferença entre a carência [36]para concessão de aposentadoria para mulheres, 15 anos, e para homens, 20 anos, o cálculo do valor da aposentadoria será sempre mais benéfico para as mulheres.

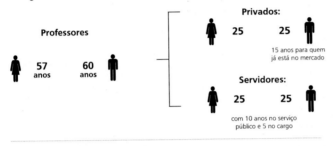

2.2. Portadores de Deficiência

No que se refere à aposentadoria especial para portadores de deficiência, a Reforma da Previdência de 2019 também promoveu alterações. Nesse aspecto merece destaque à determinação expressa de competência de lei complementar para a definição dos critérios de idade e de tempo de contribuição diferenciados para a concessão de aposentadoria especial. Em uma primeira análise, poder-se-ia pensar que essa delegação de competência já existia na prática, conforme texto anterior dos arts. 40 e 201, da Constituição, não obstante, cabe registrar a clara intenção do constituinte derivado de evitar qualquer questionamento futuro sobre essa possibilidade, principalmente no que diz respeito aos requisitos de idade e de tempo de contribuição.

Ainda, a inclusão da submissão prévia à avaliação biopsicossocial realizada por equipe multiprofissional e interdisciplinar. Antes da Reforma da Previdência de 2019, já havia a previsão da realização de uma perícia

---

(36) Para o Regime Geral da Previdência Social — RGPS.

própria do INSS[37], não obstante, a novidade aqui foi deixar expressa a necessidade de uma equipe multiprofissional e interdisciplinar. Na prática, há de se perguntar se o INSS terá condições de atender a esses requisitos, na realidade o que se observa é uma tremenda carência de pessoal especializado para a realização desse tipo de avaliação biopsicossocial.

QUADRO COMPARATIVO — RPPS — Deficientes	
Antes da Emenda Constitucional	Depois da Emenda Constitucional
Art. 40. .... (...) § 4º É vedada a adoção de requisitos e critérios diferenciados para a concessão de aposentadoria aos abrangidos pelo regime de que trata este artigo, ressalvados, **nos termos definidos em leis complementares**, os casos de servidores: *(Redação dada pela Emenda Constitucional n. 47, de 2005)* I **portadores de deficiência;** *(Incluído pela Emenda Constitucional n. 47, de 2005)*	Art. 40. .... (...) **§ 4º-A Poderão ser estabelecidos por lei complementar** do respectivo ente federativo **idade e tempo de contribuição** diferenciados para aposentadoria de **servidores com deficiência, previamente submetidos à avaliação biopsicossocial realizada por equipe multiprofissional e interdisciplinar.**

QUADRO COMPARATIVO — RGPS — Deficientes	
Antes da Emenda Constitucional	Depois da Emenda Constitucional
Art. 201. ..... (...) § 1º É vedada a adoção de requisitos e critérios diferenciados para a concessão de aposentadoria aos beneficiários do regime geral de previdência social, ressalvados os casos de atividades exercidas sob condições especiais que prejudiquem a saúde ou a integridade física e quando se tratar de **segurados portadores de deficiência, nos termos definidos em lei complementar.** *(Redação dada pela Emenda Constitucional n. 47, de 2005)*	**§ 1º É vedada a adoção de requisitos ou critérios diferenciados para concessão de benefícios, ressalvado, nos termos de lei complementar, a possibilidade de previsão de idade e tempo de contribuição** distintos da regra geral para concessão de aposentadoria exclusivamente em favor dos segurados: I — **com deficiência, previamente submetidos à avaliação biopsicossocial realizada por equipe multiprofissional e interdisciplinar;**

---

(37) Arts. 3º e 4º da Lei Complementar n. 142/2013. BRASIL. Lei Complementar n. 142, de 8 de maio de 2013. Disponível em: <http://www.planalto.gov.br/ccivil_03/leis/lcp/lcp142.htm>. Acesso em: 20 set. 2019. Arts. 70-A e 70-D da Lei n. 8.213/91. BRASIL, Decreto n. 3.048, de 6 de maio de 1999. Disponível em: <http://www.planalto.gov.br/ccivil_03/decreto/D3048.htm>. Acesso em: 20 set. 2019.

Antes da Reforma da Previdência de 2019, as regras para a concessão de aposentadoria especial para portadores de deficiência, era regulamentada pela Lei Complementar n. 142/2013[38], nos seguintes termos:

Art. 3º É assegurada a concessão de aposentadoria pelo RGPS ao segurado com deficiência, observadas as seguintes condições:

I — aos 25 (vinte e cinco) anos de tempo de contribuição, se homem, e 20 (vinte) anos, se mulher, no caso de segurado com deficiência grave;

II — aos 29 (vinte e nove) anos de tempo de contribuição, se homem, e 24 (vinte e quatro) anos, se mulher, no caso de segurado com deficiência moderada;

III — aos 33 (trinta e três) anos de tempo de contribuição, se homem, e 28 (vinte e oito) anos, se mulher, no caso de segurado com deficiência leve; ou

IV — aos 60 (sessenta) anos de idade, se homem, e 55 (cinquenta e cinco) anos de idade, se mulher, independentemente do grau de deficiência, desde que cumprido tempo mínimo de contribuição de 15 (quinze) anos e comprovada a existência de deficiência durante igual período.

Parágrafo único. Regulamento do Poder Executivo definirá as deficiências grave, moderada e leve para os fins desta Lei Complementar.

A Emenda Constitucional, em seu art. 22, estabeleceu que, enquanto não sobrevier a lei complementar para regular definitivamente a matéria, deve-se observar:

Art. 22. Até que lei discipline o § 4º-A do art. 40 e o inciso I do § 1º do art. 201 da Constituição Federal, a aposentadoria da pessoa com deficiência segurada do Regime Geral de Previdência Social ou do servidor público federal com deficiência vinculado a regime próprio de previdência social, desde que cumpridos, no caso do servidor, o tempo mínimo de 10 (dez) anos de efetivo exercício no serviço público e de 5 (cinco) anos no cargo efetivo em que for concedida a aposentadoria, será concedida na forma da Lei Complementar n. 142, de 8 de maio de 2013, inclusive quanto aos critérios de cálculo dos benefícios.

Parágrafo único. Aplicam-se às aposentadorias dos servidores com deficiência dos Estados, do Distrito Federal e dos Municípios as normas constitucionais e infraconstitucionais anteriores à data de entrada em vigor desta Emenda Constitucional, enquanto não promovidas alterações na legislação interna relacionada ao respectivo regime próprio de previdência social.

Percebe-se que o caso dos portadores de deficiência foi o único a não estabelecer o requisito de idade mínima, dessa forma, quanto à eles, permanece a hipótese de aposentadoria por tempo de contribui-

---

(38) BRASIL, Lei Complementar n. 142, de 8 de maio de 2013, que regulamenta o § 1º do art. 201 da Constituição Federal, no tocante à aposentadoria da pessoa com deficiência segurada do Regime Geral da Previdência Social — RGPS. Disponível em: <http://www.planalto.gov.br/ccivil_03/LEIS/LCP/Lcp142.htm>. Acesso em: 06 out. 2019.

ção. Talvez essa posição será objeto de questionamentos judiciais, pois a própria Lei Complementar n. 142/2013[39], em seu art. 9º, estabelece:

> Art. 9º Aplicam-se à pessoa com deficiência de que trata esta Lei Complementar:
>
> I — o fator previdenciário nas aposentadorias, se resultar em renda mensal de valor mais elevado;
>
> II — a contagem recíproca do tempo de contribuição na condição de segurado com deficiência relativo à filiação ao RGPS, ao regime próprio de previdência do servidor público ou a regime de previdência militar, devendo os regimes compensar-se financeiramente;
>
> III — as regras de pagamento e de recolhimento das contribuições previdenciárias contidas na *Lei n. 8.212, de 24 de julho de 1991*;
>
> IV — as demais normas relativas aos benefícios do RGPS;
>
> V — a percepção de qualquer outra espécie de aposentadoria estabelecida na *Lei n. 8.213, de 24 de julho de 1991*, que lhe seja mais vantajosa do que as opções apresentadas nesta Lei Complementar.

Veja-se que a Lei Complementar determina a utilização subsidiária das normas do Regime Geral da Previdência Social — RGPS, que, atualmente, estabelecem o requisito da idade mínima para a concessão do benefício de aposentadoria, acabando com a aposentadoria somente por tempo de contribuição. Dessa forma, há de se esperar a consolidação da regulamentação do tema pelo Executivo, especialmente o INSS, e o resultado de possíveis questionamentos judiciais para se posicionar definitivamente sobre a continuidade ou não da aposentadoria somente por tempo de contribuição para os portadores de deficiência.

Há de se ter claro que, para o caso de servidores públicos, além do tempo de contribuição, deve-se atentar para os requisitos de dez anos no serviço público e cinco anos no cargo em que se dará a aposentadoria. Ainda, destaque-se que o tempo mínimo de 25 anos de contribuição, também não foi considerado para os portadores de deficiência.

Nesse aspecto, o constituinte derivado consolida o posicionamento do Supremo Tribunal Federal que estabelece:

> Na falta de lei específica que regulamente a aposentadoria especial dos servidores públicos portadores de deficiência (art. 40, §4º, I, da CF/88), deve ser

---

(39) BRASIL. Lei Complementar n. 142, de 8 de maio de 2013, que regulamenta o § 1º do art. 201 da Constituição Federal, no tocante à aposentadoria da pessoa com deficiência segurada do Regime Geral da Previdência Social — RGPS. Disponível em: <http://www.planalto.gov.br/ccivil_03/LEIS/LCP/Lcp142.htm>. Acesso em: 06 out. 2019.

aplicada a LC n. 142/2013, que trata sobre a aposentadoria especial de pessoas com deficiência no RGPS (STF. 1ª Turma. MI 6818/DF).[40]

Assim ficou regulamentada a matéria:

| APOSENTADORIA PORTADOR DEFICIÊNCIA | |
| POR TEMPO DE CONTRIBUIÇÃO | |
Grau da deficiência	Requisitos
Alta	**Homem** • 25 anos de contribuição **Mulher** • 20 anos de contribuição
Moderada	**Homem** • 29 anos de contribuição **Mulher** • 24 anos de contribuição
Leve	**Homem** • 33 anos de contribuição **Mulher** • 28 anos de contribuição
POR IDADE	
Homem • 60 anos **Mulher** • 55 anos **Para ambos** • 15 anos de contribuição	

---

(40) "Decisão: A Turma, por unanimidade, julgou parcialmente procedente o pedido formulado para reconhecer o direito do impetrante de ver analisado o requerimento de aposentadoria, apresentado com base no art. 40, § 4º, inciso I, da Constituição Federal, consideradas as normas constantes da Lei Complementar n. 142/2013, nos termos do voto do Relator. Falou a Dra. Jucelaine Angelim Barbosa, Advogada da União, pelos Impetrados. Presidência do Ministro Luiz Fux. Primeira Turma, 13.08.2019." BRASIL. STF Supremo Tribunal Federal, Mandado de Injunção 6818/DF. Ata de Julgamento publicada no DJe n. 187, divulgado em 27.08.2019. Disponível em: <http:// stf.jus.br/portal/diarioJustica/verDiarioProcesso.asp?numDj=187&dataPublicacaoDj=28/08/2019&incidente=5307967&codCapitulo=3&numMateria=19&codMateria=3>. Acesso em: 21 ago. 2019.

2.3. Agentes Nocivos

No que se refere à aposentadoria especial decorrente da exposição à agentes nocivos à saúde, a Reforma da Previdência de 2019 também promoveu alterações. Nesse aspecto merece destaque a inclusão da expressão **"efetiva exposição",** quando no texto constitucional anterior somente se referia ao exercício de atividade sob condições especiais que prejudiquem à saúde. Na realidade, o entendimento já consagrado pelas normas infraconstitucionais e pela jurisprudência, tanto dos tribunais administrativos quanto dos tribunais do Judiciário, determinava que a contagem de tempo especial somente se daria quando a exposição se desse de maneira permanente, não ocasional e nem intermitente.[41] [42]

Outro ponto que merece destaque diz respeito à determinação expressa de competência de lei complementar para a definição dos critérios de idade e de tempo de contribuição diferenciados para a concessão de aposentadoria especial. Em uma primeira análise, poder-se-ia pensar que essa delegação de competência já existia na prática, conforme texto anterior dos arts. 40 e 201, da Constituição, não obstante, cabe registrar a clara intenção do constituinte derivado de evitar qualquer questionamento futuro sobre essa possibilidade, principalmente no que diz respeito aos requisitos de idade e de tempo de contribuição.

---

(41) "Art. 57. A aposentadoria especial será devida, uma vez cumprida a carência exigida nesta Lei, ao segurado que tiver trabalhado sujeito a condições especiais que prejudiquem a saúde ou a integridade física, durante 15 (quinze), 20 (vinte) ou 25 (vinte e cinco) anos, conforme dispuser a lei. *(Redação dada pela Lei n. 9.032, de 1995)* (...) § 3º A concessão da aposentadoria especial dependerá de comprovação pelo segurado, perante o Instituto Nacional do Seguro Social — INSS, do tempo de trabalho **permanente, não ocasional nem intermitente**, em condições especiais que prejudiquem a saúde ou a integridade física, durante o período mínimo fixado. *(Redação dada pela Lei n. 9.032, de 1995)*. BRASIL. Lei n. 8.213/1991, de 24 de julho de 1991. Disponível em: <http://www.planalto.gov.br/ccivil_03/leis/l8213cons.htm>. Acesso em: 20 set. 2019.
(42) Regulamento da Previdência Social. BRASIL. Decreto n. 3.048, de 6 de maio de 1999. Disponível em: <http://www.planalto.gov.br/ccivil_03/decreto/D3048.htm>. Acesso em: 20 set. 2019.

QUADRO COMPARATIVO — RPPS — Agente Nocivo	
Antes da Emenda Constitucional	**Depois da Emenda Constitucional**
Art. 40.	Art. 40. ....
(...)	(...)
§ 4º É vedada a adoção de requisitos e critérios diferenciados para a concessão de aposentadoria aos abrangidos pelo regime de que trata este artigo, ressalvados, **nos termos definidos em leis complementa-res**, os casos de servidores: *(Redação dada pela Emenda Constitucional n. 47, de 2005)*	**§ 4º-C Poderão ser estabelecidos por lei complementar do respectivo ente federa-tivo idade e tempo de contribuição** dife-renciados para aposentadoria de servidores cujas atividades sejam exercidas com **efetiva exposição** a agentes químicos, físicos e bio-lógicos prejudiciais à saúde, ou associação destes agentes, vedados a caracterização por categoria profissional ou ocupação.
I portadores de deficiência; *(Incluído pela Emenda Constitucional n. 47, de 2005)*	
II que exerçam atividades de risco; *(Incluído pela Emenda Constitucional n. 47, de 2005)*	
III **cujas atividades sejam exercidas sob condições especiais que prejudiquem a saúde ou a integridade físic**a. *(Incluído pela Emenda Constitucional n. 47, de 2005)*	

QUADRO COMPARATIVO — RGPS — Agente Nocivo	
Antes da Emenda Constitucional	**Depois da Emenda Constitucional**
Art. 201.	Art. 201. .....
(...)	(...)
§ 1º É vedada a adoção de requisitos e critérios diferenciados para a concessão de aposentadoria aos beneficiários do regime geral de previdência social, ressalvados os casos de **atividades exercidas sob condições especiais** que prejudiquem a saúde ou a integridade física e quando se tratar de segu-rados portadores de deficiência, **nos termos definidos em lei complementar**. *(Redação dada pela Emenda Constitucional n. 47, de 2005)*	**§ 1º É vedada a adoção de requisitos ou critérios diferenciados para concessão de benefícios, ressalvado, nos termos de lei complementar, a possibilidade de previsão de idade e tempo de contribui-ção** distintos da regra geral para concessão de aposentadoria exclusivamente em favor dos segurados:
	(...)
	II — **cujas atividades sejam exercidas com efetiva exposição a agentes químicos, físicos e biológicos prejudiciais à saúde, ou associação destes agentes, vedados a caracterização por categoria profissional ou ocupação.**

Reforma da Previdência: Entenda Ponto a Ponto | **59**

A Emenda Constitucional estabeleceu, no art. 19, as regras que devem ser observadas, até que venha a lei para regulamentar definitivamente a matéria.

Mais uma vez, faltou boa técnica legislativa ao se referir somente à "lei", quando, na realidade, dever-se-ia ter deixado clara a competência de "lei complementar".

Ainda, percebe-se que a reforma, também quanto à aposentadoria especial, manteve a premissa do fim da aposentadoria por tempo de contribuição e estabeleceu idade mínima, independente da contribuição. Observe-se que, no que diz respeito à idade mínima, não houve diferenciação de gênero, sendo estipuladas as mesmas idades tanto para homens quanto para mulheres.

Feito esses registros, eis o teor do art. 19 da Emenda Constitucional:

> Art. 19. Até que lei disponha sobre o tempo de contribuição a que se refere o inciso I do § 7º do art. 201 da Constituição Federal, o segurado filiado ao Regime Geral de Previdência Social após a data de entrada em vigor desta Emenda Constitucional será aposentado aos **62 (sessenta e dois) anos de idade, se mulher, 60 (sessenta e cinco) anos de idade, se homem, 15 (quinze) anos de tempo de contribuição, se mulher, e 20 (vinte) anos de tempo de contribuição, se homem.**
>
> § 1º Até que lei complementar disponha sobre a redução de idade mínima ou tempo de contribuição prevista nos §§ 1º e 8º do art. 201 da Constituição Federal, será concedida aposentadoria:
>
> I — aos segurados que comprovem o exercício de atividades com efetiva **exposição a agentes químicos, físicos e biológicos prejudiciais à saúde, ou associação desses agentes**, vedados a caracterização por categoria profissional ou ocupação, durante 15 (quinze), 20 (vinte) ou 25 (vinte e cinco) anos, nos termos do disposto nos arts. 57 e 58 da Lei n. 8.213, de 24 de julho de 1991, quando cumpridos:
>
> a) 55 (cinquenta e cinco) anos de idade, quando se tratar de atividade especial de 15 (quinze) anos de contribuição;
>
> b) 58 (cinquenta e oito) anos de idade, quando se tratar de atividade especial de 20 (vinte) anos de contribuição; ou
>
> c) 60 (sessenta) anos de idade, quando se tratar de atividade especial de 25 (vinte e cinco) anos de contribuição;

Destaque-se que, na última rodada de votação no Senado Federal, foram excluídas as citações, à vedação para o "enquadramento por periculosidade", tanto no texto permanente quanto nas regras de transição. Ainda, houve a negociação para que o Governo Federal apresenta-se Projeto de Lei Complementar, para regular a matéria.

Trata-se de alteração fundamental para possibilitar a normatização dos requisitos de enquadramento das atividades desenvolvidas em ambientes de periculosidades, tais como os vigilantes armados e as guardas municipais, dentre outros. Até a publicação desta edição, não se tinha a definição de como serão esses critérios.

Dessa forma, para ter condições para a aposentadoria especial devem ser atendidos os seguintes requisitos:

APOSENTADORIA ESPECIAL — RGPS	
Atividade Especial	Requisitos
15 anos	**Homem e Mulher:** • 55 anos de idade; e • 15 anos de contribuição.
20 anos	**Homem e Mulher:** • 58 anos de idade; e • 20 anos de contribuição.
25 anos	**Homem e Mulher:** • 60 anos de idade; e • 25 anos de contribuição.

APOSENTADORIA ESPECIAL — RPPS
Requisitos
Homem e Mulher: • 60 anos de idade; • 25 anos de contribuição; • 10 anos de serviço público; e • 5 anos no cargo.

2.4. Forças Policiais Federais e do Distrito Federal, Agente Federal Penitenciário ou Socioeducativo

Antes da Reforma da Previdência de 2019, a Lei Complementar n. 51/1985[43] disciplinava a aposentadoria do servidor público policial, nos seguintes termos:

---

(43) BRASIL. Lei Complementar n. 51, de 20 de dezembro de 1985, que dispõe sobre a aposentadoria do servidor público policial, nos termos do § 4º do art. 40 da Constitui-

Art. 1º O servidor público policial será aposentado: *(Redação dada pela Lei Complementar n. 144, de 2014)*

I — compulsoriamente, com proventos proporcionais ao tempo de contribuição, aos 65 (sessenta e cinco) anos de idade, qualquer que seja a natureza dos serviços prestados; ~~(Redação dada pela Lei Complementar n. 144, de 2014)~~ *(Revogado pela Lei Complementar n. 152, de 2015)*

II — voluntariamente, com proventos integrais, **independentemente da idade**: *(Redação dada pela Lei Complementar n. 144, de 2014)*

a) após 30 (trinta) anos de contribuição, desde que conte, pelo menos, **20 (vinte) anos de exercício** em cargo de natureza estritamente policial, se **homem**; *(Incluído pela Lei Complementar n. 144, de 2014)*

b) após 25 (vinte e cinco) anos de contribuição, desde que conte, pelo menos, **15 (quinze) anos de exercício** em cargo de natureza estritamente policial, se **mulher.** *(Incluído pela Lei Complementar n. 144, de 2014)*

As alterações da Reforma da Previdência de 2019 atingiram, somente, a Polícia Federal, a Polícia Rodoviária Federal, o Agente Federal Penitenciário ou Socioeducativo e no Distrito Federal: a Polícia Civil. Merece destaque a inclusão da categoria de agente federal penitenciário ou socioeducativo, onde, anteriormente, só constava as carreiras policiais.

Um detalhe que não pode passar despercebido é a menção expressa e a atribuição de competência para Lei Complementar para a regulação da aposentadoria dessas categorias, especialmente para o estabelecimento de idade e tempo de contribuição diferenciados nos demais segurados do RGPS e do RPPS.

ção Federal. Disponível em: <http://www.planalto.gov.br/ccivil_03/leis/lcp/Lcp51.htm>. Acesso em: 21 set. 2019.

(44) "Art. 51. Compete privativamente à Câmara dos Deputados: (...) IV — dispor sobre sua organização, funcionamento, polícia, criação, transformação ou extinção dos cargos, empregos e funções de seus serviços, e a iniciativa de lei para fixação da respectiva remuneração, observados os parâmetros estabelecidos na lei de diretrizes orçamentárias; *(Redação dada pela Emenda Constitucional n. 19, de 1998)"*. BRASIL. Constituição Federal.

(45) "Art. 52. Compete privativamente ao Senado Federal: (...) XIII — dispor sobre sua organização, funcionamento, polícia, criação, transformação ou extinção dos cargos, empregos e funções de seus serviços, e a iniciativa de lei para fixação da respectiva remuneração, observados os parâmetros estabelecidos na lei de diretrizes orçamentárias; *(Redação dada pela Emenda Constitucional n. 19, de 1998)"*. BRASIL. Constituição Federal.

(46) "Art. 144. A segurança pública, dever do Estado, direito e responsabilidade de todos, é exercida para a preservação da ordem pública e da incolumidade das pessoas e do patrimônio, através dos seguintes órgãos: (...) I — polícia federal; II — polícia rodoviária federal; III — polícia ferroviária federal; IV — polícias civis;". BRASIL. Constituição Federal.

QUADRO COMPARATIVO — RPPS — Forças Policiais	
Antes da Emenda Constitucional	**Depois da Emenda Constitucional**
Art. 40......... (...) § 4º É vedada a adoção de requisitos e critérios diferenciados para a concessão de aposentadoria aos abrangidos pelo regime de que trata este artigo, ressalvados, **nos termos definidos em leis complementares**, os casos de servidores: *(Redação dada pela Emenda Constitucional n. 47, de 2005)* I — portadores de deficiência; *(Incluído pela Emenda Constitucional n. 47, de 2005)* II — **que exerçam atividades de risco**; *(Incluído pela Emenda Constitucional n. 47, de 2005)* III — cujas atividades sejam exercidas sob condições especiais que prejudiquem a saúde ou a integridade física. *(Incluído pela Emenda Constitucional n. 47, de 2005)*	Art. 40. ..... (...) **§ 4º-B Poderão ser estabelecidos por lei complementar do respectivo ente federativo idade e tempo de contribuição diferenciados para aposentadoria de ocupantes do cargo de agente penitenciário, de agente socioeducativo ou de policial** dos órgãos de que tratam o inciso IV do caput do art. 51[43], o inciso XIII do *caput* do art. 52[44] e os incisos I a IV do caput do art. 144[45].

QUADRO COMPARATIVO — RGPS — Forças Policiais	
Antes da Emenda Constitucional	**Depois da Emenda Constitucional**
Art. 201. ..... (...) § 1º É vedada a adoção de requisitos e critérios diferenciados para a concessão de aposentadoria aos beneficiários do regime geral de previdência social, ressalvados os casos de **atividades exercidas sob condições especiais** que prejudiquem a saúde ou a integridade física e quando se tratar de segurados portadores de deficiência, **nos termos definidos em lei complementar**. *(Redação dada pela Emenda Constitucional n. 47, de 2005)*	Art. 201. ..... (...) **§ 1º É vedada a adoção de requisitos ou critérios diferenciados para concessão de benefícios, ressalvado, nos termos de lei complementar, a possibilidade de previsão de idade e tempo de contribuição** distintos da regra geral para concessão de aposentadoria exclusivamente em favor dos segurados: (...) II — cujas atividades sejam exercidas com efetiva exposição a agentes nocivos químicos, físicos e biológicos prejudiciais à saúde, ou associação destes agentes, vedados a caracterização por categoria profissional ou ocupação.

Enquanto não sobrevier lei complementar que disciplina os benefícios do regime próprio de previdência social da União, o art. 10 da Emenda Constitucional estabelece:

Art. 10. ...

§ 2º Os servidores públicos federais com direito a idade mínima ou tempo de contribuição distintos da regra geral para concessão de aposentadoria, na forma dos §§ 4º-B, 4º-C e 5º do art. 40 da Constituição Federal, poderão se aposentar, observados os seguintes requisitos:

I — o policial civil do órgão a que se refere o inciso XIV do *caput* do art. 21 da Constituição Federal, o policial dos órgãos a que se referem o inciso IV do *caput* do art. 51, o inciso XIII do *caput* do art. 52 e os incisos I a III do *caput* do art. 144 da Constituição Federal e os ocupantes dos cargos de agente federal penitenciário ou socioeducativo, aos **55 (cinquenta e cinco) anos de idade, 30 (trinta) anos de contribuição e 25 (vinte e cinco) anos de efetivo exercício em cargo destas carreiras, para ambos os sexos**;

Destaque-se que a Reforma da Previdência de 2019 traz mudanças substanciais para a aposentadoria das forças policiais. O primeiro ponto diz respeito à unificação dos requisitos para ambos os gêneros, homem e mulher. A Lei Complementar trazia uma diferença de 5 anos entre um e outro gênero. Outra mudança refere-se à inclusão de idade mínima de 55 anos, anteriormente a aposentadoria teria lugar independente da idade. Ainda ampliou de 15 anos, mulheres, e 20 anos, homens, para 25 anos de efetivo exercício na carreira para ambos os sexos. Somente a necessidade de 30 anos de contribuição, como requisito para aposentadoria, foi mantido.

De outro lado, no que se refere às carreiras policiais e agentes penitenciários ou socioeducativos dos estados, não houve nenhuma mudança sequer. Lembre-se de que os estados e os municípios não foram incluídos na Reforma da Previdência de 2019.

Na prática, cada um dos entes da federação terá de regulamentar a matéria por meio de lei complementar própria. Destaque-se que a Proposta de Emenda Constitucional Paralela que tramita no Congresso Nacional poderá alterar essa realidade.

QUADRO COMPARATIVO — Forças Policiais	
Antes da Emenda Constitucional[46]	Após a Emenda Constitucional[47]
Homem: • 20 anos no cargo; e • 30 anos de contribuição. **Mulher:** • 15 anos no cargo; e • 25 anos de contribuição.	**Homem e mulher:** • 55 anos de idade; • 25 anos no cargo; e • 30 anos de contribuição.

(47) Somente incluía as carreiras policiais.
(48) Passou a incluir, além das carreiras policiais, a carreira de agente federal penitenciário ou socioeducativo.

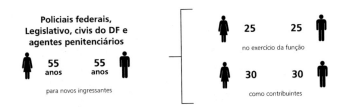

3. BENEFÍCIOS DE RISCO

3.1. Aposentadoria por Invalidez

Antes da Reforma da Previdência de 2019, o valor da aposentadoria por invalidez, para o Regime Geral da Previdência Social, era calculado em 100% do salário-de-benefício ou, quando em gozo de auxílio-doença, ao valor do benefício de auxílio-doença percebido. Ainda, em nenhum dos casos havia a incidência do fator previdenciário. Tais disposições foram estipuladas pela Lei n. 8.213/91:

> Art. 44. A aposentadoria por invalidez, inclusive a decorrente de acidente do trabalho, consistirá numa renda mensal correspondente a 100% (cem por cento) do salário-de-benefício, observado o disposto na Seção III, especialmente no art. 33 desta Lei. *(Redação dada pela Lei n. 9.032, de 1995)*
>
> § 1º No cálculo do acréscimo previsto na alínea "a" deste artigo, será considerado como período de contribuição o tempo em que o segurado recebeu auxílio-doença ou outra aposentadoria por invalidez. *(Revogado pela Lei n. 9.528, de 1997)*
>
> § 2º Quando o acidentado do trabalho estiver em gozo de auxílio-doença, o valor da aposentadoria por invalidez será igual ao do auxílio-doença se este, por força de reajustamento, for superior ao previsto neste artigo.[49]

Já para o Regime Próprio de Previdência Social, nos termos do art. 40, § 1º, I, da Constituição Federal e art. 186, I e § 1º, da Lei n. 8.212/1990, era calculado à base dos proventos proporcionais ao tempo de contribuição, exceto se decorrente de acidente em serviço, moléstia profissional ou doença grave, contagiosa ou incurável, quando se dava à base de 100% dos proventos.

---

(49) BRASIL. Lei n. 8.213, de 24 de julho de 1991. Disponível em: <http://www.planalto.gov.br/ccivil_03/leis/l8213cons.htm>. Acesso em: 21 set. 2019.

Não houve alteração nos requisitos de acesso, apenas na metodologia de cálculo do benefício, que não mais considera a base de 100% do salário-de-benefício. Dessa forma, a aposentadoria por invalidez corresponderá a 60% da média aritmética total, acrescida de 2% para cada ano que exceder 20 anos de contribuição, salvo no caso de invalidez decorrente de acidente de trabalho, de doença profissional e de doença do trabalho, que permaneceu considerando a base de 100% do salário-de-benefício.

Art. 26. Até que lei discipline o cálculo dos benefícios do **regime próprio de previdência social da União** e do **Regime Geral de Previdência Social**, será utilizada a **média aritmética simples** dos salários de contribuição e das remunerações adotados como base para contribuições a **regime próprio de previdência social e ao Regime Geral de Previdência Social**, ou como base para contribuições decorrentes das atividades militares de que tratam os arts. 42 e 142 da Constituição Federal, atualizados monetariamente, correspondentes a 100% (cem por cento) do período contributivo desde a competência julho de 1994 ou desde o início da contribuição, se posterior àquela competência.

§ 1º A média a que se refere o *caput* será limitada ao valor máximo do salário de contribuição do Regime Geral de Previdência Social para os segurados deste regime e para o servidor que ingressou no serviço público em cargo efetivo após a implantação do regime de previdência complementar ou que tenha exercido a opção correspondente, nos termos do disposto nos §§ 14 a 16 do art. 40 da Constituição Federal.

§ 2º O valor do benefício de aposentadoria corresponderá a **60% (sessenta por cento) da média** aritmética definida na forma prevista no *caput* e no § 1º, com acréscimo de **2 (dois) por cento para cada ano** de contribuição que **exceder o tempo de 20 (vinte) anos** de contribuição no caso:

I — do inciso II do § 6º do art. 4º, do § 4º do art. 15, do § 3º do art. 16 e do § 3º do art. 18;

II — do § 4º do art. 10, ressalvado o disposto no inciso II do § 3º e no § 4º;

III — de aposentadoria por incapacidade permanente aos segurados do Regime Geral de Previdência Social, ressalvado o disposto no inciso II do § 3º; e

IV — do § 2º do art. 19 e do § 2º do art. 21, ressalvado o disposto no § 5º deste artigo.

Em primeiro lugar, destaque-se que a Emenda Constitucional deixou claro sobre a utilização do teto do RGPS para os servidores que ingressaram no serviço público após a implantação do regime de previdência complementar[50] e para os que optaram por esse regime. A *contrario sensu*, os demais servidores não observarão o teto do RGPS.

---

(50) BRASIL. Lei n. 12.618, de 30 de abril de 2012. Disponível em: <http://www.planalto. gov.br/ccivil_03/_Ato2011-2014/2012/Lei/L12618.htm>. Acesso em: 18 set. 19.

No que se refere à forma de cálculo, houve alteração significativa. Agora utilizar-se-á a média de 100% das contribuições, que será a base para o cálculo do benefício. Após chegar-se a base, tomar-se-á 60% do valor e acrescentar-se-á 2%, para cada ano acima de 20 anos de contribuição. Por exemplo:

| Média de 100% dos salários | R$ 4.000,00 |
| Valor de partida do benefício (60% da média de salários) | R$ 2.400,00 |

| SIMULAÇÕES DE VALOR, DEPENDENDO DO TEMPO DE CONTRIBUIÇÃO | |
Tempo de contribuição	R$
Até 19 anos (60%)	2.400,00
21 anos (60% + 2%)	2.480,00
25 anos (60% + 10%)	2.800,00
30 anos (60% + 20%)	3.200,00
40 anos (60% + 40%)	4.000,00

3.2. Pensão Por Morte

O tempo de duração da pensão por morte e das cotas individuais por dependente até a perda desta qualidade, o rol de dependentes, a sua qualificação e as condições necessárias para o enquadramento continuam sendo aqueles estabelecidos na Lei n. 8.213, de 24 de julho de 1991.

Assim, os requisitos de acesso à pensão por morte não foram alterados pela Reforma da Previdência de 2019, mantendo-se intactos também o rol de dependentes e o mecanismo de rateio, salvo em relação à reversão das cotas, que deixou de existir.

Anteriormente à Reforma da Previdência de 2019, a pensão por morte, para o RGPS, era calculada à base de 100% do valor da aposentadoria ou daquela a que teria direito se estivesse aposentado por invalidez[51]. Já no RPPS, o cálculo considerava o valor da aposentadoria ou dos proven-

---

(51) "Art. 75. O valor mensal da pensão por morte será de cem por cento do valor da aposentadoria que o segurado recebia ou daquela a que teria direito se estivesse aposentado por invalidez na data de seu falecimento, observado o disposto no art. 33 desta lei. *(Redação dada pela Lei n. 9.528, de 1997)*". BRASIL, Lei n. 8.213, de 24 de julho de 1991. Disponível em: <http://www.planalto.gov.br/ccivil_03/leis/l8213cons.htm>. Acesso: em 21 set. 2019.

tos, até o teto do RGPS, e, na parcela excedente, incidia o percentual de 70%, para os aposentados, e de 80%, para os servidores em atividade[52].

Destaque-se que a metodologia de cálculo das quotas sofreu profunda alteração, pois condicionou o valor do benefício ao número de dependentes. Em outra perspectiva, a base de cálculo também foi afetada, tendo em vista que o benefício de origem teve alterada também a sua metodologia de apuração.

Com a Reforma da Previdência de 2019, a pensão por morte concedida ao dependente de segurado do Regime Geral de Previdência Social ou de servidor público federal deve seguir as mesmas regras de cálculo, ou seja, será equivalente à uma cota familiar de cinquenta por cento do valor da aposentadoria recebida pelo segurado ou servidor ou daquela a que teriam direito se fossem aposentados por incapacidade permanente na data do óbito, acrescida de cotas de dez pontos percentuais por dependente, até o máximo de cem por cento.

Outro ponto que deve ser ressaltado diz respeito à desconstitucionalização da forma de cálculo da pensão para os servidores públicos, que, agora, passou a ser competência de Lei Ordinária do respectivo ente federativo.

QUADRO COMPARATIVO — RPPS	
Antes da Emenda Constitucional	Depois da Emenda Constitucional
Art. 40.	Art. 40. .....
(...)	(...)
§ 7º Lei disporá sobre a concessão do benefício de pensão por morte, que será igual: *(Redação dada pela Emenda Constitucional n. 41, 19.12.2003)*	**§ 7º Observado o disposto no § 2º do art. 201**[52] quando se tratar da única fonte de renda formal auferida pelo dependente, o benefício de pensão por morte será concedido **nos termos de lei do respectivo ente federativo**, a qual tratará de **forma diferenciada** a hipótese de morte dos servidores de que trata o § 4º-B[53] decorrente de agressão sofrida no exercício ou em razão da função
I — ao valor da **totalidade dos proventos do servidor falecido**, até o limite máximo estabelecido para os benefícios do regime geral de previdência social de que trata o art. 201, **acrescido de setenta por cento da parcela excedente a este limite, caso apo**	

(52) Art. 40, § 7º. BRASIL. Constituição Federal.
(53) "Art. 201. (...) § 2º Nenhum benefício que substitua o salário de contribuição ou o rendimento do trabalho do segurado terá valor mensal inferior ao salário mínimo. *(Redação dada pela Emenda Constitucional n. 20, de 1998).* BRASIL. Constituição Federal.
(54) "Art. 40. (...) § 4º-B Poderão ser estabelecidos por lei complementar do respectivo ente federativo idade e tempo de contribuição diferenciados para aposentadoria de ocupantes do cargo de agente penitenciário, de agente socioeducativo ou de policial dos órgãos de que tratam o inciso IV do caput do art. 51, o inciso XIII do caput do art. 52 e os incisos I a IV do caput do art. 144". BRASIL. Constituição Federal.

QUADRO COMPARATIVO — RPPS	
Antes da Emenda Constitucional	**Depois da Emenda Constitucional**
sentado à data do óbito; ou *(Incluído pela Emenda Constitucional n. 41, 19.12.2003)* II — ao valor da **totalidade da remuneração do servidor** no cargo efetivo em que se deu o falecimento, até o limite máximo estabelecido para os benefícios do regime geral de previdência social de que trata o art. 201, acrescido de **setenta por cento da parcela excedente a este limite, caso em atividade** na data do óbito. *(Incluído pela Emenda Constitucional n. 41, 19.12.2003)*	

Até que sobrevenha a lei para regular a matéria, o benefício de pensão por morte considerará, tanto para o RGPS quanto para o RPPS-Federal[55] o previsto no art. 23 da Emenda Constitucional.

> Art. 23. A pensão por morte concedida a dependente de segurado do **Regime Geral de Previdência Social ou de servidor público federal** será equivalente a uma cota familiar de **50% (cinquenta por cento) do valor** da aposentadoria recebida pelo segurado ou servidor ou daquela a que teriam direito se fossem aposentados por incapacidade permanente na data do óbito, **acrescida de cotas de 10 (dez) pontos percentuais por dependente**, até o máximo de 100% (cem por cento).
>
> § 1º As cotas por dependente cessarão com a perda desta qualidade e **não serão reversíveis** aos demais dependentes, **preservado o valor** de 100% (cem por cento) da pensão por morte, quando **o número de dependentes remanescente for igual ou superior a cinco.**

Na prática, houve drástica mudança na forma de cálculo, pelo menos enquanto viger o art. 23 da Emenda Constitucional, ou seja, até que seja editada lei para regulamentar a matéria.

Merece destaque a não reversão das cotas dos dependentes que perderem essa qualidade. Anteriormente, a reversão era permitida, mantendo-se o valor global da pensão, até não existirem mais dependentes beneficiários[56].

---

(55) Lembre-se que os estados, o Distrito Federal e os municípios não fizeram parte da Reforma da Previdência, assim como, que existe uma proposta de emenda à constituição, PEC Paralela, que deverá tratar do assunto.

(56) "Art. 77. A pensão por morte, havendo mais de um pensionista, será rateada entre todos em parte iguais. § 1º Reverterá em favor dos demais a parte daquele cujo direito à pensão cessar. *(Redação dada pela Lei n. 9.032, de 1995)*" BRASIL. Lei n. 8.213, de 24 de julho de 1991. Disponível em: <http://www.planalto.gov.br/ccivil_03/leis/l8213cons.htm>.

No que se refere à metodologia de cálculo, são dois os maiores impactos:

a) **alteração na base de cálculo** para definição do valor do benefício de aposentadoria por invalidez, que, agora utilizará a média de 100% das contribuições, que será a base para o cálculo do benefício. Após chegar-se a base, tomar-se-á 60% do valor e acrescentar-se-á 2%, para cada ano acima de 20 anos de contribuição. Por si só, essa alteração já representa uma redução drástica no valor da pensão; e

b) **inclusão dos conceitos de "cota familiar" e "cota de dependente".** Pela nova regra, após o cálculo da aposentadoria por invalidez, no caso de ativo, há de se considerar 50% desse valor como cota familiar e acrescer a esse valor 10% para cada dependente. Por exemplo:

SIMULAÇÕES DE PERCENTUAL, DEPENDENDO DO NÚMERO DE DEPENDENTES	
Dependentes	%
Um dependente	60
Dois dependentes	70
Três dependentes	80
Quatro dependentes	90
Cinco dependentes	100
Acima de cinco dependentes	100

Outra alteração que a Emenda Constitucional trouxe, que da mesma forma vigerá até que venha lei para reger a matéria, diz respeito ao dependente inválido ou portador de deficiência intelectual, mental ou grave. A medida garante o pagamento de 100% da aposentadoria recebida, ou, para quem estiver em atividade, o equivalente ao que ele receberia caso fosse aposentado por invalidez, limitado ao teto de benefícios do RGPS. Para o valor que superar o teto, seguirá a regra geral para cálculo do benefício de pensão, ou seja, 50% de cota familiar acrescido de 10% por dependente.

Cuidado, essa forma diferenciada de cálculo somente vale até o momento em que o dependente inválido ou com deficiência existir, na sua ausência, o valor da pensão, que caberá aos dependentes remanes-

---

Acesso em: 21 set. 2019. "Art. 223. Por morte ou perda da qualidade de beneficiário, a respectiva cota reverterá para os cobeneficiários. (*Redação dada pela Lei n. 13.135, de 2015*)". BRASIL, Lei n. 8.112, de 11 de dezembro de 1990. Disponível em: <http://www.planalto.gov.br/ccivil_03/LEIS/L8112cons.htm>. Acesso em: 21 set. 2019.

centes, será recalculado conforme metodologia prevista no *caput* do art. 23 da Emenda Constitucional, ou seja, 50% de cota familiar acrescido de 10% por dependente.

Art. 23.

(...)

§ 2º Na hipótese de existir dependente **inválido ou com deficiência intelectual, mental ou grave**, o valor da pensão por morte de que trata o *caput* será equivalente a:

I — **100% (cem por cento)** da aposentadoria recebida pelo segurado ou servidor ou daquela a que teriam direito se fossem aposentados por incapacidade permanente na data do óbito, **até o limite máximo de benefícios do Regime Geral de Previdência Social**; e

II — a uma cota familiar de 50% (cinquenta por cento) acrescida de cotas de 10 (dez) pontos percentuais por dependente, até o máximo de 100% (cem por cento), para o valor que supere o limite máximo de benefícios do Regime Geral de Previdência Social.

§ 3º Quando **não houver mais dependente inválido ou com deficiência** intelectual, mental ou grave, o valor da pensão será **recalculado** na forma do disposto no *caput* e no § 1º.

§ 4º O tempo de duração da pensão por morte e das cotas individuais por dependente até a perda desta qualidade, o rol de dependentes, a sua qualificação e as condições necessárias para enquadramento serão aqueles estabelecidos na Lei n. 8.213, de 24 de julho de 1991.

Saliente-se que a Emenda Constitucional somente se referiu ao reconhecimento **prévio** da invalidez ou da deficiência do dependente. Como se sabe, não existe letra morta quando se trata de norma constitucional. A interpretação que se pode dar, salvo melhor juízo, seria de que a intenção do constituinte derivado foi realmente restringir a possibilidade de concessão do benefício para aqueles que tiveram sua condição aferida enquanto o segurado estava vivo, afastando a possibilidade de reconhecimento *post mortem*. Certamente o tema será objeto de futuros questionamentos perante o Judiciário, somente quando poder-se-á ter uma posição definitiva sobre o assunto.

Art. 23.

(...)

§ 5º Para o dependente inválido ou com deficiência intelectual, mental ou grave, a condição de deficiente pode ser **reconhecida previamente ao óbito do segurado**, por meio de avaliação biopsicossocial realizada por equipe multiprofissional e interdisciplinar, observada revisão periódica na forma da legislação.

Ainda, para que não paire uma dúvida sequer quanto à abrangência da norma preconizada no art. 23 da Emenda Constitucional, o § 8º[57] foi claríssimo ao estabelecer que, além do filiados ao RGPS, somente os servidores públicos federais se subsumem à norma e que, quanto aos demais entes federados, se deve considerar as normas constitucionais e infraconstitucionais anteriores à publicação dessa Emenda Constitucional, até que sobrevenha lei para regular definitivamente a matéria.

Finalmente, a Emenda Constitucional, em seu art. 10, § 6º, concedeu tratamento diferenciado para o caso de concessão do benefício de pensão, quando o óbito decorrer de agressão sofrida no exercício ou em razão da função. Veja-se que o texto deixa claro que a morte não precisa ocorrer durante o serviço, em uma operação. Dessa forma, a agressão pode ocorrer durante uma operação e o óbito venha ocorrer tempos depois, mas por conta e em consequência da agressão sofrida. Ainda, mesmo que o servidor esteja fora do serviço, mas se a agressão teve lugar em razão da função por ele exercida, como é o caso de policiais que são mortos em dias de folga, como represália ao cargo que ocupa.

Para esses casos: Polícia Federal, Polícia Rodoviária Federal, Agente Federal Penitenciário ou Socioeducativo e no Distrito Federal, Polícia Civil, a pensão será integral e vitalícia, sendo o beneficiário o cônjuge ou companheiro.

> Art. 10. Até que entre em vigor lei federal que discipline os benefícios do regime próprio de previdência social dos servidores da União, aplica-se o disposto neste artigo.
>
> (...)
>
> § 6º A pensão por morte devida aos dependentes do policial civil do órgão a que se refere o inciso XIV do *caput* do art. 21 da Constituição Federal, do policial dos órgãos a que se referem o inciso IV do *caput* do art. 51, o inciso XIII do *caput* do art. 52 e os incisos I a III do *caput* do art. 144 da Constituição Federal e dos ocupantes dos cargos de agente federal penitenciário ou socioeducativo decorrente de agressão sofrida no exercício ou em razão da função **será vitalícia para o cônjuge ou companheiro e equivalente à remuneração do cargo.**

---

(57) "§ 8º Aplicam-se às pensões concedidas aos dependentes de servidores dos Estados, do Distrito Federal e dos Municípios as normas constitucionais e infraconstitucionais anteriores à data de entrada em vigor desta Emenda Constitucional, enquanto não promovidas alterações na legislação interna relacionada ao respectivo regime próprio de previdência social." BRASIL. Emenda Constitucional n. 103/2019.

Destaque-se que o artigo trata de pensão vitalícia para cônjuge ou companheiro. Assim só terá direito à pensão vitalícia, no caso, quem comprovar o casamento ou a união estável, independente do número de dependentes que o falecido possa ter. A situação causa espécie, pois pode-se chegar ao absurdo, por exemplo, de um policial que faleceu por agressão sofrida no exercício ou em razão da função, que seja casado e não tenha filhos, deixe para a sua esposa uma pensão vitalícia e no valor integral de sua remuneração. Enquanto outro, que veio a óbito na mesma operação, mas que era viúvo e tinha dois filhos, deixará para a sua família uma pensão até que os filhos percam a qualidade de dependente nos termos da lei.

3.2.1. Acumulação de Benefícios

Além das regras gerais de não acumulação de benefícios de aposentadoria[58], a Emenda Constitucional estabeleceu normas específicas para a acumulação do benefício de pensão. A medida trouxe grande restrição à acumulação do benefício, principalmente para quem teria direito à pensão em valores mais elevados, acima de quatro salários mínimos.

As mudanças levaram em consideração as seguintes premissas:

a) somente permite a acumulação de mais de uma pensão para os casos de cargos acumuláveis, na forma do art. 37 da Constituição Federal;[59]

b) unificação de todos os sistemas de previdência, RGPS e RPPS, e do sistema de proteção social das atividades militares, para fins de verificação de acumulação de benefício de pensão;

c) garantia da percepção integral do benefício mais vantajoso, que poderá ser revertida a qualquer momento, a pedido do interessado, caso haja alteração do valor dos benefícios;

---

(58) Vide item 1.3.1. "Regime Próprio da Previdência Social. Condições Gerais." Capítulo I deste livro.
(59) "Art. 37. (...) XVI — é vedada a acumulação remunerada de cargos públicos, exceto, quando houver compatibilidade de horários, observado em qualquer caso o disposto no inciso XI: a) a de dois cargos de professor; b) a de um cargo de professor com outro técnico ou científico; c) a de dois cargos ou empregos privativos de profissionais de saúde, com profissões regulamentadas; *(Redação dada pela Emenda Constitucional n. 34, de 2001)"*. BRASIL. Constituição Federal.

d) mesmo sendo acumuláveis, incidirá redução do valor do segundo benefício, de maneira decrescente dependo do valor dos demais benefícios; e

e) atribuição de competência à lei complementar para regular a matéria.[60]

Destaque-se que o RGPS, Regime Geral da Previdência Social, já previa a não acumulação dos benefícios de pensão por morte, quando decorrentes de cônjuges ou companheiros, garantindo o direito de opção pela mais vantajosa.[61] De outro lado, em relação ao Regime Próprio de Previdência Social, havia a permissão para de até duas pensões, sendo proibida a acumulação de pensão deixada por mais de um cônjuge.[62]

Outro ponto que merece destaque diz respeito à integração dos diversos sistemas de seguridade social , pois a Reforma da Previdência passou a tratar da acumulação de pensão em relação a outros regimes. Anteriormente, entendia-se que a verificação da acumulação dar-se-ia somente dentro do mesmo regime de previdência, permitindo-se assim a acumulação de pensão entre o RPGS e o RPPS, e entre eles o sistema de proteção social dos militares. Isso não poderá mais ocorrer, exatamente por conta da previsão expressa de verificação em todos os regimes de seguridade social.

> Art. 24. É vedada a acumulação de mais de uma pensão por morte deixada por cônjuge ou companheiro, **no âmbito do mesmo regime de previdência social**, ressalvadas as pensões do mesmo instituidor decorrentes do exercício de cargos acumuláveis na forma do art. 37 da Constituição Federal.

---

(60) "Art. 201. (...) § 15. Lei complementar estabelecerá vedações, regras e condições para a acumulação de benefícios previdenciários." BRASIL. Constituição Federal. "§ 5º As regras sobre acumulação previstas neste artigo e na legislação vigente na data de entrada em vigor desta Emenda Constitucional poderão ser alteradas na forma do § 6º do art. 40 e do § 15 do art. 201 da Constituição Federal." BRASIL. Emenda Constitucional n. 103/2019.
(61) "Art. 124. Salvo no caso de direito adquirido, não é permitido o recebimento conjunto dos seguintes benefícios da Previdência Social: (...) VI — mais de uma pensão deixada por cônjuge ou companheiro, ressalvado o direito de opção pela mais vantajosa. *(Incluído dada pela Lei n. 9.032, de 1995)*". BRASIL, Lei n. 8.213, de 24 de julho de 1991. Disponível em: <http://www.planalto.gov.br/ccivil_03/leis/l8213cons.htm>. Acesso em: 21 set. 2019.
(62) "Art. 225. Ressalvado o direito de opção, é vedada a percepção cumulativa de pensão deixada por mais de um cônjuge ou companheiro ou companheira e de mais de 2 (duas) pensões. *(Redação dada pela Lei n. 13.135, de 2015)*. BRASIL. Lei n. 8.112, de 11 de dezembro de 1990. Disponível em: <http://www.planalto.gov.br/ccivil_03/LEIS/L8112cons. htm>. Acesso em: 21 set. 2019.

§ 1º Será admitida, nos termos do § 2º, a acumulação de:

I — pensão por morte deixada por cônjuge ou companheiro de um regime de previdência social com pensão por morte concedida por outro regime de previdência social ou com pensões decorrentes das atividades militares de que tratam os arts. 42[63] e 142[64] da Constituição Federal; ou

II — pensão por morte deixada por cônjuge ou companheiro de um regime de previdência social com aposentadoria concedida no âmbito do Regime Geral de Previdência Social ou de regime próprio de previdência social ou com proventos de inatividade decorrentes das atividades militares de que tratam os arts. 42 e 142 da Constituição Federal; ou

III — pensões decorrentes das **atividades militares** de que tratam os arts. 42 e 142 da Constituição Federal com aposentadoria concedida no âmbito do **Regime Geral de Previdência Social ou de regime próprio de previdência social**.

Veja-se que a norma fala de acúmulo de pensões e de pensões com outros benefícios, especialmente aposentadorias. Essa foi a verdadeira intenção do Constituinte Derivado, reduzir o valor das acumulações de pensão com eventual benefício de aposentadoria percebido pelo cônjuge ou companheiro.

Além disso, mesmo permitindo a acumulação do benefício de pensão, foi instituído um "redutor", que será utilizado sobre o valor dos demais benefícios recebidos, nos termos do § 2º do art. 24 da Emenda Constitucional:

§ 2º Nas hipóteses das acumulações previstas no § 1º, é assegurada a percepção do valor integral do benefício mais vantajoso e de uma parte de cada um dos demais benefícios, apurada cumulativamente de acordo com as seguintes faixas:

I — 60% (sessenta por cento) do valor que exceder 1 (um) salário-mínimo, até o limite de 2 (dois) salários-mínimos;

II — 40% (quarenta por cento) do valor que exceder 2 (dois) salários-mínimos, até o limite de 3 (três) salários-mínimos;

III — 20% (vinte por cento) do valor que exceder 3 (três) salários-mínimos, até o limite de 4 (quatro) salários-mínimos; e

IV — 10% (dez por cento) do valor que exceder 4 (quatro) salários-mínimos.

---

(63) "Art. 42 Os membros das Polícias Militares e Corpos de Bombeiros Militares, instituições organizadas com base na hierarquia e disciplina, são militares dos Estados, do Distrito Federal e dos Territórios." BRASIL. Constituição Federal.

(64) "Art. 142. As Forças Armadas, constituídas pela Marinha, pelo Exército e pela Aeronáutica, são instituições nacionais permanentes e regulares, organizadas com base na hierarquia e na disciplina, sob a autoridade suprema do Presidente da República, e destinam-se à defesa da Pátria, à garantia dos poderes constitucionais e, por iniciativa de qualquer destes, da lei e da ordem." BRASIL. Constituição Federal.

Antes de apresentar alguns exemplos de aplicação dessa nova metodologia de cálculo, registre-se que o valor da pensão colocado nos exemplos a seguir, já se submeteram às regras de pensionamento instituídos pelo novo regramento, o que levou à uma redução ainda maior, pois foram aplicadas a "cota familiar" e o percentual de 10% por dependente.[65]

Feitas essas observações, tome-se por exemplo uma viúva, cujo marido falecido era professor de uma universidade federal e analista judiciário em um tribunal, no primeiro cargo ele perceberia a pensão de R$ 4.500,00 e no segundo R$ 5.400,00, ou seja a sua pensão total era de R$ 9.900,00. Nesse caso, a viúva teria:

Remuneração total acumulável (A)	R$ 9.900,00
Benefício mais vantajoso, pensão integral	R$ 5.400,00
Segundo benefício, acima de 4 salários mínimos, cota 10%	R$ 450,00
Valor da Pensão (B)	R$ 5.850,00
Remuneração/Pensão (B/A)	59%

No exemplo acima, houve uma redução de 41% entre o valor percebido como benefício de pensão pelo marido, antes da aplicação dos redutores, e o valor da pensão efetiva que será recebida pela viúva. Destaque-se a garantia da percepção integral do benefício mais vantajoso, o que pode ser revisto a qualquer tempo.[66]

Em outro exemplo, uma viúva, cujo marido falecido era professor de uma universidade federal e professor de ensino fundamental de um município, no primeiro cargo ele perceberia a pensão de R$ 4.500,00 e no segundo R$ 2.000,00, ou seja a sua pensão total era de R$ 6.500,00. Nesse caso a viúva teria:

Remuneração total acumulável (A)	R$ 6.500,00
Benefício mais vantajoso, pensão integral	R$ 4.500,00
Segundo benefício, até 2 salários mínimos, cota 60%	R$ 1.200,00
Valor da Pensão (B)	R$ 5.700,00
Remuneração/Pensão (B/A)	87,7%

---

(65) Veja o item 3.2. Pensão por Morte, deste livro.
(66) "Art. 24. (...) § 3º A aplicação do disposto no § 2º poderá ser revista a qualquer tempo, a pedido do interessado, em razão de alteração de algum dos benefícios." BRASIL. Emenda Constitucional n. 103/2019.

No exemplo acima, houve uma redução de 12,3% entre o valor percebido como benefício de pensão pelo marido, antes da aplicação dos redutores, e o valor da pensão efetiva que será recebida pela viúva. Destaque-se que um benefício, professor federal, era do RPPS e o outro, professor de ensino fundamental, era do RGPS, mesmo assim incidirá o redutor, por conta da unificação dos regimes para fins de acumulação de pensão.

Um último exemplo: uma viúva, cujo marido falecido era auxiliar administrativo em uma empresa privada e sargento do exército da reserva, no primeiro cargo ele perceberia uma pensão no valor de R$ 900,00 e no segundo R$ 1.800,00, ou seja o seu benefício de pensão total era de R$ 2.700,00. Nesse caso a viúva teria:

Remuneração total acumulável (A)	R$ 2.700,00
Benefício mais vantajoso, pensão integral	R$ 1.800,00
Segundo benefício, até 1 salário mínimo, cota 100%	R$ 900,00
Valor da Pensão (B)	R$ 2.700,00
Remuneração/Pensão (B/A)	100%

No exemplo acima, não houve uma redução entre o valor percebido como benefício de pensão pelo marido e o valor da pensão efetiva que será recebida pela viúva. Destaque-se que um benefício, sargento do exército na reserva, era do Sistema de Proteção Social das Forças Armadas e o outro, auxiliar administrativo e, uma empresa privada, era do RGPS, mesmo assim incidirá o redutor, por conta da unificação dos regimes para fins de acumulação de pensão.

Os exemplos apresentados tiveram por objetivo explicitar melhor a aplicação dos redutores de benefício, eles trouxeram situações de acúmulo de pensão, mas a mesma lógica deve ser utilizada para acumulação de pensão e qualquer outro benefício previdenciário.

Assim têm-se de seguir a seguinte tabela de percentuais:

Faixa salarial	Percentual
Até um salário mínimo	100%
Até dois salários mínimos	60%
Até três salários mínimos	40%
Até quatro salários mínimos	20%
Acima de quatro salários mínimos	10%

Ainda, a Emenda Constitucional, seguindo as premissas da Reforma da Previdência de 2019, deixou claro que as restrições previstas nesse artigo não serão aplicadas se o direito ao benefício houver sido adquirido antes da publicação da Emenda.[67]

Finalmente, registre-se que o texto da Emenda Constitucional refere-se tão somente à acumulação de cônjuge ou companheiro, o que leva a entender que as acumulações por outros dependentes continuaria sendo permitida, desde que se trate de cargos acumuláveis na ativa ou que se refira a benefícios concedidos por regimes previdenciários diferentes. Mais uma vez, tem-se de esperar a regulamentação do INSS sobre o tema, assim como o posicionamento dos tribunais, que certamente serão acionados para dirimir as divergências de interpretação sobre a matéria.

4. BENEFÍCIOS ASSISTENCIAIS

4.1. LOAS/BPC

Muito embora a proposta de emenda constitucional previsse medidas mais drásticas em relação aos benefícios de prestação continuada, a Reforma da Previdência de 2019, em seu texto final, não trouxe alterações significativas. Na realidade, a Emenda Constitucional, em suas primeiras versões, restringira-se a clarificar o critério para definição de incapacidade para prover a manutenção da pessoa portadora de deficiência ou idosa, estabelecendo objetivamente os critérios de vulnerabilidade social.

"Art. 203...

....

Parágrafo único. Para os fins do disposto no inciso V do *caput*, considera-se incapaz de prover a manutenção da pessoa com deficiência ou idosa a família cuja renda mensal per capita seja inferior a um quarto do salário mínimo, admitida a adoção de critérios de vulnerabilidade social, nos termos da lei. (NR)"

Não obstante, o texto acabou por ser retirado da versão final, permanecendo exatamente da forma anterior.

---

(67) "art. 24. (...) § 4º As restrições previstas neste artigo não serão aplicadas se o direito aos benefícios houver sido adquirido antes da data de entrada em vigor desta Emenda Constitucional." BRASIL. Emenda Constitucional n. 103/2019.

No julgamento do Recurso Extraordinário n. 567.985, Redator para o acórdão o Ministro Gilmar Mendes, o Supremo Tribunal Federal reconheceu a repercussão geral do tema e declarou parcialmente inconstitucional o § 3º do art. 20 da Lei n. 8.742/1993[68]:

"Benefício assistencial de prestação continuada ao idoso e ao deficiente. Art. 203, V, da Constituição. A Lei de Organização da Assistência Social (LOAS), ao regulamentar o art. 203, V, da Constituição da República, estabeleceu os critérios para que o benefício mensal de um salário mínimo seja concedido aos portadores de deficiência e aos idosos que comprovem não possuir meios de prover a própria manutenção ou de tê-la provida por sua família. 2. Art. 20, § 3º, da Lei n. 8.742/1993 e a declaração de constitucionalidade da norma pelo Supremo Tribunal Federal na ADI 1.232. Dispõe o art. 20, § 3º, da Lei n. 8.742/93 que 'considera-se incapaz de prover a manutenção da pessoa portadora de deficiência ou idosa a família cuja renda mensal per capita seja inferior a 1/4 (um quarto) do salário mínimo'. O requisito financeiro estabelecido pela lei teve sua constitucionalidade contestada, ao fundamento de que permitiria que situações de patente miserabilidade social fossem consideradas fora do alcance do benefício assistencial previsto constitucionalmente. Ao apreciar a Ação Direta de Inconstitucionalidade 1.232-1/DF, o Supremo Tribunal Federal declarou a constitucionalidade do art. 20, § 3º, da LOAS. 3. Decisões judiciais contrárias aos critérios objetivos preestabelecidos e Processo de inconstitucionalização dos critérios definidos pela Lei n. 8.742/1993. *A decisão do Supremo Tribunal Federal, entretanto, não pôs termo à controvérsia quanto à aplicação em concreto do critério da renda familiar per capita estabelecido pela LOAS. Como a lei permaneceu inalterada, elaboraram-se maneiras de se contornar o critério objetivo e único estipulado pela LOAS e de se avaliar o real estado de miserabilidade social das famílias com entes idosos ou deficientes.* Paralelamente, foram editadas leis que estabeleceram critérios mais elásticos para a concessão de outros benefícios assistenciais, tais como: a Lei n. 10.836/2004, que criou o Bolsa Família; a Lei n. 10.689/2003, que instituiu o Programa Nacional de Acesso à Alimentação; a Lei 10.219/01, que criou o Bolsa Escola; a Lei n. 9.533/97, que autoriza o Poder Executivo a conceder apoio financeiro a Municípios que instituírem programas de garantia de renda mínima associados a ações socioeducativas. O Supremo Tribunal Federal, em decisões monocráticas, passou a rever anteriores posicionamentos acerca da intransponibilidade do critérios objetivos. Verificou-se a ocorrência do processo de inconstitucionalização decorrente de notórias mudanças fáticas (políticas, econômicas e sociais) e jurídicas (sucessivas modificações legislativas dos patamares econômicos utilizados como critérios de concessão de outros benefícios assistenciais por parte do Estado brasileiro). 4. *Declaração de inconstitucionalidade parcial, sem pronúncia de nulida-*

---

(68) "Art. 20. (...) § 3º Considera-se incapaz de prover a manutenção da pessoa com deficiência ou idosa a família cuja renda mensal *per capita* seja inferior a 1/4 (um quarto) do salário-mínimo." BRASIL. Lei 8.742, de 7 de dezembro de 1993. Disponível em: <http://www.planalto.gov.br/ccivil_03/LEIS/L8742.htm>. Acesso em: 22 set. 2019.

de, do art. 20, § 3º, da Lei n. 8.742/1993. 5. Recurso extraordinário a que se nega provimento" (DJe 30.4.2013, grifos nossos).

Dessa forma, já era pacífico o entendimento de que não só o critério objetivo de renda *per capita* inferior a um quarto do salário mínimo deve ser utilizado, mas também a outros critérios, tal como a avaliação socioeconômica por assistentes sociais do Instituto Nacional do Seguro Social — INSS.

Na prática, a Lei n. 8.742/1993 já define esses critérios, quando indica, no art. 20, § 6º[69], sujeição a avaliação social por assistentes sociais do INSS, para fins de concessão do benefício.

4.2. Rurais

A proposta inicial da Emenda Constitucional previa alteração nas regras para concessão da aposentadoria rural, que, após longos debates, foram extirpadas da redação final.

Dessa forma, salvo a exigência de registro da atividade rural, para fins de comprovação, no Cadastro Nacional de Informações Sociais — CNIS, que foi prorrogada até a data em que atingir a cobertura mínima de 50% todos trabalhadores, conforme PNDA — Pesquisa Nacional por Amostra de Domicílios Contínua[70], não houve nenhuma alteração sequer para a concessão de aposentadoria rural.

---

(69) "§ 6º A concessão do benefício ficará sujeita à avaliação da deficiência e do grau de impedimento de que trata o § 2º, composta por avaliação médica e avaliação social realizadas por médicos peritos e por assistentes sociais do Instituto Nacional de Seguro Social — INSS. *(Redação dada pela Lei n. 12.470, de 2011)*". BRASIL. Lei n. 8.742, de 7 de dezembro de 1993. Disponível em: <http://www.planalto.gov.br/ccivil_03/LEIS/L8742.htm>. Acesso em: 22 set. 2019.

(70) "Art. 25. Será assegurada a contagem de tempo de contribuição fictício no Regime Geral de Previdência Social decorrente de hipóteses descritas na legislação vigente até a data de entrada em vigor desta Emenda Constitucional para fins de concessão de aposentadoria, observando-se, a partir da sua entrada em vigor, o disposto no § 14 do art. 201 da Constituição Federal. § 1º Para fins de comprovação de atividade rural exercida até a data de entrada em vigor desta Emenda Constitucional, o prazo de que tratam os §§ 1º e 2º do art. 38-B da Lei n. 8.213, de 24 de julho de 1991, será prorrogado até a data em que o Cadastro Nacional de Informações Sociais (CNIS) atingir a cobertura mínima de 50% (cinquenta por cento) dos trabalhadores de que trata o § 8º do art. 195 da Constituição Federal, apurada conforme quantitativo da Pesquisa Nacional por Amostra de Domicílios Contínua (Pnad)." BRASIL. Emenda Constitucional n. 103/2019.

CAPÍTULO III
REGRAS DE TRANSIÇÃO

1. APOSENTADORIA — TEORIA GERAL DAS REGRAS DE TRANSIÇÃO

Inicialmente, faz-se importante observar que, seguindo o Princípio da Segurança Jurídica e a jurisprudência pacificada dos tribunais superiores, é assegurado o direito adquirido, nos termos do art. 5º, XXXVI, da Constituição Federal e do art. 3º da Emenda Constitucional n. 103/2019.[71] Dessa forma, as aposentadorias e pensões serão concedidas de acordo com a legislação vigente à época em que foram atendidos os requisitos para a sua concessão.

Feitos esses primeiros registros, impede esclarecer que o sistema previdenciário brasileiro tem adotado, desde a Lei n. 8.213/91[72], regras de transição quando implementa mudanças radicais no sistema de proteção social. Com a Reforma da Previdência de 2019 não foi diferente, pois foram estabelecidas regras menos gravosas para aqueles que mantinham uma certa expectativa em relação aos requisitos previstos para a sua aposentação. Neste passo, a Emenda Constitucional n. 103/2019 prevê várias regras de transição para o acesso à aposentadoria, sendo algumas para o Regime Próprio Federal e outras para o Regime Geral de Previdência Social — Instituto Nacional do Seguro Social.

---

(71) "Art. 3º A concessão de aposentadoria ao servidor público federal vinculado a regime próprio de previdência social e ao segurado do Regime Geral de Previdência Social e de pensão por morte aos respectivos dependentes será assegurada, a qualquer tempo, desde que **tenham sido cumpridos os requisitos para obtenção destes benefícios** até a data de entrada em vigor desta Emenda Constitucional, observados os critérios da legislação vigente na data em que foram atendidos os requisitos para a concessão da aposentadoria ou da pensão por morte." BRASIL. Emenda Constitucional n. 103/2019.

(72) "Art. 142. Para o segurado inscrito na Previdência Social Urbana até 24 de julho de 1991, bem como para o trabalhador e o empregador rural cobertos pela Previdência Social Rural, a carência das aposentadorias por idade, por tempo de serviço e especial obedecerá à seguinte tabela, levando-se em conta o ano em que o segurado implementou todas as condições necessárias à obtenção do benefício." BRASIL. Lei n. 8.213/91, de 24 de julho de 1991. Disponível em: <http://www.planalto.gov.br/ccivil_03/leis/l8213cons.htm>. Acesso em: 22 set. 19.

A ideia da regra de transição é permitir que o trabalhador se aposente por um meio termo entre as antigas e as novas regras. Para alcançar esse fim, agrega-se ao tradicional tempo de contribuição um outro requisito, que pode ser uma idade, um pedágio ou uma regra de pontos que, mesclados, fornecerão os requisitos adequados para cada caso concreto, tudo a depender das peculiaridades e da realidade de cada um.

1.1. Condições comuns para o Regime Geral e para o Regime Próprio da Previdência Social

Pelo menos duas regras de transição são comuns ao Regime Geral e ao Regime Próprio de Previdência Social. Uma que é formatada pela soma do tempo de contribuição com a idade do trabalhador, chamada de regra dos pontos, que, inclusive, já era praticada no INSS desde 2015, como alternativa ao fator previdenciário, e no serviço público desde a Emenda Constitucional n. 47/2005. A outra agrega ao tempo de contribuição um pedágio calculado sobre o tempo de contribuição incompleto, ou seja, haverá a necessidade do trabalhador cumprir um acréscimo ao tempo de contribuição, tudo no sentido de afastá-lo das antigas regras sem que isso represente a necessidade de cumprir os novos requisitos. Esse meio termo é o que se chama de regra de transição.

Por questões didáticas e para facilitar a melhor compreensão pelo leitor, mesmo que possa parecer redundante, apresentar-se-á cada uma das regras dentro do seu respectivo regime, RGPS ou RPPS.

1.2. Regime Geral da Previdência Social

Para os trabalhadores vinculados ao Regime Geral, a Reforma da Previdência de 2019 apresentou uma maior variedade de regras de transição, separando os professores dos demais trabalhadores e permitindo que os trabalhadores sujeitos a condições especiais também tivessem a possibilidade de uma aposentadoria menos gravosa, comparada com as novas regras que, evidentemente, são mais restritivas.

Nessa linha de intelecção, serão apresentadas as variadas situações em que o trabalhador poderá ser contemplado com a aposentadoria antecipada, desde que preencha os requisitos da regra de transição adequada para o seu caso concreto.

1.2.1. Primeira Regra de Transição — Pontos

Ao segurado filiado ao Regime Geral de Previdência Social até a data de entrada em vigor da Reforma da Previdência de 2019, fica assegurado o direito à aposentadoria, quando preencher, cumulativamente, os seguintes requisitos:

I. trinta anos de contribuição, se mulher, e trinta e cinco anos de contribuição, se homem; e

II. somatório da idade e do tempo de contribuição, incluídas as frações, equivalente a 86 pontos, se mulher, e 96 pontos, se homem.

Ao contrário do que ocorre no Regime Próprio, a regra dos pontos do Regime Geral não estabeleceu uma idade mínima, tendo em vista que não havia idade mínima para a aposentadoria por tempo de contribuição no RGPS. Mesmo assim, ficou estabelecido que a idade e o tempo de contribuição serão apurados em dias para o cálculo do somatório de pontos dessa regra de transição.

Já em relação à modulação da regra de pontos, da mesma forma que ocorre com o Regime Próprio Federal, a partir de 1º de janeiro de 2020, a pontuação (86/96) será acrescida de um ponto a cada ano para o homem e para a mulher, até atingir o limite de cem pontos, se mulher, e de cento e cinco pontos, se homem (100/105).

Essa regra de transição já existia, desde 2015, no Regime Geral, como opção a não aplicação do fator previdenciário, introduzida por meio da Lei n. 13.183/15[73] que previa a modulação de 85/95 para 90/100 em 2027.

---

(73) "Art. 29-C. O segurado que preencher o requisito para a aposentadoria por tempo de contribuição poderá optar pela não incidência do fator previdenciário no cálculo de sua aposentadoria, quando o total resultante da soma de sua idade e de seu tempo de contribuição, incluídas as frações, na data de requerimento da aposentadoria, for: *(Incluído pela Lei n. 13.183, de 2015)* I — igual ou superior a noventa e cinco pontos, se homem, observando o tempo mínimo de contribuição de trinta e cinco anos; ou *(Incluído pela Lei n. 13.183, de 2015)* II — igual ou superior a oitenta e cinco pontos, se mulher, observado o tempo mínimo de contribuição de trinta anos. *(Incluído pela Lei n. 13.183, de 2015)* § 1º Para os fins do disposto no *caput*, serão somadas as frações em meses completos de tempo de contribuição e idade. *(Incluído pela Lei n. 13.183, de 2015)* § 2º As somas de idade e de tempo de contribuição previstas no *caput* serão majoradas em um ponto em: *(Incluído pela Lei n. 13.183, de 2015)* I — 31 de dezembro de 2018; *(Incluído pela Lei n. 13.183, de 2015)* II — 31 de dezembro de 2020; *(Incluído pela Lei n. 13.183, de 2015)* III — 31 de dezembro de 2022; *(Incluído pela Lei n. 13.183, de 2015)* IV — 31 de dezembro de 2024; e *(Incluído pela*

APOSENTADORIA — RGPS — Urbano		
PONTOS		
Regra Anterior	Regra Definitiva	TRANSIÇÃO
IDADE	Homem: • 65 anos de idade; e • 20 anos de contribuição. Mulher: • 62 anos de idade; e • 15 anos de contribuição.	Homem: • Qualquer idade; • 96 pontos; e • 35 anos de contribuição. Mulher: • Qualquer idade; • 86 pontos; e • 30 anos de contribuição.
Homem: • 65 anos de idade; • 15 anos de contribuição. Mulher: • 60 anos de idade; e • 15 anos de contribuição.		
TEMPO DE CONTRIBUIÇÃO		
Homem: • 35 anos de contribuição. Mulher: • 30 anos de contribuição.		

Opções de aposentadoria

Para o regime geral, a Emenda Constitucional prevê 5 opções de transição, sendo uma delas válida também para servidores; esta categoria conta ainda com uma regra específica

Sistema de pontos (INSS)

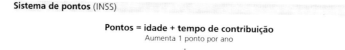

Lei n. 13.183, de 2015) V — 31 de dezembro de 2026. (Incluído pela Lei n. 13.183, de 2015)". BRASIL. Lei n. 8.213, de 24 de julho de 1991. Disponível em: <http://www.planalto.gov.br/ccivil_03/leis/l8213cons.htm>. Acesso em: 29 set. 2019.

Como fica a transição
Em pontos

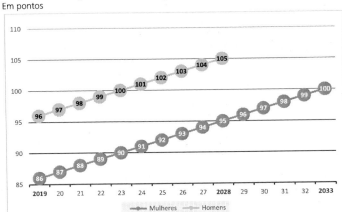

Exceção: Para professores, a transição começa em 2019, com 81 pontos para mulheres e 91 para homens, com tempo mínimo de contribuição de 25 e 30 anos, respectivamente.

1.2.1.1. Professor — Regra dos Pontos

Para o professor que comprovar exclusivamente vinte e cinco anos de contribuição, se mulher, e trinta anos de contribuição, se homem, em efetivo exercício das funções de magistério na educação infantil e no ensino fundamental e médio, o somatório da idade e do tempo de contribuição, incluídas as frações, será equivalente a oitenta e um pontos, se mulher, e noventa e um pontos, se homem, aos quais (81/91) serão acrescentados, a partir de 1º de janeiro de 2020, um ponto a cada ano para o homem e para a mulher, até atingir o limite de noventa e dois pontos, se mulher, e cem pontos, se homem (92/100).

APOSENTADORIA — RGPS — Urbano PONTOS — Professor		
Regra Anterior	**Regra Definitiva**	**TRANSIÇÃO**
IDADE		
Homem:		
• 65 anos de idade;		
• 15 anos de contribuição.		**Homem:**
Mulher:	**Homem:**	• Qualquer idade;
• 60 anos de idade; e	• 60 anos de idade; e	• 91 pontos; e
• 15 anos de contribuição	• 25 anos de contribuição.	• 30 anos de contribuição.
TEMPO DE CONTRIBUIÇÃO	**Mulher:**	**Mulher:**
Homem:	• 57 anos de idade; e	• Qualquer idade;
• 30 anos de contribuição no magistério.	• 25 anos de contribuição.	• 81 pontos; e
Mulher:		• 25 anos de contribuição.
• 25 anos de contribuição no magistério		

1.2.2. Segunda Regra de Transição– Idade e Tempo de Contribuição

Ao segurado filiado ao Regime Geral de Previdência Social até a data de entrada em vigor da Reforma da Previdência de 2019 fica assegurado o direito à aposentadoria quando preencher, cumulativamente, os seguintes requisitos:

I. trinta anos de contribuição, se mulher, e trinta e cinco anos de contribuição, se homem; e

II. idade de cinquenta e seis anos, se mulher, e sessenta e um anos, se homem.

Todavia, a partir de 1º de janeiro de 2020, a idade mínima a que se refere o inciso II será acrescida de seis meses a cada ano, até atingir sessenta e dois anos de idade, se mulher, e sessenta e cinco anos de idade, se homem (62/65).

APOSENTADORIA — RGPS — Urbano		
IDADE E TEMPO DE CONTRIBUIÇÃO		
Regra Anterior	Regra Definitiva	TRANSIÇÃO
IDADE		
Homem: • 65 anos de idade; • 15 anos de contribuição. **Mulher:** • 60 anos de idade; e • 15 anos de contribuição.	**Homem:** • 65 anos de idade; e • 20 anos de contribuição. **Mulher:** • 62 anos de idade; e • 15 anos de contribuição.	**Homem:** • 61 anos de idade; e • 35 anos de contribuição. **Mulher:** • 56 anos de idade; e • 30 anos de contribuição.
TEMPO DE CONTRIBUIÇÃO		
Homem: • 35 anos de contribuição. **Mulher:** • 30 anos de contribuição.		

1.2.2.1. Professor — Regra de Idade e Tempo de Contribuição

Para o professor que comprovar exclusivamente tempo de efetivo exercício das funções de magistério na educação infantil e no ensino fundamental e médio, o tempo de contribuição e a idade serão reduzidos em cinco anos. Assim, os requisitos de aposentadoria do professor pela segunda regra serão:

I. vinte e cinco anos de contribuição, se mulher, e trinta anos de contribuição, se homem; e

II. idade de cinquenta e um anos, se mulher, e cinquenta e seis anos, se homem.

Todavia, a partir de 1º de janeiro de 2020, serão acrescidos seis meses a cada ano nas idades de que trata o inciso II, até atingir cinquenta e sete anos, se mulher, e sessenta anos, se homem (57/60).

APOSENTADORIA — RGPS — Urbano		
IDADE E TEMPO DE CONTRIBUIÇÃO		
Professor		
Regra Anterior	Regra Definitiva	TRANSIÇÃO
IDADE		
Homem: • 65 anos de idade; • 15 anos de contribuição. **Mulher:** • 60 anos de idade; e • 15 anos de contribuição.	**Homem:** • 60 anos de idade; e • 25 anos de contribuição. **Mulher:** • 57 anos de idade; e • 25 anos de contribuição.	**Homem:** • 56 anos de idade; e • 30 anos de contribuição. **Mulher:** • 52 anos de idade; e • 25 anos de contribuição.
TEMPO DE CONTRIBUIÇÃO		
Homem: • 30 anos de contribuição no magistério. **Mulher:** • 25 anos de contribuição no magistério.		

Idade mínima + tempo de contribuição (INSS)

Mulheres

56 idade em 2019 → 62 idade em 2031

Mínimo de 30 anos de contribuição
Transição em 12 anos
Os pontos (6 meses) a cada ano

Homens

61 idade em 2019 → 65 idade em 2027

Mínimo de 35 anos de contribuição
Transição em 8 anos
Os pontos (6 meses) a cada ano

Como fica a transição
Em idade

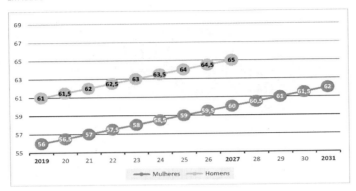

Exceção: Para professores, o tempo de contribuição e idades iniciais são reduzidos em 5 anos e a transição termina aos 57 anos para mulheres e 60 anos para homens

1.2.3. Terceira Regra de Transição — Pedágio de 50%

Ao segurado filiado ao Regime Geral de Previdência Social até a data de entrada em vigor da Reforma da Previdência de 2019 e que na referida data contar com mais de vinte e oito anos de contribuição, se mulher, e trinta e três anos de contribuição, se homem, fica assegurado o direito à aposentadoria quando preencher, cumulativamente, os seguintes requisitos:

I. trinta anos de contribuição, se mulher, e trinta e cinco anos de contribuição, se homem; e

II. cumprimento de período adicional correspondente a cinquenta por cento do tempo que, na data de entrada em vigor desta Emenda Constitucional, faltaria para atingir trinta anos de contribuição, se mulher, e trinta e cinco anos de contribuição, se homem.

Trata-se da melhor regra de transição da Reforma da Previdência de 2019, não obstante, essa regra não foi estendida aos professores da rede privada, valendo apenas para os demais trabalhadores.

Para aqueles que preencherem os requisitos da regra de transição do pedágio de 50%, o benefício terá seu valor apurado de acordo com a média aritmética simples dos salários de contribuição e das remunerações calculada, na forma da lei, multiplicada pelo **fator previdenciário**, calculado na forma do disposto nos §§ 7º a 9º do art. 29 da Lei n. 8.213, de 24 de julho de 1991[74].

APOSENTADORIA — RGPS — Urbano		
PEDÁGIO 50%		
Regra Anterior	Regra Definitiva	TRANSIÇÃO
IDADE		
Homem: • 65 anos de idade; • 15 anos de contribuição. **Mulher:** • 60 anos de idade; e • 15 anos de contribuição.	**Homem:** • 65 anos de idade; e • 20 anos de contribuição. **Mulher:** • 62 anos de idade; e • 15 anos de contribuição.	**Homem:** • Qualquer idade; • 35 anos de contribuição; e • 50% de pedágio. **Mulher:** • Qualquer de idade; • 30 anos de contribuição; e • 50% de pedágio. **Fator Previdenciário**
TEMPO DE CONTRIBUIÇÃO		
Homem: • 35 anos de contribuição. **Mulher:** • 30 anos de contribuição.		

---

(74) "§ 7º O fator previdenciário será calculado considerando-se a idade, a expectativa de sobrevida e o tempo de contribuição do segurado ao se aposentar, segundo a fórmula constante do Anexo desta Lei. § 8º Para efeito do disposto no § 7º, a expectativa de sobrevida do segurado na idade da aposentadoria será obtida a partir da tábua completa de mortalidade construída pela Fundação Instituto Brasileiro de Geografia e Estatística — IBGE, considerando-se a média nacional única para ambos os sexos. § 9º Para efeito da aplicação do fator previdenciário, ao tempo de contribuição do segurado serão adicionados; I — cinco anos, quando se tratar de mulher; II — cinco anos, quando se tratar de professor que comprove exclusivamente tempo de efetivo exercício das funções de magistério na educação infantil e no ensino fundamental e médio; III — dez anos, quando se tratar de professora que comprove exclusivamente tempo de efetivo exercício das funções de magistério na educação infantil e no ensino fundamental e médio." BRASIL. Lei n. 8.212, de 24 de julho de 1991. Disponível em: <http://www.planalto.gov.br/ccivil_03/leis/l8213cons.htm>. Acesso em: 06 out. 2019.

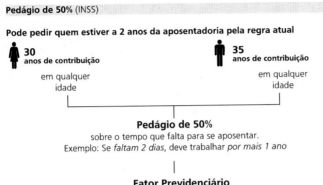

1.2.4. Quarta Regra de Transição — Aposentadoria por Idade

O segurado filiado ao Regime Geral de Previdência Social até a data de entrada em vigor da Reforma da Previdência de 2019 poderá aposentar-se quando preencher, cumulativamente, os seguintes requisitos:

I. sessenta anos de idade, se mulher, e sessenta e cinco anos de idade, se homem; e

II. quinze anos de contribuição, para ambos os sexos.

Nesse caso, são os próprios requisitos da aposentadoria por idade tradicional do RGPS. No entanto, a partir de 1º de janeiro de 2020, a idade de sessenta anos da mulher, prevista no inciso I, será acrescida em seis meses a cada ano, até atingir sessenta e dois anos de idade.

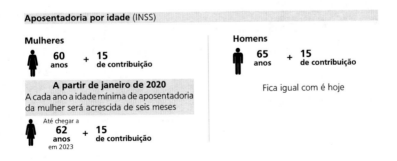

1.2.5. Quinta Regra de Transição — Pedágio de 100%

O segurado do Regime Geral de Previdência Social que tenha se filiado ao Regime Geral de Previdência Social até a data da Reforma da Previdência de 2019 poderão aposentar-se, voluntariamente, quando preencherem, cumulativamente, os seguintes requisitos:

I. cinquenta e sete anos de idade, se mulher, e sessenta anos de idade, se homem;

II. trinta anos de contribuição, se mulher, e trinta e cinco anos de contribuição, se homem;

III. período adicional de contribuição correspondente ao tempo que, na data de entrada em vigor desta Emenda Constitucional, faltaria para atingir o tempo mínimo de contribuição referido no inciso II.

APOSENTADORIA — RGPS — Urbano PEDÁGIO 100%		
Regra Anterior	**Regra Definitiva**	**TRANSIÇÃO**
IDADE		
Homem: • 65 anos de idade; • 15 anos de contribuição. **Mulher:** • 60 anos de idade; e • 15 anos de contribuição.	**Homem:** • 65 anos de idade; e • 20 anos de contribuição. **Mulher:** • 62 anos de idade; e • 15 anos de contribuição.	**Homem:** • 60 anos de idade; • 35 anos de contribuição; e • 100% de pedágio. **Mulher:** • 57 anos de idade; • 30 anos de contribuição; e • 100% de pedágio.
TEMPO DE CONTRIBUIÇÃO		
Homem: • 35 anos de contribuição. **Mulher:** • 30 anos de contribuição.		

Pedágio de 100% (INSS)

57 anos

Pedágio de 100%
sobre o tempo que falta para cumprir 30 anos de contribuição na data da aprovação da PEC

Exemplo: se já tem 28 anos de contribuição, deve trabalhar mais 2 anos, mais pedágio de 2 anos

60 anos

Pedágio de 100%
sobre o tempo que falta para cumprir 35 anos de contribuição na data da aprovação da PEC

Exemplo: se já tem 32 anos de contribuição, deve trabalhar mais 3 anos, mais pedágio de 3 anos

Exemplo: Para *professores*, idade mínima será de 52 para mulheres e 55 para homens e pedágio de 100% sobre o que faltar para atingir o tempo de contribuição 25/30. Para Servidores, mínimo de 20 anos no serviço público e 5 anos no cargo.

Para *carreiras policiais*, idade mínima será de 52 para mulheres e 53 para homens e pedágio de 100% sobre o que faltar para atingir o tempo de contribuição 25/30, além de 15/20 anos no exercício do cargo.

1.2.5.1. Professor — Regra do Pedágio de 100%

Para o professor que comprovar exclusivamente tempo de efetivo exercício das funções de magistério na educação infantil e no ensino fundamental e médio serão reduzidos, para ambos os sexos, os requisitos de idade e de tempo de contribuição em cinco anos na aplicação da regra de transição do pedágio de 100%:

I. cinquenta e dois anos de idade, se mulher, e cinquenta e cinco anos de idade, se homem;

II. vinte e cinco anos de contribuição, se mulher, e trinta anos de contribuição, se homem;

III. período adicional de contribuição correspondente ao tempo que, na data de entrada em vigor desta Emenda Constitucional, faltaria para atingir o tempo mínimo de contribuição referido no inciso II.

APOSENTADORIA — RGPS — Urbano		
PEDÁGIO 100% — Professor		
Regra Anterior	Regra Definitiva	TRANSIÇÃO
IDADE		
Homem: • 65 anos de idade; • 15 anos de contribuição. **Mulher:** • 60 anos de idade; e • 15 anos de contribuição.	**Homem:** • 60 anos de idade; e • 25 anos de contribuição. **Mulher:** • 57 anos de idade; e • 25 anos de contribuição.	**Homem:** • 55 anos de idade; • 30 anos de contribuição; e • 100% de pedágio. **Mulher:** • 52 anos de idade; • 25 anos de contribuição; e • 100% de pedágio.
TEMPO DE CONTRIBUIÇÃO		
Homem: • 30 anos de contribuição. **Mulher:** • 25 anos de contribuição.		

1.2.6. Regra de Transição — Aposentadoria Especial

O segurado que tenha se filiado ao Regime Geral de Previdência Social até a entrada em vigor da Reforma da Previdência de 2019, cujas atividades tenham sido exercidas com efetiva exposição à agentes nocivos químicos, físicos e biológicos prejudiciais à saúde, ou associação desses agentes, vedada a caracterização por categoria profissional ou ocupação, desde que cumpridos na forma dos arts. 57 e 58 da Lei n. 8.213, de 24 de julho de 1991[75], poderá aposentar-se quando o total

---

(75) "Art. 57. A aposentadoria especial será devida, uma vez cumprida a carência exigida nesta Lei, ao segurado que tiver trabalhado sujeito a condições especiais que prejudiquem a saúde ou a integridade física, durante 15 (quinze), 20 (vinte) ou 25 (vinte e cinco) anos, conforme dispuser a lei. § 1º A aposentadoria especial, observado o disposto no art. 33 desta Lei, consistirá numa renda mensal equivalente a 100% (cem por cento) do salário-de-benefício. § 2º A data de início do benefício será fixada da mesma forma que a da aposentadoria por idade, conforme o disposto no art. 49. § 3º A concessão da aposentadoria especial dependerá de comprovação pelo segurado, perante o Instituto Nacional do Seguro Social–INSS, do tempo de trabalho permanente, não ocasional nem intermitente, em condições especiais que prejudiquem a saúde ou a integridade física, durante o período mínimo fixado. § 4º O segurado deverá comprovar, além do tempo

da soma resultante da sua idade e do tempo de contribuição e o tempo de efetiva exposição forem, respectivamente, de:

I. sessenta e seis pontos e quinze anos de efetiva exposição;

II. setenta e seis pontos e vinte anos de efetiva exposição; e

III. oitenta e seis pontos e vinte e cinco anos de efetiva exposição.

A idade e o tempo de contribuição serão apurados em dias para o cálculo do somatório de pontos a que se referem esta regra de transição.

---

de trabalho, exposição aos agentes nocivos químicos, físicos, biológicos ou associação de agentes prejudiciais à saúde ou à integridade física, pelo período equivalente ao exigido para a concessão do benefício. § 5º O tempo de trabalho exercido sob condições especiais que sejam ou venham a ser consideradas prejudiciais à saúde ou à integridade física será somado, após a respectiva conversão ao tempo de trabalho exercido em atividade comum, segundo critérios estabelecidos pelo Ministério da Previdência e Assistência Social, para efeito de concessão de qualquer benefício. § 6º O benefício previsto neste artigo será financiado com os recursos provenientes da contribuição de que trata o *inciso II do art. 22 da Lei nº* 8.212, de 24 de julho de 1991, cujas alíquotas serão acrescidas de doze, nove ou seis pontos percentuais, conforme a atividade exercida pelo segurado a serviço da empresa permita a concessão de aposentadoria especial após quinze, vinte ou vinte e cinco anos de contribuição, respectivamente. § 7º O acréscimo de que trata o parágrafo anterior incide exclusivamente sobre a remuneração do segurado sujeito às condições especiais referidas no *caput*. § 8º Aplica-se o disposto no art. 46 ao segurado aposentado nos termos deste artigo que continuar no exercício de atividade ou operação que o sujeite aos agentes nocivos constantes da relação referida no art. 58 desta Lei. Art. 58. A relação dos agentes nocivos químicos, físicos e biológicos ou associação de agentes prejudiciais à saúde ou à integridade física considerados para fins de concessão da aposentadoria especial de que trata o artigo anterior será definida pelo Poder Executivo. § 1º A comprovação da efetiva exposição do segurado aos agentes nocivos será feita mediante formulário, na forma estabelecida pelo Instituto Nacional do Seguro Social — INSS, emitido pela empresa ou seu preposto, com base em laudo técnico de condições ambientais do trabalho expedido por médico do trabalho ou engenheiro de segurança do trabalho nos termos da legislação trabalhista. § 2º Do laudo técnico referido no parágrafo anterior deverão constar informação sobre a existência de tecnologia de proteção coletiva ou individual que diminua a intensidade do agente agressivo a limites de tolerância e recomendação sobre a sua adoção pelo estabelecimento respectivo. § 3º A empresa que não mantiver laudo técnico atualizado com referência aos agentes nocivos existentes no ambiente de trabalho de seus trabalhadores ou que emitir documento de comprovação de efetiva exposição em desacordo com o respectivo laudo estará sujeita à penalidade prevista no art. 133 desta Lei. § 4º A empresa deverá elaborar e manter atualizado perfil profissiográfico abrangendo as atividades desenvolvidas pelo trabalhador e fornecer a este, quando da rescisão do contrato de trabalho, cópia autêntica desse documento." BRASIL. Lei n. 8.212, de 24 de julho de 1991. Disponível em: <http://www.planalto.gov.br/ccivil_03/leis/l8213cons.htm>. Acesso em: 06 out. 2019.

APOSENTADORIA ESPECIAL			
Atividade Especial	Regras Anteriores	Regras Definitivas	Transição
15 anos	**Homem e Mulher:** • qualquer idade; e • 15 anos de contribuição.	**Homem e Mulher:** • 55 anos de idade; e • 15 anos de contribuição.	**Homem e Mulher:** • qualquer idade; • 15 anos de contribuição; e • 66 pontos.
20 anos	**Homem e Mulher:** • qualquer idade; e • 20 anos de contribuição.	**Homem e Mulher:** • 58 anos de idade; e • 20 anos de contribuição.	**Homem e Mulher:** • qualquer idade; • 20 anos de contribuição; e • 76 pontos.
25 anos	**Homem e Mulher:** • qualquer idade; e • 25 anos de contribuição.	**Homem e Mulher:** • 60 anos de idade; e • 25 anos de contribuição.	**Homem e Mulher:** • 60 anos de idade; e • 25 anos de contribuição; e • 86 pontos.

Destaque-se que, na última rodada de votação no Senado Federal, foram excluídas as citações, à vedação para o "enquadramento por periculosidade", tanto no texto permanente quanto nas regras de transição. Ainda, houve a negociação para que o Governo Federal apresenta-se Projeto de Lei Complementar, para regular a matéria.

Trata-se de alteração fundamental para possibilitar a normatização dos requisitos de enquadramento das atividades desenvolvidas em ambientes de periculosidades, tais como os vigilantes armados e as guardas municipais, dentre outros. Até a publicação desta edição, não se tinha a definição de como serão esses critérios.

1.2.7. Regra de Transição — Aposentadoria do Deficiente

Até que lei discipline a aposentadoria especial do deficiente, servidor ou do regime geral, a aposentadoria da pessoa com deficiência segurada do Regime Geral de Previdência Social ou do servidor público federal com deficiência vinculado ao Regime Próprio de Previdência Social, desde que cumpridos, no caso do servidor, o tempo mínimo de dez anos de efetivo exercício no serviço público e de cinco anos no cargo efetivo em que for concedida a aposentadoria, será concedida, na forma da Lei Complementar n. 142, de 8 de maio de 2013[76], inclusive quanto aos critérios de cálculo dos benefícios.

1.3. Regime próprio da previdência social

Em relação aos servidores públicos federais que ingressaram no serviço público até a entrada em vigor da Reforma da Previdência de 2019, foram estabelecidas duas regras de transição, uma que leva em consideração o somatório de idade e tempo de contribuição (Regra dos Pontos) e outra conhecida como regra do pedágio. Não obstante esta previsão, algumas categorias de servidores possuem regras de transição próprias: professores, policiais, aqueles que exercem atividades especiais e os deficientes.

1.3.1. Primeira Regra de Transição — Pontos

A Emenda Constitucional n. 103/2019 preconiza que o servidor público federal que tenha ingressado no serviço público em cargo efetivo até a data de entrada em vigor da mencionada Emenda Constitucional poderá aposentar-se voluntariamente quando preencher, cumulativamente, os seguintes requisitos:

I. cinquenta e seis anos de idade, se mulher, e sessenta e um anos de idade, se homem;

II. trinta anos de contribuição, se mulher, e trinta e cinco anos de contribuição, se homem;

III. vinte anos de efetivo exercício no serviço público;

IV. cinco anos no cargo efetivo em que se der a aposentadoria; e

V. somatório da idade e do tempo de contribuição, incluídas as frações, equivalente a oitenta e seis pontos, se mulher, e noventa e seis pontos, se homem.

---

(76) BRASIL. Lei Complementar n. 142, de 8 de maio de 2013, que regulamenta o § 1º do art. 201 da Constituição Federal, no tocante à aposentadoria da pessoa com deficiência segurada do Regime Geral da Previdência Social — RGPS. Disponível em: <http://www.planalto.gov.br/ccivil_03/LEIS/LCP/Lcp142.htm>. Acesso em: 06 out. 2019.

A regra dos pontos parte de uma idade mínima de 56/61 anos, respectivamente, mulheres e homens que, somado ao tempo de contribuição (30/35), deve alcançar os seguintes pontos (86/96):

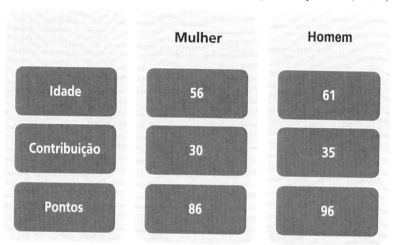

Todavia, a partir de 1º de janeiro de 2022, a idade mínima de 56/61 anos será elevada para cinquenta e sete anos de idade, se mulher, e sessenta e dois anos de idade, se homem.

Assim, para viabilizar a regra de transição dos pontos no serviço público federal a idade mínima não é estática, pois haverá alteração em breve, ou seja, a partir de 2022 a idade mínima será elevada de 56/61 anos para 57/62 anos, respectivamente, para mulheres e homens.

Mas essa não será a única alteração, a partir de 1º de janeiro de 2020, a pontuação também será acrescida a cada ano de um ponto, até atingir o limite de cem pontos, se mulher, e de cento e cinco pontos, se homem, ou seja, há um dinamismo na pontuação que dificultará o acesso à aposentadoria em razão do contínuo acréscimo de pontos.

A regra dos pontos é indicada para os servidores com idade próxima à idade mínima, pois apenas esses poderão alcançar a dinâmica fórmula dos pontos, conforme os exemplos a seguir.

Exemplo 1:

Servidor, sexo masculino, possui 58 anos de idade e 34 anos de tempo de contribuição em 2019, totalizando 92 pontos. Nesse caso, poderá se aposentar em 2023, ano em que terá 62 anos de idade e 38 anos de contribuição, o que totaliza 100 pontos, ou seja, a pontuação exigida em 2023.

A referida possibilidade parte da premissa que o servidor também preencherá os seguintes requisitos: 20 anos no serviço público e 5 anos no cargo.

Este servidor poderá optar pela regra do pedágio de 100%, por lhe ser mais vantajosa.

Exemplo 2:

Servidora, sexo feminino, possui 52 anos de idade e 29 anos de tempo de contribuição em 2019, totalizando 81 pontos. Nesse caso, poderá se aposentar em 2024, ano em que terá 57 anos de idade e 34 anos de contribuição, o que totaliza 91 pontos, ou seja, a pontuação exigida em 2024.

A referida possibilidade parte da premissa que a servidora também preencherá os seguintes requisitos: 20 anos no serviço público e 5 anos no cargo.

APOSENTADORIA — RPPS PONTOS		
Regra Anterior	**Regra Definitiva**	**TRANSIÇÃO**
IDADE		
Homem: • 65 anos de idade; • 10 anos serviço; e • 5 anos cargo. **Mulher:** • 60 anos de idade; • 10 anos serviço; e • 5 anos cargo.	**Homem:** • 65 anos de idade; • 25 anos de contribuição; • 10 anos serviço; e • 5 anos cargo. **Mulher:** • 62 anos de idade; • 25 anos de contribuição; • 10 anos serviço; e • 5 anos cargo.	**Homem:** • 61 anos de idade; • 96 pontos; • 35 anos de contribuição; • 20 anos serviço; e • 5 anos cargo. **Mulher:** • 56 anos de idade; • 86 pontos; • 30 anos de contribuição; • 20 anos serviço; e • 5 anos cargo.
TEMPO DE CONTRIBUIÇÃO		
Homem: • 55 anos de idade; • 35 anos de contribuição; • 10 anos serviço; e • 5 anos cargo. **Mulher:** • 55 anos de idade; • 30 anos de contribuição; • 10 anos serviço; e • 5 anos cargo.		

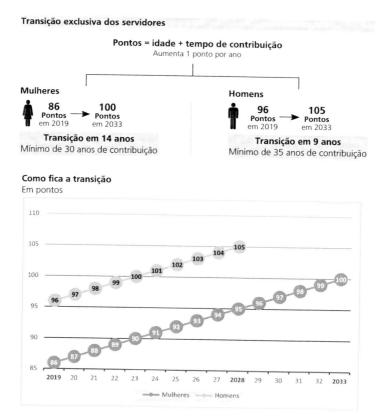

Exceção: Para professores, a transição começa com 81 pontos para mulheres e 91 para homens até chegar a 92 para a mulher (em 2030) e a 100 para o homem (2028)

1.3.1.1. Professor — Regra de Pontos

No caso do professor servidor público federal, que comprovar exclusivamente tempo de efetivo exercício das funções de magistério na educação infantil e no ensino fundamental e médio, os requisitos de idade e de tempo de contribuição serão os seguintes:

I. cinquenta e um anos de idade, se mulher, e cinquenta e seis anos de idade, se homem;

II. vinte e cinco anos de contribuição, se mulher, e trinta anos de contribuição, se homem; e

III. somatório da idade e do tempo de contribuição, incluídas as frações, será de 81/91, respectivamente, para mulher e homem.

Da mesma forma que ocorre com os demais servidores, a idade mínima será elevada para cinquenta e dois anos de idade, se mulher, e cinquenta e sete anos de idade, se homem, a partir de 1º de janeiro de 2022.

Em relação aos pontos, a partir de 1º de janeiro de 2020, será aplicado o acréscimo de um ponto, até atingir o limite de noventa e dois pontos, se mulher, e de cem pontos, se homem.

APOSENTADORIA — RPPS PONTOS — Professor		
Regra Anterior	Regra Definitiva	TRANSIÇÃO
IDADE		
Homem: • 60 anos de idade; • 10 anos serviço; e • 5 anos cargo. **Mulher:** • 55 anos de idade; • 10 anos serviço; e • 5 anos cargo.	**Homem:** • 60 anos de idade; • 25 anos de contribuição; • 10 anos serviço; e • 5 anos cargo.	**Homem:** • 56 anos de idade; • 91 pontos; • 30 anos de contribuição; • 20 anos serviço; e • 5 anos cargo.
TEMPO DE CONTRIBUIÇÃO **Homem:** • 55 anos de idade; • 30 anos de contribuição; • 10 anos serviço; e • 5 anos cargo. **Mulher:** • 50 anos de idade; • 25 anos de contribuição; • 10 anos serviço; e • 5 anos cargo.	**Mulher:** • 57 anos de idade; • 25 anos de contribuição; • 10 anos serviço; e • 5 anos cargo.	**Mulher:** • 51 anos de idade; • 81 pontos; • 25 anos de contribuição; • 20 anos serviço; e • 5 anos cargo.

1.3.2. Segunda Regra de Transição — Pedágio de 100%

Os servidores públicos federais que tenham ingressado no serviço público em cargo efetivo até a data de entrada em vigor da Reforma da Previdência de 2019 poderão aposentar-se voluntariamente quando preencherem, cumulativamente, os seguintes requisitos:

I. cinquenta e sete anos de idade, se mulher, e sessenta anos de idade, se homem;

II. trinta anos de contribuição, se mulher, e trinta e cinco anos de contribuição, se homem;

III. vinte anos de efetivo exercício no serviço público e cinco anos no cargo efetivo em que se der a aposentadoria;

IV. período adicional de contribuição correspondente ao tempo que, na data de entrada em vigor desta Emenda Constitucional, faltaria para atingir o tempo mínimo de contribuição referido no inciso II.

Essa é a regra de transição mais vantajosa para o servidor, pois permite que a aposentadoria ocorra a partir dos 57/60 anos de idade, respectivamente, mulheres e homens, desde que seja cumprido o pedágio.

Exemplo 1:

Servidor, sexo masculino, possui 58 anos de idade e 34 anos de tempo de contribuição em 2019. Nesse caso, o servidor deverá pagar o pedágio de 100% em relação ao tempo que falta para completar 35 anos, um ano, ou seja, deve trabalhar mais 2 anos (1 + 1), totalizando 36 anos de contribuição. Considerando que, ao trabalhar mais 2 anos, o servidor terá 60 anos de idade, é forçoso reconhecer que sua aposentadoria ocorrerá em 2021. Verifica-se, portanto, que a regra do pedágio de 100% é mais vantajosa que a regra dos pontos, pois, nela, o servidor somente poderia se aposentar em 2023.

A referida possibilidade parte da premissa que o servidor também preencherá os seguintes requisitos: 20 anos no serviço público e 5 anos no cargo.

Exemplo 2:

Servidora, sexo feminino, possui 52 anos de idade e 29 anos de tempo de contribuição em 2019. Nesse caso, falta um ano para completar 30 anos de tempo de contribuição e mais um ano de pedágio, o que atrai a necessidade de mais 2 anos de trabalho. Em dois anos, a servidora terá apenas 54 anos de idade, o que não será suficiente para a aposentadoria pela regra do pedágio em 2021, sendo necessários mais 3 anos para completar 57 anos de idade. A necessidade de trabalhar mais 3 anos nos remete ao ano de 2024, ou seja, o mesmo ano em que ela poderia se aposentar pela regra dos pontos. Portanto, esta servidora poderá se aposentar pela regra dos pontos ou pelo pedágio de 100%.

A referida possibilidade parte da premissa que o servidor também preencherá os seguintes requisitos: 20 anos no serviço público e 5 anos no cargo.

APOSENTADORIA — RPPS PEDÁGIO 100%		
Regra Anterior	Regra Definitiva	TRANSIÇÃO
IDADE		
Homem: • 65 anos de idade; • 10 anos serviço; e • 5 anos cargo. **Mulher:** • 60 anos de idade; • 10 anos serviço; e • 5 anos cargo.	**Homem:** • 65 anos de idade; • 25 anos de contribuição; • 10 anos serviço; e • 5 anos cargo. **Mulher:** • 62 anos de idade; • 25 anos de contribuição; • 10 anos serviço; e • 5 anos cargo.	**Homem:** • 60 anos de idade; • 35 anos de contribuição; • 100% de pedágio; • 20 anos serviço; e • 5 anos cargo. **Mulher:** • 57 anos de idade; • 30 anos de contribuição; • 100% de pedágio; • 20 anos serviço; e • 5 anos cargo.
TEMPO DE CONTRIBUIÇÃO		
Homem: • 60 anos de idade; • 35 anos de contribuição; • 10 anos serviço; e • 5 anos cargo. **Mulher:** • 55 anos de idade; • 30 anos de contribuição; • 10 anos serviço; e • 5 anos cargo.		

Reforma da Previdência: Entenda Ponto a Ponto | **103**

1.3.2.1. Professor — Regra de Pedágio de 100%

Para o professor que comprovar exclusivamente tempo de efetivo exercício das funções de magistério na educação infantil e no ensino fundamental e médio serão reduzidos em cinco anos, para ambos os sexos, os requisitos de idade e de tempo de contribuição, na aplicação da regra de transição do pedágio de 100%:

I. cinquenta e dois anos de idade, se mulher, e cinquenta e cinco anos de idade, se homem;

II. vinte e cinco anos de contribuição, se mulher, e trinta anos de contribuição, se homem;

III. período adicional de contribuição correspondente ao tempo que, na data de entrada em vigor desta Emenda Constitucional, faltaria para atingir o tempo mínimo de contribuição referido no inciso II.

APOSENTADORIA — RPPS PEDÁGIO 100% — Professor		
Regra Anterior	Regra Definitiva	TRANSIÇÃO
IDADE		
Homem:		
• 65 anos de idade;		
• 10 anos serviço; e		
• 5 anos cargo.		**Homem:**
Mulher:		• 55 anos de idade;
• 55 anos de idade;	**Homem:**	• 30 anos de contribuição;
• 10 anos serviço; e	• 60 anos de idade;	• 100% de pedágio;
• 5 anos cargo.	• 25 anos de contribuição;	• 20 anos serviço; e
TEMPO DE CONTRIBUIÇÃO	• 10 anos serviço; e	• 5 anos cargo.
Homem:	• 5 anos cargo.	**Mulher:**
• 55 anos de idade;	**Mulher:**	• 52 anos de idade;
• 30 anos de contribuição;	• 57 anos de idade;	• 25 anos de contribuição;
• 10 anos serviço; e	• 25 anos de contribuição;	• 100% de pedágio;
• 5 anos cargo.	• 10 anos serviço; e	• 20 anos serviço; e
Mulher:	• 5 anos cargo.	• 5 anos cargo.
• 50 anos de idade;		
• 25 anos de contribuição;		
• 10 anos serviço; e		
• 5 anos cargo.		

1.3.3. Regra de Transição para Policiais Federais

O policial civil do Distrito Federal, o policial da Câmara dos Deputados e do Senado, o Policial Federal, Rodoviário Federal e Ferroviário Federal e os ocupantes dos cargos de agente federal penitenciário ou socioeducativo que tenham ingressado na respectiva carreira até a data de entrada em vigor da Emenda Constitucional n. 103/2019 poderão aposentar-se, na forma da Lei Complementar n. 51, de 20 de dezembro de 1985, da seguinte forma:

1º Caso: Lei Complementar n. 51, de 20 de dezembro de 1985 + idade mínima de 55 (cinquenta e cinco) anos de idade para ambos os sexos.

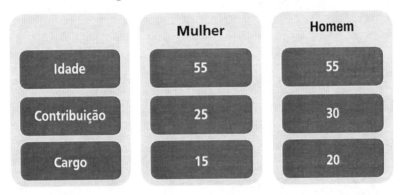

2º Caso: Lei Complementar n. 51, de 20 de dezembro de 1985 + 52 (cinquenta e dois) anos de idade, se mulher, e aos 53 (cinquenta e três) anos de idade, se homem + período adicional de contribuição correspondente ao tempo que, na data de entrada em vigor da Emenda Constitucional, faltaria para atingir o tempo de contribuição previsto na Lei Complementar n. 51, de 20 de dezembro de 1985.

	Mulher	Homem
Idade	52	53
Contribuição	25	30
Cargo	15	20
Pedágio	100% do que faltava para 25anos/30 anos	

É importante destacar que a Reforma da Previdência de 2019 considera tempo de exercício em cargo de natureza estritamente policial, para os fins do art. 1º, II, "a" e "b", da Lei Complementar n. 51, de 1985[77], o tempo de atividade militar nas Forças Armadas, nas polícias militares, nos corpos de bombeiros militares e o tempo de atividade como agente penitenciário ou socioeducativo. Destaque-se que esta Lei Complementar garante a aposentadoria com proventos integrais, o que está mantido pelo novo ordenamento constitucional.

APOSENTADORIA — RPPS POLICIAIS FEDERAIS — 1º Caso		
Regra Anterior	Regra Definitiva	TRANSIÇÃO
Homem • qualquer idade; • 30 anos de contribuição; e • 20 anos na atividade. **Mulher:** • qualquer idade; • 25 anos de contribuição; e • 15 anos na atividade.	**Homem e Mulher** • 55 anos de idade; • 30 anos de contribuição; e • 25 anos na atividade.	**Homem:** • 55 anos de idade; • 30 anos de contribuição; e • 20 na atividade. **Mulher:** • 55 anos de idade; • 25 anos de contribuição; e • 15 anos na atividade.

APOSENTADORIA — RPPS POLICIAIS FEDERAIS — 2º Caso		
Regra Anterior	Regra Definitiva	TRANSIÇÃO
Homem • qualquer idade; • 30 anos de contribuição; e • 20 anos na atividade. **Mulher:** • qualquer idade; • 25 anos de contribuição; e • 15 anos na atividade.	**Homem e Mulher** • 55 anos de idade; • 30 anos de contribuição; • 25 anos na atividade.	**Homem:** • 53 anos de idade; • 30 anos de contribuição; • 20 na atividade; e • 100% de pedágio. **Mulher:** • 52 anos de idade; • 25 anos de contribuição; • 15 anos na atividade; e • 100% de pedágio.

---

(77) BRASIL. Lei Complementar n. 51, de 20 de dezembro de 1985, que dispõe sobre a aposentadoria do servidor público policial, nos termos do § 4º do art. 40 da Constituição Federal. Disponível em: <http://www.planalto.gov.br/ccivil_03/leis/lcp/Lcp51.htm>. Acesso em: 30 set. 2019.

1.3.4. Regra de Transição — Atividade Especial

O servidor público federal que tenha ingressado no serviço público em cargo efetivo até a data de entrada em vigor da Reforma da Previdência de 2019, cujas atividades tenham sido exercidas com efetiva exposição a agentes nocivos químicos, físicos e biológicos prejudiciais à saúde, ou associação desses agentes, vedada a caracterização por categoria profissional ou ocupação, desde que cumpridos o tempo mínimo de vinte anos de efetivo exercício no serviço público e de cinco anos no cargo efetivo em que for concedida a aposentadoria, na forma dos arts. 57 e 58 da Lei n. 8.213, de 24 de julho de 1991[78], poderá aposentar-se quan-

---

(78) "Art. 57. A aposentadoria especial será devida, uma vez cumprida a carência exigida nesta Lei, ao segurado que tiver trabalhado sujeito a condições especiais que prejudiquem a saúde ou a integridade física, durante 15 (quinze), 20 (vinte) ou 25 (vinte e cinco) anos, conforme dispuser a lei. § 1º A aposentadoria especial, observado o disposto no art. 33 desta Lei, consistirá numa renda mensal equivalente a 100% (cem por cento) do salário-de-benefício. § 2º A data de início do benefício será fixada da mesma forma que a da aposentadoria por idade, conforme o disposto no art. 49. § 3º A concessão da aposentadoria especial dependerá de comprovação pelo segurado, perante o Instituto Nacional do Seguro Social–INSS, do tempo de trabalho permanente, não ocasional nem intermitente, em condições especiais que prejudiquem a saúde ou a integridade física, durante o período mínimo fixado. § 4º O segurado deverá comprovar, além do tempo de trabalho, exposição aos agentes nocivos químicos, físicos, biológicos ou associação de agentes prejudiciais à saúde ou à integridade física, pelo período equivalente ao exigido para a concessão do benefício. § 5º O tempo de trabalho exercido sob condições especiais que sejam ou venham a ser consideradas prejudiciais à saúde ou à integridade física será somado, após a respectiva conversão ao tempo de trabalho exercido em atividade comum, segundo critérios estabelecidos pelo Ministério da Previdência e Assistência Social, para efeito de concessão de qualquer benefício. § 6º O benefício previsto neste artigo será financiado com os recursos provenientes da contribuição de que trata o *inciso II do art. 22 da Lei n. 8.212, de 24 de julho de 1991*, cujas alíquotas serão acrescidas de doze, nove ou seis pontos percentuais, conforme a atividade exercida pelo segurado a serviço da empresa permita a concessão de aposentadoria especial após quinze, vinte ou vinte e cinco anos de contribuição, respectivamente. § 7º O acréscimo de que trata o parágrafo anterior incide exclusivamente sobre a remuneração do segurado sujeito às condições especiais referidas no *caput*. § 8º Aplica-se o disposto no art. 46 ao segurado aposentado nos termos deste artigo que continuar no exercício de atividade ou operação que o sujeite aos agentes nocivos constantes da relação referida no art. 58 desta Lei. Art. 58. A relação dos agentes nocivos químicos, físicos e biológicos ou associação de agentes prejudiciais à saúde ou à integridade física considerados para fins de concessão da aposentadoria especial de que trata o artigo anterior será definida pelo Poder Executivo. § 1º A comprovação da efetiva exposição do segurado aos agentes nocivos será feita mediante formulário, na forma estabelecida pelo Instituto Nacional do Seguro Social — INSS, emitido pela empresa ou seu preposto, com base em laudo técnico de condições ambientais do trabalho expedido por médico do trabalho ou engenheiro de segurança do trabalho nos termos da legislação trabalhista. § 2º Do laudo técnico referido no parágrafo anterior deverão

do o total da soma resultante da sua idade e do tempo de contribuição e o tempo de efetiva exposição forem, respectivamente, de:

I. sessenta e seis pontos e quinze anos de efetiva exposição;

II. setenta e seis pontos e vinte anos de efetiva exposição; e

III. oitenta e seis pontos e vinte e cinco anos de efetiva exposição.

Todavia, a partir de 1º de janeiro de 2020, as pontuações a que se referem os incisos I a III serão acrescidas de um ponto a cada ano para o homem e para a mulher, até atingir, respectivamente, oitenta e um pontos, noventa e um pontos e noventa e seis pontos.

Em qualquer caso, a idade e o tempo de contribuição serão apurados em dias para o cálculo do somatório de pontos dessa regra de transição.

Nessa regra de transição, não há qualquer diferenciação entre homens e mulheres, tendo em vista que ambos submetem-se as mesmas regras.

Destaque-se que, na última rodada de votação no Senado Federal, foram excluídas as citações à vedação para o "enquadramento por periculosidade", tanto no texto permanente quanto nas regras de transição. Ainda, houve a negociação para que o Governo Federal apresenta-se Projeto de Lei Complementar, para regular a matéria.

Trata-se de alteração fundamental para possibilitar a normatização dos requisitos de enquadramento das atividades desenvolvidas em ambientes de periculosidades, tais como os vigilantes armados e as guardas municipais, dentre outros. Até a publicação desta edição, não se tinha a definição de como serão esses critérios.

---

constar informação sobre a existência de tecnologia de proteção coletiva ou individual que diminua a intensidade do agente agressivo a limites de tolerância e recomendação sobre a sua adoção pelo estabelecimento respectivo. § 3º A empresa que não mantiver laudo técnico atualizado com referência aos agentes nocivos existentes no ambiente de trabalho de seus trabalhadores ou que emitir documento de comprovação de efetiva exposição em desacordo com o respectivo laudo estará sujeita à penalidade prevista no art. 133 desta Lei. § 4º A empresa deverá elaborar e manter atualizado perfil profissiográfico abrangendo as atividades desenvolvidas pelo trabalhador e fornecer a este, quando da rescisão do contrato de trabalho, cópia autêntica desse documento." BRASIL. Lei n. 8.213, de 24 de julho de 1991, que dispõe sobre os Planos de benefícios da Previdência Social. Disponível em: <http://www.planalto.gov.br/ccivil_03/leis/l8213cons.htm>. Acesso em: 30 set. 2019.

APOSENTADORIA ESPECIAL
RPPS — Pontos

Atividade Especial	Regras Anteriores	Regras Definitivas	Transição
15 anos	• Não era regulamentado anteriormente	**Homem e Mulher:** • 60 anos de idade; e • 25 anos de exposição e de contribuição; • 10 anos de serviço público; e • 5 anos no cargo.	**Homem e Mulher:** • qualquer idade; • 15 anos de exposição; • 66 pontos; • 20 anos de serviço público; e • 5 anos no cargo.
20 anos			**Homem e Mulher:** • qualquer idade; • 20 anos de exposição; • 76 pontos; • 20 anos de serviço público; e • 5 anos no cargo.
25 anos			**Homem e Mulher:** • qualquer idade; • 25 anos de exposição; • 86 pontos; • 20 anos de serviço público; e • 5 anos no cargo.

CAPÍTULO IV

FORMAS DE CUSTEIO

Dentro da premissa de se buscar a sustentabilidade dos regimes de previdência social e da justiça previdenciária, a Reforma da Previdência de 2019 promoveu grandes alterações nas suas formas de custeio.

O cerne das mudanças foi a utilização de alíquotas progressivas, de forma a que as maiores remunerações contribuirão percentualmente mais do que as menores; a inclusão das perspectivas de cálculo do resultado atuarial do sistema, impondo a criação de contribuição extraordinária quando o resultado for deficitário; além da consolidação da prática de implantação da contribuição para aposentados e pensionistas do Regime Próprio da Previdência Social — RPPS, mantendo a isenção para os aposentados e pensionistas do Regime Geral da Previdência Social — RGPS.

1. CONTRIBUIÇÃO EXTRAORDINÁRIA

A Reforma da Previdência de 2019, ao alterar o art. 149 da Constituição, trouxe a possibilidade de criação de contribuição extraordinária para o equacionamento de eventual déficit atuarial do regime próprio de previdência social.

Art. 149. ....

§ 1º A União, os Estados, o Distrito Federal e os Municípios instituirão, por meio de lei, contribuições para custeio de regime próprio de previdência social, cobradas dos servidores ativos, dos aposentados e dos pensionistas, que poderão ter alíquotas progressivas de acordo com o valor da base de contribuição ou do benefício recebido.

§ 1º-A. Quando houver déficit atuarial, a contribuição ordinária dos aposentados e pensionistas poderá incidir sobre o valor do benefício recebido que supere o salário-mínimo.

§ 1º-B. Demonstrada a insuficiência da medida prevista no § 1º-A para equacionar o déficit atuarial, é facultada a instituição de contribuição extraordinária, no âmbito da União, dos servidores públicos ativos, dos aposentados e dos pensionistas.

§ 1º-C. A contribuição extraordinária de que trata o § 1º-B deverá ser instituída simultaneamente com outras medidas para equacionamento do déficit e vigorará por período determinado, contado da data de sua instituição.

Inicialmente, faz-se necessário destacar a valorização da necessidade de se gerenciar o resultado atuarial dos regimes de previdência. Até então, tal princípio não era citado na Constituição Federal. Na realidade, ao se fazer uma interpretação sistemática dos princípios constitucionais previdenciários: da contributividade e do equilíbrio financeiro e atuarial, pode-se facilmente perceber que, desde a Emenda Constitucional 41/2003, esses princípios já mereciam destaque. Mais do que isso, a reforma previdenciária, adiciona ferramenta efetiva para o controle da solvabilidade do regime previdenciário.

Mais do que isso, a Lei n. 9.717/1998, ao dispor sobre as regras gerais para a organização e o funcionamento dos regimes próprios de previdência, determinou o estabelecimento de normas de contabilidade e atuária, a fim de garantir o equilíbrio financeiro e atuarial, como diretriz fundamental da gestão dos regimes próprios.[79]

Ainda, há de se perquirir se a inclusão do §1º-B, do art. 149 da Constituição Federal, configura uma faculdade ou um dever para instituir a contribuição extraordinária. Entende-se, em um primeiro momento, ao se analisar os princípios previdenciários, principalmente os listados no parágrafo anterior, que, em caso de déficit atuarial, especialmente quando representar um déficit não eventual, configurando uma situação crônica de insolvência, trata-se de uma determinação constitucional, e não uma faculdade, a instituição da contribuição extraordinária para o equacionamento da solvência do regime previdenciário.

Na realidade, essa prática já se encontra consolidada, quando se refere ao regime de previdência complementar. A Lei Complementar n. 109/2001[80], em seu art. 19, estabelece:

---

(79) BRASIL. Lei n. 9.717, de 27 de novembro de 1998, que dispõe sobre regras gerais para a organização e o funcionamento dos regimes próprios de previdência social dos servidores públicos da União, dos estados, do Distrito Federal e dos municípios, dos militares dos estados e do Distrito Federal. Disponível em: <http://www.planalto.gov.br/ccivil_03/LEIS/L9717.htm>. Acesso em: 25 set. 2019.

(80) BRASIL. Lei Complementar n. 109, de 29 de maio de 2001, que dispõe sobre o Regime de Previdência Complementar. Disponível em: <http://www.planalto.gov.br/ccivil_03/LEIS/LCP/Lcp109.htm>. Acesso em: 25 set. 2019.

Art. 19. As contribuições destinadas à constituição de reservas terão como finalidade prover o pagamento de benefícios de caráter previdenciário, observadas as especificidades previstas nesta Lei Complementar.

Parágrafo único. As contribuições referidas no *caput* classificam-se em:

I — normais, aquelas destinadas ao custeio dos benefícios previstos no respectivo plano; e

II — extraordinárias, aquelas destinadas ao custeio de déficits, serviço passado e outras finalidades não incluídas na contribuição normal.

Ainda, a Lei Complementar n. 109/2001, imputa a responsabilidade de equacionamento de eventuais déficits aos patrocinadores, participantes e assistidos, sem prejuízo de ação regressiva contra dirigentes ou terceiros que derem causa ao prejuízo.[81]

Feitos esses registros, destaque-se a inclusão, pela Reforma da Previdência de 2019, dos §§ 1º-B e 1º-C, que tratam da instituição da contribuição extraordinária em caso de déficit atuarial.

§ 1º-B Demonstrada a insuficiência da medida prevista no § 1º-A[82] para **equacionar o déficit atuarial**, é facultada a instituição de **contribuição extraordinária**, no âmbito da União, dos servidores públicos ativos, dos aposentados e dos pensionistas.

§ 1º-C A contribuição extraordinária de que trata o § 1º-B deverá ser instituída **simultaneamente com outras medidas para equacionamento do déficit e vigorará por período determinado**, contado da data de sua instituição.

---

(81) "Art. 21. O resultado deficitário nos planos ou nas entidades fechadas será equacionado por patrocinadores, participantes e assistidos, na proporção existente entre as suas contribuições, sem prejuízo de ação regressiva contra dirigentes ou terceiros que deram causa a dano ou prejuízo à entidade de previdência complementar. § 1º O equacionamento referido no *caput* poderá ser feito, dentre outras formas, por meio do aumento do valor das contribuições, instituição de contribuição adicional ou redução do valor dos benefícios a conceder, observadas as normas estabelecidas pelo órgão regulador e fiscalizador. § 2º A redução dos valores dos benefícios não se aplica aos assistidos, sendo cabível, nesse caso, a instituição de contribuição adicional para cobertura do acréscimo ocorrido em razão da revisão do plano. § 3º Na hipótese de retorno à entidade dos recursos equivalentes ao déficit previsto no *caput* deste artigo, em consequência de apuração de responsabilidade mediante ação judicial ou administrativa, os respectivos valores deverão ser aplicados necessariamente na redução proporcional das contribuições devidas ao plano ou em melhoria dos benefícios." BRASIL. Lei Complementar n. 109, de 29 de maio de 2001, que dispõe sobre o Regime de Previdência Complementar. Disponível em: <http://www.planalto.gov.br/ccivil_03/LEIS/LCP/Lcp109.htm>. Acesso em: 25 set. 2019.
(82) "Art. 149. (...) § 1º-A A contribuição ordinária dos aposentados e pensionistas poderá incidir sobre o valor dos proventos de aposentadoria e de pensões que superem o salário mínimo quando houver déficit atuarial." BRASIL. Constituição Federal.

Observe-se, inicialmente, que o estabelecimento da contribuição extraordinária deverá atender aos seguintes requisitos:

a) cabível somente para os Regimes Próprios de Previdência Social da União;

b) existência de déficit atuarial;

c) adoção prévia da contribuição ordinária de aposentados e pensionistas do Regime Próprio da Previdência Social — RPPS, cujo salário de contribuição supere o salário mínimo;

d) atingirá a todos os servidores públicos ativos, os respectivos aposentados e pensionistas; e

e) terá caráter provisório e por tempo determinado.

Inicialmente, paira a dúvida quanto à possibilidade de os demais entes federados, além da União, instituírem a contribuição extraordinária. Nesse aspecto, há de se ter claro que a Reforma da Previdência de 2019 não tratou, pelo menos nesse primeiro momento, dos estados, do Distrito Federal e dos municípios[83]. Não obstante, considerando o novo texto constitucional, pode-se chegar à conclusão de que não haveria espaço para outros entes federados criarem a contribuição extraordinária. No caso, nem se poderia fazer uma interpretação sistemática dos princípios, a fim de, por conta dos princípios da contributividade e do equilíbrio financeiro e atuarial, como fundamento autorizativo de competência para os demais entes federados. Na realidade, o texto constitucional foi claro ao estabelecer competência, somente para União, configurando-se em um silêncio eloquente quanto aos demais entes federados, apto a excluir a sua competência.

Feitos esses primeiros registros, saliente-se que a Emenda Constitucional, em seu art. 9º[84], estabeleceu as premissas para a gestão dos

---

(83) Existe, no âmbito do Congresso Nacional, Proposta de Emenda Constitucional, chamada de PEC Paralela, que se propõe a incluir os estados, o Distrito Federal e os municípios.

(84) "Art. 9º Até que entre em vigor lei complementar que discipline o § 22 do art. 40 da Constituição Federal, aplicam-se aos regimes próprios de previdência social o disposto na Lei n. 9.717, de 27 de novembro de 1998 e o disposto neste artigo. § 1º O equilíbrio financeiro e atuarial do regime próprio de previdência social deverá ser comprovado por meio de garantia de equivalência, a valor presente, entre o fluxo das receitas estimadas e das despesas projetadas, apuradas atuarialmente, que, juntamente com os bens, direitos e ativos vinculados, comparados às obrigações assumidas, evidenciem a solvência e a li-

regimes próprios de previdência social, até que entre em vigor a lei que regulará definitivamente a matéria. Essas premissas contemplam:

a) a convalidação da Lei n. 9.717/1998;[85]

b) a exigência de comprovação do equilíbrio financeiro e atuarial dos regimes de próprios de previdência; e

c) a definição do prazo máximo de 20 anos, contado da data da instituição da contribuição extraordinária.

O ponto fulcral para a implementação da contribuição extraordinária será a comprovação da existência de déficit no regime próprio de previdência. Pode-se tomar por exemplo o amplo debate sobre os números apresentados de parte a parte, quando da tramitação da presente Reforma da Previdência de 2019. De um lado, grupos sustentavam a existência de superávit; de outro afirmavam a existência de déficit crônico. Tal assertiva, ganha ainda maior destaque, quando o texto constitucional coloca como pré-requisito a comprovação da existência de déficit atuarial. Certamente, o Congresso Nacional, quando da análise do projeto de lei para instituir a contribuição extraordinária, será o foro para se discutir e para se posicionar quanto ao tema.

2. ALÍQUOTAS PROGRESSIVAS

Seguindo os princípios da "Justiça Previdenciária" e do "Equilíbrio e Sustentabilidade", a Reforma da Previdência de 2019 possibilita a implantação do sistema de contribuições progressivas, na qual as alíquotas serão tanto maiores quanto maior for a remuneração do associado. O estabelecimento de alíquotas por faixa de renda, nos moldes das praticadas para o imposto de renda de pessoas físicas, proporcionará que quem ganhe menos pague menos e quem ganha mais pague mais. Não somente no que diz respeito ao valor nominal, mas também no que se refere ao valor proporcional à renda de cada um.

quidez do plano de benefícios. (...) § 8º Por meio de lei, poderá ser instituída contribuição extraordinária pelo prazo máximo de 20 (vinte) anos, nos termos dos §§ 1º-B e 1º-C do art. 149 da Constituição Federal." BRASIL. Emenda Constitucional n. 103/2019.

(85) BRASIL. Lei n. 9.717, de 27 de novembro de 1998, que dispõe sobre regras gerais para a organização e o funcionamento dos regimes próprios de previdência social dos servidores públicos da União, dos estados, do Distrito Federal e dos municípios, dos militares dos estados e do Distrito Federal. Disponível em: <http://www.planalto.gov.br/ccivil_03/LEIS/L9717.htm>. Acesso em: 25 set. 2019.

No que diz respeito às contribuições do empregador, elas poderão ser diferenciadas em razão da atividade econômica, da utilização intensiva de mão de obra, do porte da empresa ou da condição estrutural do mercado de trabalho. Até aqui, nenhuma alteração. A mudança trazida pela Reforma da Previdência de 2019 foi a limitação das bases de cálculo que poderão sobre diferenciação. Dessa forma, somente as contribuições sociais que incidam sobre a receita ou o faturamento e sobre o lucro poderão ser diferenciadas. Perceba-se que as contribuições sobre a folha de salários e demais rendimentos do trabalho foram excluídas da possibilidade de diferenciação, pelo novo texto constitucional. Respeitada a manutenção da cobrança diferenciada em vigor na data da promulgação da Emenda Constitucional.

> Art. 195. ....
>
> ....
>
> II — do trabalhador e dos demais segurados da previdência social, **podendo ser adotadas alíquotas progressivas de acordo com o valor do salário de contribuição**, não incidindo contribuição sobre aposentadoria e pensão concedidas pelo Regime Geral de Previdência Social;
>
> ....
>
> § 9º As contribuições sociais previstas no inciso I do *caput* deste artigo poderão ter alíquotas diferenciadas em razão da atividade econômica, da utilização intensiva de mão de obra, do porte da empresa ou da condição estrutural do mercado de trabalho, sendo também autorizadas a adoção de bases de cálculo diferenciadas apenas no caso das alíneas "b" e "c" do inciso I do *caput*.

Até que a lei ordinária venha regular definitivamente a matéria, a Emenda Constitucional estabeleceu alíquotas progressivas, que estão em vigor desde a data de sua publicação.

Para o Regime Próprio da Previdência Social as alíquotas variam de 7,5% a 22% e as faixas salariais de um salário mínimo até acima de R$ 39.000,00. Merece destaque na tabela de alíquotas progressivas do RPPS a definição da faixa de renda em que incidirá a alíquota máxima de 22%, hoje em R$ 39.000,00, o que está um pouco abaixo do teto para o funcionalismo público federal, salário do ministro do Supremo Tribunal Federal, hoje em R$ 39.200,00. A própria Emenda prevê a atualização dos valores das faixas de renda, na mesma data e no mesmo índice em que se der o reajuste dos benefícios do RGPS (INPC), ressalvados os vinculados ao salário mínimo. Essa situação poderá levar a um descompasso entre o valor do teto do funcionalismo público federal, que não segue os mesmos padrões e periodicidade da atualização dos benefícios do Regime Geral e a última faixa contributiva.

Até Salário Mínimo	7,5%
Acima SM a 2.000,00	9%
2.000,01 a 3.000,00	12%
3.000,01 a 5.839,45	14%
5.839,46 a 10.000,00	14,5%
10.000,01 a 20.000,00	16,5%
20.000,01 a 39.000,00	19%
Acima de 39.000,01	22%

Os comentários e o gráfico acima, seguem o estabelecido no art. 11 da Emenda Constitucional:

Art. 11. Até que entre em vigor lei que altere a alíquota da contribuição previdenciária de que tratam os arts. 4º, 5º e 6º da Lei n. 10.887, de 18 de junho de 2004, esta será de quatorze por cento.

§ 1º A alíquota prevista no *caput* será reduzida ou majorada, considerado o valor da base de contribuição ou do benefício recebido, de acordo com os seguintes parâmetros:

I — até 1 (um) salário-mínimo, redução de seis inteiros e cinco décimos pontos percentuais;

II — acima de 1 (um) salário-mínimo até R$ 2.000,00 (dois mil reais), redução de cinco pontos percentuais;

III — de R$ 2.000,01 (dois mil reais e um centavo) até R$ 3.000,00 (três mil reais), redução de dois pontos percentuais;

IV — de R$ 3.000,01 (três mil reais e um centavo) até R$ 5.839,45 (cinco mil oitocentos e trinta e nove reais e quarenta e cinco centavos), sem redução ou acréscimo;

Reforma da Previdência: Entenda Ponto a Ponto | **117**

V — de R$ 5.839,46 (cinco mil oitocentos e trinta e nove reais e quarenta e seis centavos) até R$ 10.000,00 (dez mil reais), acréscimo de meio ponto percentual;

VI — de R$ 10.000,01 (dez mil reais e um centavo) até R$ 20.000,00 (vinte mil reais), acréscimo de dois inteiros e cinco décimos pontos percentuais;

VII — de R$ 20.000,01 (vinte mil reais e um centavo) até R$ 39.000,00 (trinta e nove mil reais), acréscimo de cinco pontos percentuais; e

VIII — acima de R$ 39.000,01 (trinta e nove mil reais e um centavo), acréscimo de oito pontos percentuais.

§ 2º A alíquota, reduzida ou majorada nos termos do disposto no § 1º, será aplicada de forma progressiva sobre a base de contribuição do servidor público, incidindo cada alíquota sobre a faixa de valores compreendida nos respectivos limites.

§ 3º Os valores previstos no § 1º serão reajustados, a partir da data de entrada em vigor desta Emenda Constitucional, na mesma data e no mesmo índice em que se der o reajuste dos benefícios do Regime Geral de Previdência Social, ressalvados aqueles vinculados ao salário-mínimo, aos quais se aplica a legislação específica.

§ 4º A contribuição de que trata o *caput*, com a redução ou a majoração decorrentes do disposto no § 1º, será devida pelos aposentados e pensionistas de quaisquer dos Poderes da União, incluídas suas entidades autárquicas e suas fundações, incidentes sobre o valor da parcela dos proventos de aposentadorias e pensões que superem o limite máximo estabelecido para os benefícios do Regime Geral de Previdência Social, hipótese em que será considerada a totalidade do valor do benefício para fins de definição das alíquotas aplicáveis.

Para o Regime Geral da Previdência Social as principais alterações disseram respeito à redução da alíquota da primeira faixa salarial, que passou de 8% para 7,5%, a criação de mais uma faixa salarial e a ampliação da alíquota máxima de 11% para 14%.

Faixa	Alíquota
Até Salário Mínimo	7,5%
Acima SM a 2.000,00	9%
2.000,01 a 3.000,00	12%
3.000,01 a 5.839,45	14%

A previsão dessas regras, que valerão até a publicação da lei definitiva que regerá a matéria, consta do art. 28 da Emenda Constitucional, que estabelece:

> Art. 28. Até que lei altere a alíquota da contribuição de que trata a Lei n. 8.212, de 24 de julho de 1991, devida pelo segurado empregado, inclusive o doméstico, e pelo trabalhador avulso, esta será de:
>
> I — até 1 (um) salário-mínimo, 7.5% (sete inteiros e cinco décimos por cento);
>
> II — acima de um salário-mínimo até R$ 2.000,00 (dois mil reais), 9% (nove por cento);
>
> III — de R$ 2.000,01 (dois mil reais e um centavo) até R$ 3.000,00 (três mil reais), de 12% (doze por cento); e
>
> IV — de R$ 3.000,01 (três mil reais e um centavo) até o limite do salário de contribuição, de 14% (quatorze por cento).
>
> § 1º As alíquotas previstas no *caput* serão aplicadas de forma progressiva sobre o salário de contribuição do segurado, incidindo cada alíquota sobre a faixa de valores compreendida nos respectivos limites.
>
> § 2º Os valores previstos no *caput* serão reajustados, a partir da data de entrada em vigor desta Emenda Constitucional, na mesma data e no mesmo índice em que se der o reajuste dos benefícios do Regime Geral de Previdência Social, ressalvados aqueles vinculados ao salário mínimo, aos quais se aplica a legislação específica.

Finalmente, destaque-se que essas regras observarão o princípio da noventena, somente entrando em vigor após o transcurso desse prazo[86], ainda, tanto para o Regime Próprio da Previdência Social quanto para o Regime Geral da Previdência Social, essas normas poderão ser alteradas a qualquer tempo por meio da edição de lei ordinária para regular a matéria.

2.1 Elevação da Alíquota da CSSLL

Na esteira do aumento das alíquotas contributivas, impende destacar que a Contribuição Social sobre o Lucro Líquido dos bancos foi elevada de 15% para 20%, conforme preconizado no artigo 32 do Texto da Reforma:

> Art. 32. Até que entre em vigor lei que disponha sobre a alíquota da contribuição de que trata a Lei nº 7.689, de 15 de dezembro de 1988, esta será de 20%

---

(86) "Art. 36. Esta Emenda Constitucional entrará em vigor: I — a partir do primeiro dia do quarto mês subsequente ao da data de publicação desta Emenda Constitucional, quanto ao disposto nos arts. 11, 28 e 32." BRASIL. Emenda Constitucional n. 103/2019.

(vinte por cento) no caso das pessoas jurídicas referidas no inciso I do § 1º do art. 1º da Lei Complementar nº 105, de 10 de janeiro de 2001.

Da mesma forma que previsto para as alíquotas contributivas progressivas, a elevação da CSLL dos bancos também submeter-se-á à noventena, razão pela qual somente entrará em vigor no primeiro dia do quarto mês subsequente ao da data de publicação da Emenda Constitucional.

3. CONTRIBUIÇÃO COMPLEMENTAR

A Reforma da Previdência de 2019 acrescentou o § 14 ao art. 195 da Constituição Federal, que eleva ao texto constitucional a possibilidade de agrupamento ou a complementação do valor da contribuição para que alcance o piso da contribuição exigida para sua categoria.

Anteriormente, e principalmente após a publicação da Lei n. 13.467/2017[87] que instituiu o regime de trabalho intermitente, houve a tentativa de regulamentação da possibilidade de contribuição complementar, quando o valor da remuneração percebida durante o mês tenha sido inferior ao salário mínimo. Essa tentativa se deu por meio da Medida Provisória n. 808/2017[88], que propunha incluir o art. 911-A, da CLT, que em seus parágrafos estabelecia:

§ 1º Os segurados enquadrados como empregados que, no somatório de remunerações auferidas de um ou mais empregadores no período de um mês, independentemente do tipo de contrato de trabalho, receberem remuneração inferior ao salário mínimo mensal, poderão recolher ao Regime Geral de Previdência Social a diferença entre a remuneração recebida e o valor do salário mínimo mensal, em que incidirá a mesma alíquota aplicada à contribuição do trabalhador retida pelo empregador.

§ 2º Na hipótese de não ser feito o recolhimento complementar previsto no § 1º, o mês em que a remuneração total recebida pelo segurado de um ou mais empregadores for menor que o salário mínimo mensal não será considerado

---

(87) BRASIL. Lei n. 13.467, de 13 de julho de 2017, que altera a Consolidação das Leis do Trabalho (CLT), aprovada pelo Decreto-Lei n. 5.452, de 1º de maio de 1943, as Leis ns. 6.019, de 3 de janeiro de 1974, 8.036, de 11 de maio de 1990, e 8.212, de 24 de julho de 1991, a fim de adequar a legislação às novas relações do trabalho. Disponível em: <http://www.planalto.gov.br/ccivil_03/_ato2015-2018/2017/lei/l13467.htm>. Acesso em: 25 set. 2019.
(88) BRASIL. Medida Provisória n. 808, de 14 de novembro de 2017, que alterava a Consolidação das Leis do Trabalho — CLT, aprovada pelo Decreto-Lei n. 5.424, de 1º de maio de 1943, que teve a sua vigência encerrada, por conta de não ter sido convertida em lei. Disponível em: <http://www.planalto.gov.br/ccivil_03/_Ato2015-2018/2017/Mpv/mpv808.htm>. Acesso em: 25 set. 2019.

para fins de aquisição e manutenção de qualidade de segurado do Regime Geral de Previdência Social nem para cumprimento dos períodos de carência para concessão dos benefícios previdenciários.

Cite-se também a Instrução Normativa n. 1.867/2019[89], que regulamentou a contribuição previdenciária dos trabalhadores em regime de trabalho intermitente, dando-lhe tratamento tributário semelhante ao dos trabalhadores avulsos. Ainda, essa mesma Instrução Normativa, incluiu novos contribuintes, tais como àqueles que prestam serviços de transporte por meio de aplicativos e médicos participantes do programa Mais Médicos.

Feitos esses registros, foi incluído o § 14, ao art. 195 da Constituição Federal, que estabelece:

Art. 195. ....

(...)

§ 14. O segurado somente terá reconhecida como tempo de contribuição ao Regime Geral de Previdência Social a competência cuja contribuição seja igual ou superior à contribuição mínima mensal exigida para sua categoria, assegurado o agrupamento de contribuições. (NR)

Ainda, a Emenda Constitucional, previu, enquanto não sobrevenha a lei que regulamentará definitivamente a matéria, esclareceu:

Art. 29. Até que entre em vigor lei que disponha sobre o § 14 do art. 195 da Constituição Federal, o segurado que, no somatório de remunerações auferidas no período de 1 (um) mês receber remuneração inferior ao limite mínimo mensal do salário de contribuição, poderá:

I — **complementar** a sua contribuição, de forma a alcançar o limite mínimo exigido;

II — utilizar o valor da contribuição que exceder o limite mínimo de contribuição de uma competência em outra; ou

III — agrupar contribuições inferiores ao limite mínimo de diferentes competências, para aproveitamento em contribuições mínimas mensais.

Parágrafo único. Os ajustes de complementação ou agrupamento de contribuições previstos nos incisos I, II e III do *caput* **somente poderão ser feitos ao longo do mesmo ano civil.**

---

(89) BRASIL. Ministério da Economia, Secretaria da Receita Federal do Brasil, Instrução Normativa RFB n. 1867, de 25 de janeiro de 2019, que altera a Instrução Normativa RFB n. 971, de 13 de novembro de 2009, que dispõe sobre normas gerais de tributação previdenciária e de arrecadação das contribuições sociais destinadas à Previdência Social e das destinadas a outras entidades e fundos, administradas pela Secretaria da Receita Federal do Brasil. Disponível em: <http://normas.receita.fazenda.gov.br/sijut2consulta/link.action?visao=anotado&idAto=98303>. Acesso em: 25 set. 2019.

Observe-se que será possível complementar a contribuição, quando ela não alcançar o limite mínimo; utilizar o "saldo", valor superior ao mínimo, para compensar o valor recolhido a menor em meses anteriores ou posteriores; e agrupar várias contribuições, em meses diferentes, para poder alcançar o piso da contribuição mensal. Ainda, destaque-se que esses ajustes ou agrupamentos somente poderão ocorrer dentro do mesmo ano civil, ou seja, de primeiro de janeiro a 31 de dezembro.

4. VINCULAÇÃO DE RECEITAS

Com a primeira reforma da previdência, implementada pela Emenda Constitucional n. 20/1998[90], a Constituição Federal de 1988 passou a albergar dispositivo impositivo no sentido de vincular a arrecadação das contribuições sociais para a seguridade social da empresa sobre a folha e dos trabalhadores (art. 195, I, a e II da CF/88[91]) ao pagamento de benefícios do Regime Geral de Previdência Social, *in verbis*:

Art. 167.

(...)

XI — a utilização dos recursos provenientes das contribuições sociais de que trata o art. 195, I, "a", e II, para a realização de despesas distintas do pagamento de benefícios do regime geral de previdência social de que trata o art. 201. (Incluído pela Emenda Constitucional n. 20, de 1998)

Na Emenda Constitucional n. 103/2019, o referido preceito foi ampliado para os Regimes Próprios de Previdência Social, mas de forma mais restrita, conforme se infere do novo dispositivo a seguir transcrito:

Art. 167. São vedados:

(...)

XII — na forma estabelecida na lei complementar de que trata o § 22 do art. 40, a utilização de recursos de regime próprio de previdência social, incluídos os

---

(90) BRASIL. Emenda Constitucional n. 20, de 15 de dezembro de 1998. Disponível em: <http://www.planalto.gov.br/ccivil_03/constituicao/emendas/emc/emc20.htm>. Acesso em: 07 out. 2019.

(91) "Art. 195. A seguridade social será financiada por toda a sociedade, de forma direta e indireta, nos termos da lei, mediante recursos provenientes dos orçamentos da União, dos Estados, do Distrito Federal e dos Municípios, e das seguintes contribuições sociais: I — do empregador, da empresa e da entidade a ela equiparada na forma da lei, incidentes sobre: a) a folha de salários e demais rendimentos do trabalho pagos ou creditados, a qualquer título, à pessoa física que lhe preste serviço, mesmo sem vínculo empregatício (...) II — do trabalhador e dos demais segurados da previdência social, não incidindo contribuição sobre aposentadoria e pensão concedidas pelo regime geral de previdência social de que trata o art. 201;" BRASIL. Constituição Federal.

valores integrantes dos fundos previstos no art. 249, para a realização de despesas distintas do pagamento dos benefícios previdenciários do respectivo fundo vinculado àquele regime e das despesas necessárias à sua organização e ao seu funcionamento;

Diferente do preceito relacionado ao RGPS, a vinculação da receita nos regimes próprios vai ocorrer na forma de Lei Complementar, o que retira a autoaplicabilidade do dispositivo. Por outro lado, o novo dispositivo é mais abrangente, pois inclui expressamente os recursos dos fundos previdenciários previstos no art. 249[92] da Constituição Federal, além de permitir a utilização dos recursos dos regimes próprios nas despesas com sua organização e funcionamento.

Neste passo, entende-se como receitas dos regimes próprios as decorrentes da arrecadação das contribuições dos servidores e dos Entes Federativos, bem como os constantes do Fundo Previdenciário:

> Art. 249. Com o objetivo de assegurar recursos para o pagamento de proventos de aposentadoria e pensões concedidas aos respectivos servidores e seus dependentes, em adição aos recursos dos respectivos tesouros, a União, os Estados, o Distrito Federal e os Municípios poderão constituir fundos integrados pelos recursos provenientes de contribuições e por bens, direitos e ativos de qualquer natureza, mediante lei que disporá sobre a natureza e administração desses fundos. (Incluído pela Emenda Constitucional n. 20, de 1998)

Ainda que a vinculação de receitas para pagamento de benefícios previdenciários seja de relevância incontestável, há um aparente conflito na reforma da previdência de 2019, pois, ao tempo em que se introduz a mencionada vinculação, curiosamente, a mesma reforma permite que os recursos supostamente vinculados venham a ser utilizados para concessão de empréstimos aos servidores:

> Art. 9º Até que entre em vigor lei complementar que discipline o § 22 do art. 40 da Constituição Federal, aplicam-se aos regimes próprios de previdência social o disposto na Lei n. 9.717, de 27 de novembro de 1998, e o disposto neste artigo.
>
> (...)
>
> § 7º Os recursos de regime próprio de previdência social poderão ser **aplicados na concessão de empréstimos** a seus segurados, na modalidade de consignados, observada regulamentação específica estabelecida pelo Conselho Monetário Nacional.

Mesmo que se argumente no sentido de que essa utilização vai acarretar um retorno financeiro, causa estranheza a aparente contradição entre os dispositivos, pois é inegável que se permitiu a utilização

---

(92) BRASIL. Constituição Federal.

dos recursos dos regimes próprios de previdência em finalidade diversa do seu verdadeiro objetivo.

Em outra perspectiva, é de se registrar o reforço nas regras impeditivas de repasses voluntários de recursos quando houver desrespeito das regras gerais de organização e de funcionamento de regime próprio de previdência social.

Art. 167. São vedados:

(...)

XIII — a transferência voluntária de recursos, a concessão de avais, as garantias e as subvenções pela União e a concessão de empréstimos e de financiamentos por instituições financeiras federais aos Estados, ao Distrito Federal e aos Municípios na hipótese de descumprimento das regras gerais de organização e de funcionamento de regime próprio de previdência social.

De acordo com o art. 25 da Lei de Responsabilidade Fiscal, entende-se por transferência voluntária a entrega de recursos correntes ou de capital a outro ente da Federação, a título de cooperação, auxílio ou assistência financeira, que não decorra de determinação constitucional, legal ou os destinados ao Sistema Único de Saúde.

Estabelecida essa premissa, impende trazer ao debate que, tradicionalmente, as regras de restrição aos repasses financeiros voluntários sempre excepcionaram as áreas sociais, conforme se infere do seguinte quadro:

REPASSES — Exceções	
Lei Complementar n. 101/2000[93]	Lei n. 8.212/1991[94]
Art. 25. Para efeito desta Lei Complementar, entende-se por transferência voluntária a entrega de recursos correntes ou de capital a outro ente da Federação, a título de cooperação, auxílio ou assistência financeira, que não decorra de determinação constitucional, legal ou os destinados ao Sistema Único de Saúde. (...)	Art. 47. É exigida Certidão Negativa de Débito-CND, fornecida pelo órgão competente, nos seguintes casos: (...) § 6º Independe de prova de inexistência de débito:

---

(93) BRASIL. Lei Complementar n. 101, de 4 de maio de 2000, que estabelece normas de finanças públicas voltadas para a responsabilidade na gestão fiscal. Disponível em: <http://www.planalto.gov.br/ccivil_03/leis/lcp/lcp101.htm>. Acesso em: 06 out. 2019.
(94) BRASIL. Lei n. 8.212, de 24 de julho de 1991, que dispõe sobre a organização da Seguridade Social, institui Plano de Custeio. Disponível em: <http://www.planalto.gov.br/ccivil_03/leis/l8212cons.htm>. Acesso em: 07 out. 2019.

§ 3º Para fins da aplicação das sanções de suspensão de transferências voluntárias constantes desta Lei Complementar, **excetuam-se aquelas relativas a ações de educação, saúde e assistência social**.	(...) d) o recebimento pelos Municípios de transferência de recursos destinados a **ações de assistência social, educação, saúde e em caso de calamidade pública**.

Nesse contexto, entende-se que a restrição de repasses voluntários não deve alcançar as áreas sociais, mesmo quando o Ente Federativo desrespeitar as regras relacionadas aos regimes próprios.

Finalmente, no que se refere à Desvinculação das Receitas da União — DRU, incluída pela Emenda Constitucional n. 27/2000[95], objeto de grandes questionamentos e indicada como um dos motivos para o déficit da previdência social, foi definitivamente expurgada do ordenamento jurídico nacional. Atualmente, após a Reforma da Previdência de 2019, as contribuições destinadas ao custeio da seguridade social não poderão mais ser desvinculadas de sua finalidade.

Art. 76. ....

§ 4º A desvinculação de que trata o *caput* não se aplica às receitas das contribuições sociais destinadas ao custeio da seguridade social.[96]

---

(95) BRASIL. Emenda Constitucional n. 27, de 21 de março de 2000, que acrescentou o art. 76 ao Ato das Disposições Constitucionais Transitórias, instituindo a desvinculação de arrecadação de impostos e contribuições sociais da União. Disponível em: <http://www.planalto.gov.br/ccivil_03/Constituicao/Emendas/Emc/emc27.htm#art1>. Acesso em: 07 out. 2019.

(96) BRASIL. Constituição Federal, Ato das Disposições Constitucionais Transitórias.

CAPÍTULO V
CONDIÇÕES ESPECÍFICAS

Neste capítulo apresentar-se-á as situações especiais que foram incluídas na Reforma da Previdência de 2019, apesar de algumas dessas situações já terem sido tratadas em outros capítulos deste livro, optou-se por mantê-lo para que o leitor possa, de maneira fácil e rápida, visualizar as alterações que foram realizadas e que, não necessariamente, tenham relação direta com os regimes previdenciários, representando situações de caráter acessório/complementar à reforma realizada.

Dessa forma, serão apresentados os seguintes tópicos:

1. Competência Legislativa: Policiais Militares e Bombeiros;

2. Fim da Aposentadoria Punitiva dos Magistrados e Promotores;

3. Detentores de Mandato Eletivo;

4. Cadastramento de Produtores Rurais;

5. Situações Específicas para Servidores Públicos; e

6. Competência da Justiça Federal.

1. COMPETÊNCIA LEGISLATIVA: POLICIAIS MILITARES E BOMBEIROS

O art. 22 da Constituição Federal, estabelece as competências legislativas privativas da União. Em seu inciso XXI, definia:

> XXI — normas gerais de organização, efetivos, material bélico, garantias, convocação e mobilização das polícias militares e corpos de bombeiros militares;

A redação do inciso XXI do art. 22 foi modificada para permitir que a União editasse normas acerca **de inatividade e pensões** das polícias militares e dos bombeiros militares. Neste passo, a competência legislativa privativa da União ficou assim definida:

XXI — normas gerais sobre organização, efetivos, material bélico, garantias, convocação, mobilização, inatividade e pensões das polícias militares e dos corpos de bombeiros militares.

Com a referida alteração, os Estados poderão apenas editar normas suplementares[96] e, em caso de inércia da União em editar normas gerais[97], poderão legislar de forma plena, hipótese em que eventual superveniência de lei federal suspenderá a eficácia da norma estadual no que lhe for contrária[98]. Todavia, a manutenção das forças militares estaduais não sofrerá qualquer ingerência da União, pois o escopo de interferência legislativa da União restringe-se ao campo genérico da inatividade e das pensões.

No caso da Polícia Militar e dos Bombeiros do Distrito Federal, é importante destacar que sua organização e manutenção já é de responsabilidade exclusiva da União, conforme preconiza o inciso XIV do art. 21 do Texto Constitucional:

Art. 21. Compete à União:

XIV — organizar e manter a polícia civil, **a polícia militar e o corpo de bombeiros militar do Distrito Federal**, bem como prestar assistência financeira ao Distrito Federal para a execução de serviços públicos, por meio de fundo próprio;

Por sua vez, o STF esclareceu o alcance do dispositivo em análise para abarcar também a política remuneratória, ao editar a Súmula Vinculante n. 39 com o seguinte teor:

Súmula Vinculante n. 39: Compete privativamente à União legislar sobre vencimentos dos membros das polícias civil e militar e do corpo de bombeiros militar do Distrito Federal. [99]

Neste passo, a Reforma da Previdência de 2019 dos militares estaduais será implementada pelos respectivos Estados, mas tudo de

---

(96) "Art. 24, § 2º A competência da União para legislar sobre normas gerais não exclui a competência suplementar dos Estados". BRASIL, Constituição Federal.

(97) "Art. 24, § 3º Inexistindo lei federal sobre normas gerais, os Estados exercerão a competência legislativa plena, para atender a suas peculiaridades". BRASIL, Constituição Federal.

(98) "Art. 24, § 4º A superveniência de lei federal sobre normas gerais suspende a eficácia da lei estadual, no que lhe for contrário". BRASIL, Constituição Federal.

(99) Súmula n. 647 do STF: Compete privativamente à União legislar sobre vencimentos dos membros das polícias civil e militar do Distrito Federal. BRASIL. STF Supremo Tribunal Federal. Disponível em: <http://www.stf.jus.br/portal/jurisprudencia/menuSumarioSumulas.asp?sumula=1630>. Acesso em: 18 set. 2019.

acordo com as normas gerais a serem editadas pela União. Como não há prazo definido para a mencionada regulamentação legal, o mais provável é que os Estados aguardem a aprovação da reforma do sistema de proteção social dos militares das Forças Armadas para procederem aos respectivos ajustes.

Atualmente, cada um dos estados da Federação pode estabelecer as condições de acesso à inatividade.

A partir de agora, essa competência poderá ser limitada pelas premissas estabelecidas pela União, a quem caberá a publicação das normas gerais que deverão ser obedecidas por todas as unidades da Federação.

Poder-se-ia pensar em usurpação de competência, ou mesmo na mitigação do pacto federativo, mas esse argumento não tem como prosperar. Há inúmeros casos nos quais a competência para o estabelecimento das normas gerais cabe a União e a competência suplementar cabe às demais unidades da federação (art. 24, §§ 2º, 3º e 4º, da Constituição Federal).

QUADRO COMPARATIVO	
Antes da Emenda Constitucional	**Depois da Emenda Constitucional**
Art. 22.	Art. 22. ....
XXI — normas gerais de organização, efetivos, material bélico, garantias, convocação e mobilização das polícias militares e corpos de bombeiros militares;	XXI — normas gerais de organização, efetivos, material bélico, garantias, convocação, mobilização, **inatividades e pensões** das polícias militares e dos corpos de bombeiros militares;

2. FIM DA APOSENTADORIA PUNITIVA DOS MAGISTRADOS E PROMOTORES

O art. 93 da Constituição Federal estabelece os princípios gerais para a Lei Complementar, de iniciativa do Supremo Tribunal Federal, que disporá sobre o Estatuto da Magistratura.[100]

---

(100) BRASIL. Lei Orgânica da Magistratura Nacional, Lei Complementar n. 35, de 14 de março de 1979. Disponível em <http://www.planalto.gov.br/ccivil_03/leis/lcp/lcp35.htm>. Acesso em: 18 set. 2019.

Antes da publicação da Reforma da Previdência de 2019, o inciso VIII do art. 93 da Constituição Federal permitia o instituto da "aposentadoria por interesse público", tratava-se da pena disciplinar máxima possível para os magistrados que tenham adquirido a vitaliciedade, nos termos do art. 42 da LOMAN:[101]

Art. 42. São penas disciplinares:

I — advertência;

II — censura;

III — remoção compulsória;

IV — disponibilidade com vencimentos proporcionais ao tempo de serviço;

V — aposentadoria compulsória com vencimentos proporcionais ao tempo de serviço;

VI — demissão.

Muito embora o artigo preveja a possibilidade de "demissão", inciso VI, esta pena não veio a ser implementada por conta da previsão do art. 47 da mesma Lei Orgânica, que limita a aplicação da pena de demissão ao casos previstos no art. 26, I e II, entretanto, este artigo foi vetado, o que acabou por excluir a possiblidade de demissão, salvo o estabelecido no art. 95, I, da Constituição Federal — sentença judicial transitada em julgado.[102]

A alteração promovida pela Reforma da Previdência de 2019 exclui a possibilidade de aposentadoria por interesse público, também chamada de aposentadoria compulsória punitiva de magistrado.

Dessa forma, o art. 42, V, da LOMAN não será recepcionado[103] pelo texto constitucional, o que equivaleria a decretação de sua revogação.

---

(101) BRASIL, Lei Orgânica da Magistratura Nacional, Lei Complementar n. 35, de 14 de março de 1979. Disponível em <http://www.planalto.gov.br/ccivil_03/leis/lcp/lcp35.htm>. Acesso em: 18 set. 2019.

(102) "Art. 95. Os juízes gozam das seguintes garantias: I — vitaliciedade, que, no primeiro grau, só será adquirida após dois anos de exercício, dependendo a perda do cargo, nesse período, de deliberação do tribunal a que o juiz estiver vinculado, e, nos demais casos, **sentença judicial transitada em julgado.**" Brasil, Constituição Federal de 1988, art. 95, I.

(103) O princípio constitucional da RECEPÇÃO foi elaborado pela doutrina e leva em conta que seria absolutamente impossível, quando da alteração da ordem constitucional, adequar todo o ordenamento legislativo nacional ao novo texto constitucional. Dessa

Do ponto de vista prático, a partir de agora, a pena máxima que poderá ser aplicada pelos tribunais, para o caso de magistrado com vitaliciedade, será a "disponibilidade com vencimentos proporcionais ao tempo de serviço", prevista no art. 42, IV, da LOMAN.

Certamente, a Lei Orgânica da Magistratura Nacional haverá de ser adequada a essas novas regras. Um bom exemplo a ser seguido é a Lei Complementar n. 75, de 20 de maio de 1993, que dispõe sobre a organização, as atribuições e o estatuto do Ministério Público da União.

Em relação ao Ministério Público, a mesma providência foi adotada, dessa vez em relação ao art. 130-A, § 2º, III:

> Art. 130-A (...)
>
> § 2º Compete ao Conselho Nacional do Ministério Público o controle da atuação administrativa e financeira do Ministério Público e do cumprimento dos deveres funcionais de seus membros, cabendo lhe:
>
> III — receber e conhecer das reclamações contra membros ou órgãos do Ministério Público da União ou dos Estados, inclusive contra seus serviços auxiliares, sem prejuízo da competência disciplinar e correicional da instituição, podendo avocar processos disciplinares em curso, determinar a remoção, a disponibilidade ou a aposentadoria com subsídios ou proventos proporcionais ao tempo de serviço e aplicar outras sanções administrativas, assegurada ampla defesa;

Assim, a EC n. 103/2019 excluiu a possibilidade de aplicação da penalidade de aposentadoria punitiva também aos membros do Ministério Público[104]

Curiosamente, na Lei Orgânica do Ministério Público, em seu art. 239, prevê como sanções disciplinares:

> Art. 239. Os membros do Ministério Público são passíveis das seguintes sanções disciplinares:

---

forma, haverá dispositivos considerados recepcionados pela nova ordem constitucional, porquanto não conflitantes, assim como haverá outros que serão considerados não recepcionados, haja vista a existência de conflito entre o dispositivo e o novo texto constitucional.

(104) "Art. 1º, "Art. 130-A. (...). § 2º (...). III — receber e conhecer das reclamações contra membros ou órgãos do Ministério Público da União ou dos Estados, inclusive contra seus serviços auxiliares, sem prejuízo da competência disciplinar e correicional da instituição, podendo avocar processos disciplinares em curso, determinar a remoção ou a disponibilidade e aplicar outras sanções administrativas, assegurada ampla defesa;" BRASIL. Emenda Constitucional n. 103/2019.

I — advertência;

II — censura;

III — suspensão;

IV — demissão; e

V — cassação de aposentadoria ou de disponibilidade.

Veja que não há previsão de disponibilidade, ainda, no que diz respeito à sanção de demissão, o art. 242 esclarece que ela somente poderá ser imposta quando houver, também, decisão judicial com trânsito em julgado.[105]

QUADRO COMPARATIVO	
Antes da Emenda Constitucional	**Depois da Emenda Constitucional**
Art. 93.	Art. 93. ....
(...)	(...)
VIII o ato de remoção, disponibilidade e **aposentadoria do magistrado**, por interesse público, fundar-se-á em decisão por voto da maioria absoluta do respectivo tribunal ou do Conselho Nacional de Justiça, assegurada ampla defesa; *(Redação dada pela Emenda Constitucional n. 45, de 2004)*	VIII — o ato de remoção e de disponibilidade do magistrado, por interesse público, fundar-se-á em decisão por voto da maioria absoluta do respectivo tribunal ou do Conselho Nacional de Justiça, assegurada ampla defesa;

3. DETENTORES DE MANDATO ELETIVO

Antes da Reforma da Previdência de 2019, os detentores de mandato eletivo possuíam condições especiais para a concessão de aposentadoria e dos demais benefícios previdenciários.

A Lei n. 9.506, de 30 de outubro de 1997[106], que extinguiu o Instituto de Previdência dos Congressistas — IPC e criou o Plano de

---

(105) "Art. 242. As infrações disciplinares serão apuradas em processo administrativo; quando lhes forem cominadas penas de demissão, de cassação de aposentadoria ou de disponibilidade, a imposição destas dependerá, também, de decisão judicial com trânsito em julgado." Brasil, Lei Complementar n. 75, de 20 de maio de 1993. Disponível em: <http://www.planalto.gov.br/ccivil_03/leis/lcp/lcp75.htm>. Acesso em: 18 set. 2019.

(106) BRASIL. Lei n. 9.506, de 30 de outubro de 1997. Disponível em: <http://www.planalto.gov.br/ccivil_03/leis/L9506.htm>. Acesso em: 17 set. 2019.

Seguridade Social dos Congressistas acabou por dividir os detentores de mandato eletivo em duas classes distintas: os segurados pertencentes ao IPC e aqueles que optaram pelo Plano de Seguridade Social dos Congressistas.

Para os primeiros, têm os direitos adquiridos até a liquidação do IPC, que se deu em fevereiro de 1999. Esses direitos, previstos na Lei n. 7.087, de 29 de dezembro de 1982[107], incluem os seguintes benefícios:

I — pensão:

a) por tempo de mandato;

b) por tempo de contribuição;

c) por tempo de serviço;

d) por invalidez;

e) por morte;

II — auxílio-doença;

III — auxílio-funeral.

Para os demais, que aderiram ao Plano de Seguridade Social dos Congressistas, poderão aposentar-se segundo as condições estabelecidas na Lei n. 9.506/97, art. 2º:

I — com proventos correspondentes à totalidade do valor obtido na forma do § 1º:

a) por invalidez permanente, quando esta ocorrer durante o exercício do mandato e decorrer de acidente, moléstia profissional ou doença grave, contagiosa ou incurável, especificadas em lei;

b) aos trinta e cinco anos de exercício de mandato e sessenta anos de idade;

II — com proventos proporcionais, observado o disposto no § 2º, ao valor obtido na forma do § 1º:

a) por invalidez permanente, nos casos não previstos na alínea *a* do inciso anterior, não podendo os proventos ser inferiores a vinte e seis por cento da remuneração fixada para os membros do Congresso Nacional;

b) aos trinta e cinco anos de contribuição e sessenta anos de idade.

---

(107) BRASIL. Lei n. 7.087, de 29 de dezembro de 1982. Disponível em: <http://www. planalto.gov.br/ccivil_03/leis/1980-1988/L7087.htm>. Acesso em: 17 set. 2019.

§ 1º O valor dos proventos das aposentadorias previstas nos incisos I e II do *caput* será calculado tomando por base percentual da remuneração fixada para os membros do Congresso Nacional, idêntico ao adotado para cálculo dos benefícios dos servidores públicos civis federais de mesma remuneração.

§ 2º O valor da aposentadoria prevista no inciso II do *caput* corresponderá a um trinta e cinco avos, por ano de exercício de mandato, do valor obtido na forma do § 1º.

Ou seja, antes da Reforma da Previdência de 2019, os Parlamentares poderiam aposentar-se com proventos proporcionais ao tempo de exercício de mandato, garantida a proporcionalidade com os parlamentares da ativa. Assim todo e qualquer reajuste ou benefício concedido serão automaticamente repassados para o aposentado.

Com a Reforma da Previdência de 2019, o titular de mandato eletivo seguirá as mesmas regras do Regime Geral da Previdência Social, tanto no que diz respeito às condições de acesso aos benefícios quanto no que se refere ao cálculo e teto para os valores que serão recebidos. Mais do que isso, a emenda constitucional proibiu a instituição de novos regimes dessa natureza.

QUADRO COMPARATIVO	
Antes da Emenda Constitucional	Depois da Emenda Constitucional
Art. 40. O regime próprio de previdência social dos servidores titulares de cargos efetivos terá caráter contributivo e solidário, mediante contribuição do respectivo ente federativo, de servidores ativos, de aposentados e de pensionistas, observados critérios que preservem o equilíbrio financeiro e atuarial.	Art. 40. O regime próprio de previdência social dos servidores titulares de cargos efetivos terá caráter contributivo e solidário, mediante contribuição do respectivo ente federativo, de servidores ativos, de aposentados e de pensionistas, observados critérios que preservem o equilíbrio financeiro e atuarial.
(...)	(...)
§ 13 — Ao servidor ocupante, exclusivamente, de cargo em comissão declarado em lei de livre nomeação e exoneração bem como de outro cargo temporário ou de emprego público, aplica-se o regime geral de previdência social. *(Incluído pela Emenda Constitucional n. 20, de 15.12.98)*	§ 13. Aplica-se ao agente público ocupante, exclusivamente, de cargo em comissão declarado em lei de livre nomeação e exoneração, de outro cargo temporário ou de emprego público, **inclusive aos detentores de mandato eletivo**, ou de emprego público, o Regime Geral de Previdência Social.

Entretanto essas regras valerão somente para aqueles que ingressarão no parlamento após a publicação dessa emenda constitucional. Ou seja, aqueles que estão, atualmente, em exercício do mandato eletivo, manterão as condições privilegiadas previstas no Plano de Seguridade Social dos Congressistas.

Dessa forma, serão assegurados todos os benefícios, sendo que, para fins de aposentadoria voluntária, será exigido o cumprimento de um período adicional — pedágio — de 30% (trinta por cento) do tempo de contribuição que faltaria para aquisição do direito à aposentadoria. Deve-se considerar como base para o cálculo do tempo adicional, a data da publicação da Emenda Constitucional.

Além da necessidade de cumprimento do pedágio, deverá ser observada a idade mínima de 62 (sessenta e dois) anos, para as mulheres, e de 65 (sessenta e cinco) anos, para os homens.

Destaque-se que o texto permite, no prazo de 180 (cento e oitenta) dias, contados da data de entrada em vigor desta emenda, o pedido de retirada do Plano de Seguridade Social dos Congressistas e/ou do regime a que estiver vinculado, no caso de exercente de mandatos eletivos nos demais entes da federação que tenha estabelecido regime próprio para seus parlamentares.

QUADRO COMPARATIVO	
Antes da Emenda Constitucional	Depois da Emenda Constitucional
	Art. 14. Vedadas a adesão de novos segurados e a instituição de novos regimes dessa natureza, os atuais segurados de regime de previdência aplicável a titulares de mandato eletivo da União, dos Estados, do Distrito Federal e dos Municípios poderão, por meio de **opção expressa** formalizada no prazo de **180 (cento e oitenta) dias**, contado da data de entrada em vigor desta Emenda Constitucional, **retirar-se dos regimes previdenciários aos quais se encontrem vinculados.**
	§ 1º Os segurados do regime de previdência de que trata a Lei n. 9.506, de 30 de outubro de 1997 que fizerem a opção de permanecer neste regime previdenciário deverão cumprir **período adicional correspondente a 30% (trinta por cento) do tempo de contribuição** que faltaria para aquisição do direito à aposentadoria na data de entrada em vigor desta Emenda Constitucional e somente poderão se aposentar a partir dos **62 (sessenta e dois anos) de idade, se mulher, e 65 (sessenta e cinco) anos de idade, se homem.**

Finalmente, caberá aos Estados, ao Distrito Federal e aos Municípios, que tiverem instituído regime próprio para os exercentes de mandato eletivo, editar legislação específica que disciplinará as regras de transição daqueles que optarem por permanecer no regime especial.

Atente-se que as regras aqui detalhadas dizem respeito aos parlamentares federais, deputados federais e senadores da República, vinculados à União. Lembre-se que os estados, o Distrito Federal e os municípios não foram incluídos nesta primeira fase da Reforma da Previdência de 2019.[108] No entanto, a partir de agora, os novos exercentes de mandatos eletivos, de qualquer esfera federativa, devem se submeter ao RGPS, salvo se estiverem vinculados a algum regime próprio de servidor público efetivo.

4. CADASTRAMENTO PRODUTORES RURAIS

A Lei n. 13.846, de 18 de junho de 2019[109], conversão da Medida Provisória n. 871/19, alterou o art. 38-B da Lei n. 8.213/91[110] para estabelecer que, a partir de 1º de janeiro de 2023, a comprovação da condição e do exercício da atividade rural do segurado especial, ocorrerá, exclusivamente, por meio das informações do Cadastro Nacional de Informações Sociais (CNIS), no sistema de cadastro dos segurados especiais.[111]

---

(108) Tramita no Congresso Nacional proposta de emenda constitucional para estabelecer as condições para a inclusão dos estados, do Distrito Federal e dos municípios na reforma da previdência.

(109) BRASIL. Lei n. 13.846, de 18 de junho de 2019, que institui o Programa Especial para Análise de Benefícios com Indícios de Irregularidade, o Programa de Revisão de Benefícios por Incapacidade, o Bônus de Desempenho Institucional por Análise de Benefícios com Indícios de Irregularidade do Monitoramento Operacional de Benefícios e o Bônus de Desempenho Institucional por Perícia Médica em Benefícios por Incapacidade; altera as Leis. Disponível em: <http://www.planalto.gov.br/ccivil_03/_Ato2019-2022/2019/Lei/L13846.htm>. Acesso em: 18 set. 2019.

(110) "Art. 38-B. O INSS utilizará as informações constantes do cadastro de que trata o art. 38-A para fins de comprovação do exercício da atividade e da condição do segurado especial e do respectivo grupo familiar. § 1º A partir de 1º de janeiro de 2023, a comprovação da condição e do exercício da atividade rural do segurado especial ocorrerá, exclusivamente, pelas informações constantes do cadastro a que se refere o art. 38-A desta Lei." BRASIL. Lei n. 8.213, de 24 de julho de 1991. Disponível em: <http://www.planalto.gov.br/ccivil_03/leis/l8213cons.htm>. Acesso em: 18 set. 2019.

(111) "Art. 38-A. O Ministério da Economia manterá sistema de cadastro dos segurados especiais no Cadastro Nacional de Informações Sociais (CNIS), observado o disposto nos

A Reforma da Previdência de 2019 determinou que a exclusividade de utilização do CNIS, para fins de comprovação da atividade rural, somente ocorrerá a partir do momento em que o cadastro atinja a cobertura mínima de 50% (cinquenta por cento) dos trabalhadores de que trata o art. 195, § 8º, da Constituição Federal.[112]

Do ponto de vista prático, há de se buscar o quantitativo de pessoas que exercem a atividade rural com base na Pesquisa Nacional por Amostra de Domicílios Contínua — PNAD[113], que servirá de base para o acompanhamento da meta de 50% (cinquenta por cento) de cobertura.

Enquanto isso, o segurado especial continuará comprovando o exercício da atividade rural por meio de autodeclaração, ratificada por entidades públicas credenciadas e por outros órgãos públicos[114], na forma prevista no regulamento.[115]

5. SITUAÇÕES ESPECIAIS PARA SERVIDORES PÚBLICOS

A Reforma da Previdência de 2019 trouxe três novos parágrafos para o art. 37 da Constituição Federal. Esses acréscimos tiveram por intenção adequar o texto constitucional à jurisprudência dos tribunais

---

§§ 4º e 5º do art. 17 desta Lei, e poderá firmar acordo de cooperação com o Ministério da Agricultura, Pecuária e Abastecimento e com outros órgãos da administração pública federal, estadual, distrital e municipal para a manutenção e a gestão do sistema de cadastro." BRASIL. Lei n. 8.213, de 24 de julho de 1991. Disponível em: <http://www.planalto. gov.br/ccivil_03/leis/l8213cons.htm>. Acesso em: 18 set. 2019.

(112) "Art. 195. (...) § 8º O produtor, o parceiro, o meeiro e o arrendatário rurais e o pescador artesanal, bem como os respectivos cônjuges, que exerçam suas atividades em regime de economia familiar, sem empregados permanentes, contribuirão para a seguridade social mediante a aplicação de uma alíquota sobre o resultado da comercialização da produção e farão jus aos benefícios nos termos da lei." BRASIL. Constituição Federal de 1988.

(113) A Pesquisa Nacional por Amostra de Domicílios — PNAD Contínua, de responsabilidade do IBGE — Instituto Brasileiro de Geografia e Estatística, obtém informações anuais sobre as características demográficas e socioeconômicas da população brasileira. BRASIL, IBGE, PNDA. Disponível em: <https://ww2.ibge.gov.br/home/estatistica/pesquisas/pesquisa_resultados.php?id_pesquisa=40>. Acesso em: 18 set. 19.

(114) Nos termos dos arts. 10 e 13 da Lei n. 12.188/10, a responsabilidade para o credenciamento desses órgãos — Entidades Executoras do Pronater — é dos Conselhos Estaduais de Desenvolvimento Sustentável e da Agricultura Familiar ou órgãos similares. BRASIL. Lei n. 12.188, de 11 de janeiro de 2010. Disponível em: <http://www.planalto. gov.br/CCIVil_03/_Ato2007-2010/2010/Lei/L12188.htm>. Acesso em: 18 set. 2019.

(115) BRASIL. Decreto n. 3.048, de 6 de maio de 1999. Disponível em: <http://www.planalto.gov.br/ccivil_03/decreto/D3048.htm>. Acesso em: 18 set. 2019.

superiores e para ampliar as possibilidades de provimento derivado de cargos públicos.

5.1. Readaptação

Antes da Reforma da Previdência de 2019, a Lei n. 8.112/90 definia a readaptação como uma das formas de provimento de cargo público[116], ainda, estabelecia as condições e os requisitos para a readaptação, nos termos do art. 24:

> Art. 24. Readaptação é a investidura do servidor em cargo de atribuições e responsabilidades compatíveis com a limitação que tenha sofrido em sua capacidade física ou mental verificada em inspeção médica.
>
> § 1º Se julgado incapaz para o serviço público, o readaptando será aposentado.
>
> § 2º A readaptação será efetivada em cargo de atribuições afins, respeitada a habilitação exigida, nível de escolaridade e equivalência de vencimentos e, na hipótese de inexistência de cargo vago, o servidor exercerá suas atribuições como excedente, até a ocorrência de vaga.

Praticamente a mesma redação, prevista no regime jurídico dos servidores públicos, foi acrescentada ao art. 37 da Constituição Federal, por meio da inclusão do parágrafo a seguir:

> § 13. O servidor público titular de cargo efetivo poderá ser readaptado para exercício de cargo cujas atribuições e responsabilidades sejam compatíveis com a limitação que tenha sofrido em sua capacidade física ou mental, enquanto permanecer nesta condição, desde que possua a habilitação e o nível de escolaridade exigidos para o cargo de destino, mantida a remuneração do cargo de origem.

Destaque-se, que o novo texto constitucional não deixa clara a necessidade de equivalência salarial entre o cargo de origem e o cargo em que se dará a readaptação.

Provavelmente, a intenção do constituinte reformador foi de alçar à esfera constitucional a indicação de que antes de se conceder a aposentadoria por invalidez, há de se certificar da impossibilidade de readaptação do servidor em outro cargo.

---

(116) BRASIL. Lei n. 8.112, de 11 de dezembro de 1990, art. 8º, V. Disponível em: <http://www.planalto.gov.br/ccivil_03/LEIS/L8112cons.htm>. Acesso em: 18 set. 2019.

Tal assertiva é fortalecida ao se confrontar as mudanças efetuadas no art. 40 da Constituição:

I — por incapacidade permanente para o trabalho, no cargo em que estiver investido, **quando insuscetível de readaptação**, hipótese em que será obrigatória a realização de avaliações periódicas para verificação da continuidade das condições que ensejaram a concessão da aposentadoria, na forma de lei do respectivo ente federativo;

O mesmo texto foi incluído no art. 10, § 1º, II, das regras de transição, que estabeleceu as regras até que entre em vigor lei federal que discipline os benefícios do regime próprio de previdência social dos servidores da União.

5.2. Rompimento do Vínculo Empregatício

O Supremo Tribunal Federal, ao julgar a ADI 1721 DF, estabeleceu o entendimento que a concessão de aposentadoria voluntária, não tem o condão de extinguir o contrato de trabalho.

EMENTA: AÇÃO DIRETA DE INCONSTITUCIONALIDADE. ART. 3º DA MEDIDA PROVISÓRIA N. 1.596-14/97, CONVERTIDA NA LEI N. 9.528/97, QUE ADICIONOU AO ART. 453 DA CONSOLIDAÇÃO DAS LEIS DO TRABALHO UM SEGUNDO PARÁGRAFO PARA EXTINGUIR O VÍNCULO EMPREGATÍCIO QUANDO DA CONCESSÃO DA APOSENTADORIA ESPONTÂNEA. PROCEDÊNCIA DA AÇÃO.

1. A conversão da medida provisória em lei prejudica o debate jurisdicional acerca da *"relevância e urgência"* dessa espécie de ato normativo.

2. Os *valores sociais do trabalho* constituem: a) fundamento da República Federativa do Brasil (inciso IV do art. 1º da CF); b) alicerce da *Ordem Econômica*, que tem por finalidade *assegurar a todos existência digna, conforme os ditames da justiça social,* e, por um dos seus princípios, a busca do *pleno emprego* (art. 170, *caput* e inciso VIII); c) base de toda a *Ordem Social* (art. 193). Esse arcabouço principiológico, densificado em regras como a do inciso I do art. 7º da Magna Carta e as do art. 10 do ADCT/88, desvela um mandamento constitucional que perpassa toda relação de emprego, no sentido de sua desejada continuidade.

3. A Constituição Federal versa a aposentadoria como um benefício que se dá mediante o exercício regular de um direito. E o certo é que o regular exercício de um direito não é de colocar o seu titular numa situação jurídico-passiva de efeitos ainda mais drásticos do que aqueles que resultariam do cometimento de uma falta grave (sabido que, nesse caso, a ruptura do vínculo empregatício não opera automaticamente).

4. O direito à aposentadoria previdenciária, uma vez objetivamente constituído, se dá no âmago de uma relação jurídica entre o *segurado* do Sistema Geral de Previdência e o Instituto Nacional de Seguro Social. Às expensas, portanto, de um sistema atuarial-financeiro que é gerido por esse Instituto mesmo, e não às custas desse ou daquele empregador.

5. O Ordenamento Constitucional não autoriza o legislador ordinário a criar modalidade de rompimento automático do vínculo de emprego, em desfavor do trabalhador, na situação em que este apenas exercita o seu direito de aposentadoria espontânea, sem cometer deslize algum.

6. A mera concessão da aposentadoria voluntária ao trabalhador não tem por efeito extinguir, instantânea e automaticamente, o seu vínculo de emprego.

7. Inconstitucionalidade do § 2º do art. 453 da Consolidação das Leis do Trabalho, introduzido pela Lei n. 9.528/97. (STF — ADI: 1721 DF, Relator: CARLOS BRITTO, data de julgamento 11/10/2006, Tribunal Pleno, data de publicação: DJe-047 DIVULG 28.06.2007).[117]

No mesmo sentido, o Tribunal Superior do Trabalho, logo após a publicação do acórdão do julgamento do STF, cancelou a Orientação Jurisprudencial n. 177 da SBDI-1[118], que outrora fixava:

APOSENTADORIA ESPONTÂNEA. EFEITOS (cancelada) — DJ 30.10.2006
A aposentadoria espontânea extingue o contrato de trabalho, mesmo quando o empregado continua a trabalhar na empresa após a concessão do benefício previdenciário. Assim sendo, indevida a multa de 40% do FGTS em relação ao período anterior à aposentadoria.

Entretanto, a Reforma da Previdência de 2019 acrescentou ao art. 37 da Constituição Federal:

§ 14. A aposentadoria concedida com a utilização de tempo de contribuição decorrente de **cargo, emprego ou função pública, inclusive do Regime Geral de Previdência Social**, acarretará o rompimento do vínculo que gerou o referido tempo de contribuição.

Veja-se que o novo texto constitucional não deixa dúvidas quanto à inclusão tanto dos servidores quanto dos empregados públicos, ao citar **cargo, emprego ou função pública**. Mais do que isso, ao explicitar **"inclusive do Regime Geral da Previdência Social"**.

---

(117) BRASIL. STF Supremo Tribunal Federal, ADI 1721 DF. Disponível em: <http://portal.stf.jus.br/processos/detalhe.asp?incidente=1689611>. Acesso em: 18 set. 2019.
(118) BRASIL. TST Tribunal Superior do Trabalho. Disponível em: <http://www3.tst.jus.br/jurisprudencia/OJ_SDI_1/n_s1_161.htm#TEMA177>. Acesso em: 18 set. 2019.

Dessa forma, os servidores da administração pública direta — órgãos — e indireta — autarquias, fundações, empresas públicas e sociedades de economia mista — ao verem concedido o pedido de aposentadoria, terão seu vínculo com a Administração automaticamente cessado.

Para o caso dos servidores públicos, *stricto sensu*, vinculados ao Regime Jurídico dos Servidores Públicos, a Lei n. 8.112/90, em seu art. 33, VII[119], já prevê a aposentadoria como motivador da declaração de vacância do cargo público, não havendo de se falar em nenhuma alteração, nesse aspecto, por conta da Reforma da Previdência de 2019.

De outro lado, no caso dos empregados públicos, regime celetista, vinculados às empresas públicas e às sociedades de economia mista, não havia a previsão do rompimento do vínculo por conta da concessão de aposentadoria. Ainda, destaque-se que a demissão não acarretará o pagamento da multa do FGTS — Fundo de Garantia por Tempo de Serviço, que seria devida.

Finalmente, o rompimento do vínculo somente se dará em relação ao contrato que gerou o tempo de contribuição para aquisição do direito à aposentadoria. Dessa forma, caso o servidor tenha mais de um vínculo com a administração, por exemplo: empregado do Banco do Brasil e professor em uma universidade federal, e tenha requerido a aposentadoria junto ao Banco do Brasil, utilizando-se do tempo de contribuição referente àquele emprego público, somente este vínculo será rompido. Mantendo-se, no caso do exemplo, o vínculo com a universidade federal.

5.3. Adesão ao FUNPRESP e Benefício Especial

A Constituição Federal, por ocasião da Emenda Constitucional 20/1998, deu permissão para a União, os estados, o Distrito Federal e os municípios instituírem o regime de previdência complementar para os seus servidores públicos. Ainda, estabeleceu que, ao criar a sua previdência complementar, a unidade da federação poderá limitar o valor

---

(119) BRASIL, Lei n. 8.112, de 11 de dezembro de 1990. Disponível em <http://www.planalto.gov.br/ccivil_03/leis/l8112cons.htm>. Acesso em: 18 set. 2019.

das aposentadorias e pensão ao valor do teto dos benefícios do Regime Geral da Previdência Social — RGPS.[120]

A União, por meio da Lei n. 12.618/12[121], instituiu a Fundação de Previdência Privada Complementar do Servidor Público Federal do Poder Executivo (Funpresp-Exe), a Fundação de Previdência Complementar do Servidor Público Federal do Poder Legislativo (Funpresp-Leg) e a Fundação de Previdência Complementar do Servidor Público Federal do Poder Judiciário (Funpresp-Jud).

A Reforma da Previdência de 2019 estabeleceu a vedação para a complementação de aposentadorias de servidores públicos e de pensões a seus dependentes que não se dê por meio da criação de fundos de previdência complementar privada.

> Art. 37. ...
>
> (...)
>
> § 15. É vedada a complementação de aposentadorias de servidores públicos e de pensões por morte a seus dependentes que não seja decorrente do disposto nos §§ 14 a 16 do art. 40 ou que não seja prevista em lei que extinga regime próprio de previdência social."[122]

Lembre-se que a Lei n. 12.618/90 determinou que todos os servidores que tiverem ingressado no serviço público, a partir do início da vigência da lei, independente de adesão ao regime de previdência complementar, teriam o valor de suas aposentadorias e pensões limitadas ao teto do Regime Geral da Previdência Social — RGPS[123].

Para os servidores que tenham ingressado no serviço público antes do início da vigência da Lei, permitiu-se realizar a opção pelo novo sistema de previdência[124]. Como incentivo para esta adesão, instituiu-se o "benefício especial", que será pago para o servidor, no momento da concessão da aposentadoria ou da pensão por morte para os seus dependentes.[125]

---

(120) BRASIL. Constituição Federal, art. 40, §§ 14 a 16.
(121) BRASIL. Lei n. 12.618, de 30 de abril de 2012. Disponível em: <http://www.planalto. gov.br/ccivil_03/_Ato2011-2014/2012/Lei/L12618.htm>. Acesso em: 18 set. 19.
(122) BRASIL. Constituição Federal, art. 37, § 15.
(123) BRASIL. Lei n. 12.618, de 30 de abril de 2012, art. 3º, I. Disponível em: <http://www. planalto.gov.br/ccivil_03/_Ato2011-2014/2012/Lei/L12618.htm>. Acesso em: 18 set. 19.
(124) BRASIL. Lei n. 12.618, de 30 de abril de 2012, art. 3º, II. Disponível em: <http://www. planalto.gov.br/ccivil_03/_Ato2011-2014/2012/Lei/L12618.htm>. Acesso em: 18 set. 19.
(125) BRASIL. Lei n. 12.618, de 30 de abril de 2012, art. 3º, §§ 1º a 8º. Disponível em: <http://www.planalto.gov.br/ccivil_03/_Ato2011-2014/2012/Lei/L12618.htm>. Acesso em:

6. COMPETÊNCIA DA JUSTIÇA FEDERAL

Anteriormente, a Constituição Federal determinava o processamento e o julgamento das causas em que forem parte o INSS e o seu segurado na justiça estadual, em que a comarca não seja sede de vara da Justiça Federal.

Diferentemente, após a Reforma da Previdência de 2019 a Constituição não mais determina a competência da justiça estadual, mas, tão somente, possibilita a edição de lei ordinária que venha a autorizar essa delegação de competência.

Destaque-se que a Lei n. 5.010/66,[126] atualizada pela Lei n. 13.876/2019[127], que organiza a Justiça Federal de primeira instância e dá outras providências, em seu art. 15, III, já estabelece a delegação da competência para os juízes estaduais.

Art. 15. Quando a Comarca não for sede de Vara Federal, poderão ser processadas e julgadas na Justiça Estadual:

(...)

II — as causas em que forem parte instituição de previdência social e segurado e que se referirem a benefícios de natureza pecuniária, quando a Comarca de domicílio do segurado estiver localizada a mais de 70 km (setenta quilômetros) de Município sede de Vara Federal;

(...)

§ 1º Sem prejuízo do disposto no art. 42 desta Lei e no parágrafo único do art. 237 da Lei n. 13.105, de 16 de março de 2015 (Código de Processo Civil), poderão os Juízes e os auxiliares da Justiça Federal praticar atos e diligências processuais no território de qualquer Município abrangido pela seção, subseção ou circunscrição da respectiva Vara Federal.

§ 2º Caberá ao respectivo Tribunal Regional Federal indicar as Comarcas que se enquadram no critério de distância previsto no inciso III do *caput* deste artigo.

---

18 set. 19.

(126) BRASIL. Lei n. 5.010, de 20 de maio de 1966. Atualizado pela Lei n. 13.876, de 20 de setembro de 2019. Disponível em: <http://www.planalto.gov.br/ccivil_03/LEIS/L5010.htm>. Acesso em: 30 set. 2019.

(127) BRASIL. Lei n. 13.876, de 20 de setembro de 2019. Disponível em: <http://www.planalto.gov.br/ccivil_03/_ato2019-2022/2019/lei/L13876.htm>. Acesso em: 20 set. 2019.

No caso, a Lei de Organização da Justiça Federal será recepcionada[128] pelo novo ordenamento jurídico, sendo considerada editada a lei ordinária prevista no novo § 3º do art. 109 da Constituição Federal.

Na prática, nenhuma alteração imediata no que se refere à competência da Justiça Federal ou da competência delega para a justiça estadual. Não obstante, abriu-se espaço para promoção de modificações futuras por meio de lei ordinária, sem a necessidade de uma proposta de emenda constitucional.

QUADRO COMPARATIVO	
Antes da Emenda Constitucional	Depois da Emenda Constitucional
Art. 109.	Art. 109. ....
(...)	(...)
§ 3º Serão processadas e julgadas na justiça estadual, no foro do domicílio dos segurados ou beneficiários, as causas em que forem parte instituição de previdência social e segurado, sempre que a comarca não seja sede de vara do juízo federal, e, se verificada essa condição, a lei poderá permitir que outras causas sejam também processadas e julgadas pela justiça estadual.	§3° Lei poderá autorizar que as causas de competência da Justiça Federal, em que forem parte instituição de previdência social e segurado, possam ser processadas e julgadas na justiça estadual, quando a comarca do domicílio do segurado não for sede de vara federal.

---

(128) O princípio constitucional da RECEPÇÃO foi elaborado pela doutrina e leva em conta que seria absolutamente impossível, quando da alteração da ordem constitucional, adequar todo o ordenamento legislativo nacional ao novo texto constitucional. Dessa forma, haverá dispositivos considerados recepcionados pela nova ordem constitucional, porquanto não conflitantes, assim como haverá outros que serão considerados não recepcionados, haja vista a existência de conflito entre o dispositivo e o novo texto constitucional.

APÊNDICES

A. EMENDA CONSTITUCIONAL

EMENDA CONSTITUCIONAL N. 103

Altera o sistema de previdência social e estabelece regras de transição e disposições transitórias.

As Mesas da Câmara dos Deputados e do Senado Federal, nos termos do § 3º do art. 60 da Constituição Federal, promulgam a seguinte Emenda ao texto constitucional:

Art. 1º A Constituição Federal passa a vigorar com as seguintes alterações:

"Art. 22. ....

....

XXI — normas gerais de organização, efetivos, material bélico, garantias, convocação, mobilização, inatividades e pensões das polícias militares e dos corpos de bombeiros militares;

...." (NR)

"Art. 37. ....

....

§ 13. O servidor público titular de cargo efetivo poderá ser readaptado para exercício de cargo cujas atribuições e responsabilidades sejam compatíveis com a limitação que tenha sofrido em sua capacidade física ou mental, enquanto permanecer nesta condição, desde que possua a habilitação e o nível de escolaridade exigidos para o cargo de destino, mantida a remuneração do cargo de origem.

§ 14. A aposentadoria concedida com a utilização de tempo de contribuição decorrente de cargo, emprego ou função pública, inclusive do Regime Geral de Previdência Social, acarretará o rompimento do vínculo que gerou o referido tempo de contribuição.

§ 15. É vedada a complementação de aposentadorias de servidores públicos e de pensões por morte a seus dependentes que não seja decorrente do disposto nos §§ 14 a 16 do art. 40 ou que não seja prevista em lei que extinga regime próprio de previdência social." (NR)

"Art. 38. ....

....

V — na hipótese de ser segurado de regime próprio de previdência social, permanecerá filiado a esse regime, no ente federativo de origem." (NR)

"Art. 39. ....

....

§ 9º É vedada a incorporação de vantagens de caráter temporário ou vinculadas ao exercício de função de confiança ou de cargo em comissão à remuneração do cargo efetivo." (NR)

"Art. 40. O regime próprio de previdência social dos servidores titulares de cargos efetivos terá caráter contributivo e solidário, mediante contribuição do respectivo ente federativo, de servidores ativos, de aposentados e de pensionistas, observados critérios que preservem o equilíbrio financeiro e atuarial.

§ 1º O servidor abrangido por regime próprio de previdência social será aposentado:

I — por incapacidade permanente para o trabalho, no cargo em que estiver investido, quando insuscetível de readaptação, hipótese em que será obrigatória a realização de avaliações periódicas para verificação da continuidade das condições que ensejaram a concessão da aposentadoria, na forma de lei do respectivo ente federativo;

....

III — no âmbito da União, aos 62 (sessenta e dois) anos de idade, se mulher, e aos 65 (sessenta e cinco) anos de idade, se homem, e, no âmbito dos Estados, do Distrito Federal e dos Municípios, na idade mínima estabelecida mediante emenda às respectivas Constituições e Leis Orgânicas, observados o tempo de contribuição e os demais requisitos estabelecidos em lei complementar do respectivo ente federativo.

§ 2º Os proventos de aposentadoria não poderão ser inferiores ao valor mínimo a que se refere o § 2º do art. 201 ou superiores ao limite máximo estabelecido para o Regime Geral de Previdência Social, observado o disposto nos §§ 14 a 16.

§ 3º As regras para cálculo de proventos de aposentadoria serão disciplinadas em lei do respectivo ente federativo.

§ 4º É vedada a adoção de requisitos ou critérios diferenciados para concessão de benefícios em regime próprio de previdência social, ressalvado o disposto nos §§ 4º-A, 4º-B, 4º-C e 5º.

§ 4º-A. Poderão ser estabelecidos por lei complementar do respectivo ente federativo idade e tempo de contribuição diferenciados para aposentadoria de servidores com deficiência, previamente submetidos a avaliação biopsicossocial realizada por equipe multiprofissional e interdisciplinar.

§ 4º-B. Poderão ser estabelecidos por lei complementar do respectivo ente federativo idade e tempo de contribuição diferenciados para aposentadoria de ocupantes do cargo de agente penitenciário, de agente socioeducativo ou de policial dos órgãos de que tratam o inciso IV do *caput* do art. 51, o inciso XIII do *caput* do art. 52 e os incisos I a IV do *caput* do art. 144.

§ 4º-C. Poderão ser estabelecidos por lei complementar do respectivo ente federativo idade e tempo de contribuição diferenciados para aposentadoria de servidores cujas atividades sejam exercidas com efetiva exposição a agentes químicos, físicos e biológicos prejudiciais à saúde, ou associação desses agentes, vedada a caracterização por categoria profissional ou ocupação.

§ 5º Os ocupantes do cargo de professor terão idade mínima reduzida em 5 (cinco) anos em relação às idades decorrentes da aplicação do disposto no inciso III do § 1º, desde que comprovem tempo de efetivo exercício das funções de magistério na educação infantil e no ensino fundamental e médio fixado em lei complementar do respectivo ente federativo.

§ 6º Ressalvadas as aposentadorias decorrentes dos cargos acumuláveis na forma desta Constituição, é vedada a percepção de mais de uma aposentadoria à conta de regime próprio de previdência social, aplicando-se outras vedações, regras e condições para a acumulação de benefícios previdenciários estabelecidas no Regime Geral de Previdência Social.

§ 7º Observado o disposto no § 2º do art. 201, quando se tratar da única fonte de renda formal auferida pelo dependente, o benefício de pensão por morte será concedido nos termos de lei do respectivo ente federativo, a qual tratará de forma diferenciada a hipótese de morte dos servidores de que trata o § 4º-B decorrente de agressão sofrida no exercício ou em razão da função.

....

§ 9º O tempo de contribuição federal, estadual, distrital ou municipal será contado para fins de aposentadoria, observado o disposto nos §§ 9º e 9º-A do art. 201, e o tempo de serviço correspondente será contado para fins de disponibilidade.

....

§ 12. Além do disposto neste artigo, serão observados, em regime próprio de previdência social, no que couber, os requisitos e critérios fixados para o Regime Geral de Previdência Social.

§ 13. Aplica-se ao agente público ocupante, exclusivamente, de cargo em comissão declarado em lei de livre nomeação e exoneração, de outro cargo temporário, inclusive mandato eletivo, ou de emprego público, o Regime Geral de Previdência Social.

§ 14. A União, os Estados, o Distrito Federal e os Municípios instituirão, por lei de iniciativa do respectivo Poder Executivo, regime de previdência complementar para servidores públicos ocupantes de cargo efetivo, observado o limite máximo dos benefícios do Regime Geral de Previdência Social para o valor das aposentadorias e das pensões em regime próprio de previdência social, ressalvado o disposto no § 16.

§ 15. O regime de previdência complementar de que trata o § 14 oferecerá plano de benefícios somente na modalidade contribuição definida, observará o disposto no art. 202 e será efetivado por intermédio de entidade fechada de previdência complementar ou de entidade aberta de previdência complementar.

....

§ 19. Observados critérios a serem estabelecidos em lei do respectivo ente federativo, o servidor titular de cargo efetivo que tenha completado as exigências para a aposentadoria voluntária e que opte por permanecer em atividade poderá fazer jus a um abono de permanência equivalente, no máximo, ao valor da sua contribuição previdenciária, até completar a idade para aposentadoria compulsória.

§ 20. É vedada a existência de mais de um regime próprio de previdência social e de mais de um órgão ou entidade gestora desse regime em cada ente federativo, abrangidos todos os poderes, órgãos e entidades autárquicas e fundacionais, que serão responsáveis pelo seu financiamento, observados os critérios, os parâmetros e a natureza jurídica definidos na lei complementar de que trata o § 22.

§ 21 (Revogado).

§ 22. Vedada a instituição de novos regimes próprios de previdência social, lei complementar federal estabelecerá, para os que já existam, normas gerais de organização, de funcionamento e de responsabilidade em sua gestão, dispondo, entre outros aspectos, sobre:

I — requisitos para sua extinção e consequente migração para o Regime Geral de Previdência Social;

II — modelo de arrecadação, de aplicação e de utilização dos recursos;

III — fiscalização pela União e controle externo e social;

IV — definição de equilíbrio financeiro e atuarial;

V — condições para instituição do fundo com finalidade previdenciária de que trata o art. 249 e para vinculação a ele dos recursos provenientes de contribuições e dos bens, direitos e ativos de qualquer natureza;

VI — mecanismos de equacionamento do déficit atuarial;

VII — estruturação do órgão ou entidade gestora do regime, observados os princípios relacionados com governança, controle interno e transparência;

VIII — condições e hipóteses para responsabilização daqueles que desempenhem atribuições relacionadas, direta ou indiretamente, com a gestão do regime;

IX — condições para adesão a consórcio público;

X — parâmetros para apuração da base de cálculo e definição de alíquota de contribuições ordinárias e extraordinárias." (NR)

"Art. 93. ....

....

VIII — o ato de remoção ou de disponibilidade do magistrado, por interesse público, fundar-se-á em decisão por voto da maioria absoluta do respectivo tribunal ou do Conselho Nacional de Justiça, assegurada ampla defesa;

...." (NR)

"Art. 103-B. ....

....

§ 4º ....

....

III — receber e conhecer das reclamações contra membros ou órgãos do Poder Judiciário, inclusive contra seus serviços auxiliares, serventias e órgãos prestadores de serviços notariais e de registro que atuem por delegação do poder público ou oficializados, sem prejuízo da competência disciplinar e correicional dos tribunais, podendo avocar processos disciplinares em curso, determinar a remoção ou a disponibilidade e aplicar outras sanções administrativas, assegurada ampla defesa;

...." (NR)

"Art. 109. ....

§ 3º Lei poderá autorizar que as causas de competência da Justiça Federal em que forem parte instituição de previdência social e segurado possam ser processadas e julgadas na justiça estadual quando a comarca do domicílio do segurado não for sede de vara federal.

...." (NR)

"Art. 130-A. ....

....

§ 2º ....

....

III — receber e conhecer das reclamações contra membros ou órgãos do Ministério Público da União ou dos Estados, inclusive contra seus serviços auxiliares, sem prejuízo da competência disciplinar e correicional da instituição, podendo avocar processos disciplinares em curso, determinar a remoção ou a disponibilidade e aplicar outras sanções administrativas, assegurada ampla defesa;

...." (NR)

"Art. 149. ....

§ 1º A União, os Estados, o Distrito Federal e os Municípios instituirão, por meio de lei, contribuições para custeio de regime próprio de previdência social, cobradas dos servidores ativos, dos aposentados e dos pensionistas, que poderão ter alíquotas progressivas de acordo com o valor da base de contribuição ou dos proventos de aposentadoria e de pensões.

§ 1º-A. Quando houver déficit atuarial, a contribuição ordinária dos aposentados e pensionistas poderá incidir sobre o valor dos proventos de aposentadoria e de pensões que supere o salário-mínimo.

§ 1º-B. Demonstrada a insuficiência da medida prevista no § 1º-A para equacionar o déficit atuarial, é facultada a instituição de contribuição extraordinária, no âmbito da União, dos servidores públicos ativos, dos aposentados e dos pensionistas.

§ 1º-C. A contribuição extraordinária de que trata o § 1º-B deverá ser instituída simultaneamente com outras medidas para equacionamento do déficit e vigorará por período determinado, contado da data de sua instituição.

...." (NR)

"Art. 167. ....

....

XII — na forma estabelecida na lei complementar de que trata o § 22 do art. 40, a utilização de recursos de regime próprio de previdência social, incluídos os valores integrantes dos fundos previstos no art. 249, para a realização de despesas distintas do pagamento dos benefícios previdenciários do respectivo fundo vinculado àquele regime e das despesas necessárias à sua organização e ao seu funcionamento;

XIII — a transferência voluntária de recursos, a concessão de avais, as garantias e as subvenções pela União e a concessão de empréstimos e de financiamentos por instituições financeiras federais aos Estados, ao Distrito Federal e aos Municípios na hipótese de descumprimento das regras gerais de organização e de funcionamento de regime próprio de previdência social.

...." (NR)

"Art. 194. ....

Parágrafo único. ....

....

VI — diversidade da base de financiamento, identificando-se, em rubricas contábeis específicas para cada área, as receitas e as despesas vinculadas a ações de saúde, previdência e assistência social, preservado o caráter contributivo da previdência social;

...." (NR)

"Art. 195. ....

....

II — do trabalhador e dos demais segurados da previdência social, podendo ser adotadas alíquotas progressivas de acordo com o valor do salário de contribuição, não incidindo contribuição sobre aposentadoria e pensão concedidas pelo Regime Geral de Previdência Social;

....

§ 9º As contribuições sociais previstas no inciso I do *caput* deste artigo poderão ter alíquotas diferenciadas em razão da atividade econômica, da utilização intensiva de mão de obra, do porte da empresa ou da condição estrutural do mercado de trabalho, sendo também autorizada a adoção de bases de cálculo diferenciadas apenas no caso das alíneas "b" e "c" do inciso I do *caput*.

....

§ 11. São vedados a moratória e o parcelamento em prazo superior a 60 (sessenta) meses e, na forma de lei complementar, a remissão e a anistia das contribuições sociais de que tratam a alínea "a" do inciso I e o inciso II do *caput*.

....

§ 13. (Revogado).

§ 14. O segurado somente terá reconhecida como tempo de contribuição ao Regime Geral de Previdência Social a competência cuja contribuição seja igual ou superior à contribuição mínima mensal exigida para sua categoria, assegurado o agrupamento de contribuições." (NR)

"Art. 201. A previdência social será organizada sob a forma do Regime Geral de Previdência Social, de caráter contributivo e de filiação obrigatória, observados critérios que preservem o equilíbrio financeiro e atuarial, e atenderá, na forma da lei, a:

I — cobertura dos eventos de incapacidade temporária ou permanente para o trabalho e idade avançada;

....

§ 1º É vedada a adoção de requisitos ou critérios diferenciados para concessão de benefícios, ressalvada, nos termos de lei complementar, a possibilidade de previsão de idade e tempo de contribuição distintos da regra geral para concessão de aposentadoria exclusivamente em favor dos segurados:

I — com deficiência, previamente submetidos a avaliação biopsicossocial realizada por equipe multiprofissional e interdisciplinar;

II — cujas atividades sejam exercidas com efetiva exposição a agentes químicos, físicos e biológicos prejudiciais à saúde, ou associação desses agentes, vedada a caracterização por categoria profissional ou ocupação.

....

§ 7º ....

I — 65 (sessenta e cinco) anos de idade, se homem, e 62 (sessenta e dois) anos de idade, se mulher, observado tempo mínimo de contribuição;

II — 60 (sessenta) anos de idade, se homem, e 55 (cinquenta e cinco) anos de idade, se mulher, para os trabalhadores rurais e para os que exerçam suas atividades em regime de economia familiar, nestes incluídos o produtor rural, o garimpeiro e o pescador artesanal.

§ 8º O requisito de idade a que se refere o inciso I do § 7º será reduzido em 5 (cinco) anos, para o professor que comprove tempo de efetivo exercício das funções de magistério na educação infantil e no ensino fundamental e médio fixado em lei complementar.

§ 9º Para fins de aposentadoria, será assegurada a contagem recíproca do tempo de contribuição entre o Regime Geral de Previdência Social e os regimes próprios de previdência social, e destes entre si, observada a compensação financeira, de acordo com os critérios estabelecidos em lei.

§ 9º-A. O tempo de serviço militar exercido nas atividades de que tratam os arts. 42, 142 e 143 e o tempo de contribuição ao Regime Geral de Previdência Social ou a regime próprio de previdência social terão contagem recíproca para fins de inativação militar ou aposentadoria, e a compensação financeira será devida entre as receitas de contribuição referentes aos militares e as receitas de contribuição aos demais regimes.

§ 10. Lei complementar poderá disciplinar a cobertura de benefícios não programados, inclusive os decorrentes de acidente do trabalho, a ser atendida concorrentemente pelo Regime Geral de Previdência Social e pelo setor privado.

....

§ 12. Lei instituirá sistema especial de inclusão previdenciária, com alíquotas diferenciadas, para atender aos trabalhadores de baixa renda, inclusive os que se encontram em situação de informalidade, e àqueles sem renda própria que se dediquem exclusivamente ao trabalho doméstico no âmbito de sua residência, desde que pertencentes a famílias de baixa renda.

§ 13. A aposentadoria concedida ao segurado de que trata o § 12 terá valor de 1 (um) salário-mínimo.

§ 14. É vedada a contagem de tempo de contribuição fictício para efeito de concessão dos benefícios previdenciários e de contagem recíproca.

§ 15. Lei complementar estabelecerá vedações, regras e condições para a acumulação de benefícios previdenciários.

§ 16. Os empregados dos consórcios públicos, das empresas públicas, das sociedades de economia mista e das suas subsidiárias serão aposentados compulsoriamente, observado o cumprimento do tempo mínimo de contribuição, ao atingir a idade máxima de que trata o inciso II do § 1º do art. 40, na forma estabelecida em lei." (NR)

"Art. 202. ....

....

§ 4º Lei complementar disciplinará a relação entre a União, Estados, Distrito Federal ou Municípios, inclusive suas autarquias, fundações, sociedades de economia mista e empresas controladas direta ou indiretamente, enquanto patrocinadores de planos de benefícios previdenciários, e as entidades de previdência complementar.

§ 5º A lei complementar de que trata o § 4º aplicar-se-á, no que couber, às empresas privadas permissionárias ou concessionárias de prestação de serviços públicos, quando patrocinadoras de planos de benefícios em entidades de previdência complementar.

§ 6º Lei complementar estabelecerá os requisitos para a designação dos membros das diretorias das entidades fechadas de previdência complementar instituídas pelos patrocinadores de que trata o § 4º e disciplinará a inserção dos participantes nos colegiados e instâncias de decisão em que seus interesses sejam objeto de discussão e deliberação." (NR)

"Art. 239. A arrecadação decorrente das contribuições para o Programa de Integração Social, criado pela Lei Complementar n. 7, de 7 de setembro de 1970, e para o Programa de Formação do Patrimônio do Servidor Público, criado pela Lei Complementar n. 8, de 3 de dezembro de 1970, passa, a partir da promulgação desta Constituição, a financiar, nos termos que a lei dispuser, o programa do seguro desemprego, outras ações da previdência social e o abono de que trata o § 3º deste artigo.

§ 1º Dos recursos mencionados no *caput*, no mínimo 28% (vinte e oito por cento) serão destinados para o financiamento de programas de desenvolvimento econômico, por meio do Banco Nacional de Desenvolvimento Econômico e Social, com critérios de remuneração que preservem o seu valor.

....

§ 5º Os programas de desenvolvimento econômico financiados na forma do § 1º e seus resultados serão anualmente avaliados e divulgados em meio de comunicação social eletrônico e apresentados em reunião da comissão mista permanente de que trata o § 1º do art. 166." (NR)

Art. 2º O art. 76 do Ato das Disposições Constitucionais Transitórias passa a vigorar com a seguinte redação:

"Art. 76. ....

....

§ 4º A desvinculação de que trata o *caput* não se aplica às receitas das contribuições sociais destinadas ao custeio da seguridade social." (NR)

Art. 3º A concessão de aposentadoria ao servidor público federal vinculado a Regime Próprio de Previdência Social e ao segurado do Regime Geral de Previdência Social e de pensão por morte aos respectivos dependentes será assegurada, a qualquer tempo, desde que tenham sido cumpridos os requisitos para obtenção desses benefícios até a data de entrada em vigor desta Emenda Constitucional, observados os critérios da legislação vigente na data em que foram atendidos os requisitos para a concessão da aposentadoria ou da pensão por morte.

§ 1º Os proventos de aposentadoria devidos ao servidor público a que se refere o *caput* e as pensões por morte devidas aos seus dependentes serão calculados e reajustados de acordo com a legislação em vigor à época em que foram atendidos os requisitos nela estabelecidos para a concessão desses benefícios.

Reforma da Previdência: Entenda Ponto a Ponto | **155**

§ 2º Os proventos de aposentadoria devidos ao segurado a que se refere o *caput* e as pensões por morte devidas aos seus dependentes serão apurados de acordo com a legislação em vigor à época em que foram atendidos os requisitos nela estabelecidos para a concessão desses benefícios.

§ 3º Até que entre em vigor lei federal de que trata o § 19 do art. 40 da Constituição Federal, o servidor de que trata o *caput* que tenha cumprido os requisitos para aposentadoria voluntária com base no disposto na alínea "a" do inciso III do § 1º do art. 40 da Constituição Federal, na redação vigente até a data de entrada em vigor desta Emenda Constitucional, no art. 2º, no § 1º do art. 3º ou no art. 6º da Emenda Constitucional n. 41, de 19 de dezembro de 2003, ou no art. 3º da Emenda Constitucional n. 47, de 5 de julho de 2005, que optar por permanecer em atividade fará jus a um abono de permanência equivalente ao valor da sua contribuição previdenciária, até completar a idade para aposentadoria compulsória.

Art. 4º O servidor público federal que tenha ingressado no serviço público em cargo efetivo até a data de entrada em vigor desta Emenda Constitucional poderá aposentar-se voluntariamente quando preencher, cumulativamente, os seguintes requisitos:

I — 56 (cinquenta e seis) anos de idade, se mulher, e 61 (sessenta e um) anos de idade, se homem, observado o disposto no § 1º;

II — 30 (trinta anos) de contribuição, se mulher, e 35 (trinta e cinco) anos de contribuição, se homem;

III — 20 (vinte) anos de efetivo exercício no serviço público;

IV — 5 (cinco) anos no cargo efetivo em que se der a aposentadoria; e

V — somatório da idade e do tempo de contribuição, incluídas as frações, equivalente a 86 (oitenta e seis) pontos, se mulher, e 96 (noventa e seis) pontos, se homem, observado o disposto nos §§ 2º e 3º.

§ 1º A partir de 1º de janeiro de 2022, a idade mínima a que se refere o inciso I do *caput* será de 57 (cinquenta e sete) anos de idade, se mulher, e 62 (sessenta e dois) anos de idade, se homem.

§ 2º A partir de 1º de janeiro de 2020, a pontuação a que se refere o inciso V do *caput* será acrescida a cada ano de 1 (um) ponto, até atingir o limite de 100 (cem) pontos, se mulher, e de 105 (cento e cinco) pontos, se homem.

§ 3º A idade e o tempo de contribuição serão apurados em dias para o cálculo do somatório de pontos a que se referem o inciso V do *caput* e o § 2º.

§ 4º Para o titular do cargo de professor que comprovar exclusivamente tempo de efetivo exercício das funções de magistério na educação infantil e no ensino fundamental e médio, os requisitos de idade e de tempo de contribuição de que tratam os incisos I e II do *caput* serão:

I — 51 (cinquenta e um) anos de idade, se mulher, e 56 (cinquenta e seis) anos de idade, se homem;

II — 25 (vinte e cinco) anos de contribuição, se mulher, e 30 (trinta) anos de contribuição, se homem; e

III — 52 (cinquenta e dois) anos de idade, se mulher, e 57 (cinquenta e sete) anos de idade, se homem, a partir de 1º de janeiro de 2022.

§ 5º O somatório da idade e do tempo de contribuição de que trata o inciso V do *caput* para as pessoas a que se refere o § 4º, incluídas as frações, será de 81 (oitenta e um) pontos, se mulher, e 91 (noventa e um) pontos, se homem, aos quais serão acrescidos, a partir de 1º de janeiro de 2020, 1 (um) ponto a cada ano, até atingir o limite de 92 (noventa e dois) pontos, se mulher, e de 100 (cem) pontos, se homem.

§ 6º Os proventos das aposentadorias concedidas nos termos do disposto neste artigo corresponderão:

I — à totalidade da remuneração do servidor público no cargo efetivo em que se der a aposentadoria, observado o disposto no § 8º, para o servidor público que tenha ingressado no serviço público em cargo efetivo até 31 de dezembro de 2003 e que não tenha feito a opção de que trata o § 16 do art. 40 da Constituição Federal, desde que tenha, no mínimo, 62 (sessenta e dois) anos de idade, se mulher, e 65 (sessenta e cinco) anos de idade, se homem, ou, para os titulares do cargo de professor de que trata o § 4º, 57 (cinquenta e sete) anos de idade, se mulher, e 60 (sessenta) anos de idade, se homem;

II — ao valor apurado na forma da lei, para o servidor público não contemplado no inciso I.

§ 7º Os proventos das aposentadorias concedidas nos termos do disposto neste artigo não serão inferiores ao valor a que se refere o § 2º do art. 201 da Constituição Federal e serão reajustados:

I — de acordo com o disposto no art. 7º da Emenda Constitucional n. 41, de 19 de dezembro de 2003, se cumpridos os requisitos previstos no inciso I do § 6º; ou

II — nos termos estabelecidos para o Regime Geral de Previdência Social, na hipótese prevista no inciso II do § 6º.

§ 8º Considera-se remuneração do servidor público no cargo efetivo, para fins de cálculo dos proventos de aposentadoria com fundamento no disposto no inciso I do § 6º ou no inciso I do § 2º do art. 20, o valor constituído pelo subsídio, pelo vencimento e pelas vantagens pecuniárias permanentes do cargo, estabelecidos em lei, acrescidos dos adicionais de caráter individual e das vantagens pessoais permanentes, observados os seguintes critérios:

I — se o cargo estiver sujeito a variações na carga horária, o valor das rubricas que refletem essa variação integrará o cálculo do valor da remuneração do servidor público no cargo efetivo em que se deu a aposentadoria, considerando-se a média aritmética simples dessa carga horária proporcional ao número de anos completos de recebimento e contribuição, contínuos ou intercalados, em relação ao tempo total exigido para a aposentadoria;

II — se as vantagens pecuniárias permanentes forem variáveis por estarem vinculadas a indicadores de desempenho, produtividade ou situação similar, o valor dessas vantagens integrará o cálculo da remuneração do servidor público no cargo efetivo mediante a aplicação, sobre o valor atual de referência das vantagens pecuniárias permanentes variáveis, da média aritmética simples do indicador, proporcional ao número de anos completos de recebimento e de respectiva contribuição, contínuos ou intercalados, em relação ao tempo total exigido para a aposentadoria ou, se inferior, ao tempo total de percepção da vantagem.

§ 9º Aplicam-se às aposentadorias dos servidores dos Estados, do Distrito Federal e dos Municípios as normas constitucionais e infraconstitucionais anteriores à data de entrada em vigor desta Emenda Constitucional, enquanto não promovidas alterações na legislação interna relacionada ao respectivo regime próprio de previdência social. § 10. Estende-se o disposto no § 9º às normas sobre aposentadoria de servidores públicos incompatíveis com a redação atribuída por esta Emenda Constitucional aos §§ 4º, 4º-A, 4º-B e 4º-C do art. 40 da Constituição Federal.

Art. 5º O policial civil do órgão a que se refere o inciso XIV do *caput* do art. 21 da Constituição Federal, o policial dos órgãos a que se referem o inciso IV do *caput* do art. 51, o inciso XIII do *caput* do art. 52 e os incisos I a III do *caput* do art. 144 da Constituição Federal e o ocupante de cargo de agente federal penitenciário ou socioeducativo que tenham ingressado na respectiva carreira até a data de entrada em vigor desta Emenda Constitucional poderão aposentar-se, na forma da Lei Complementar n. 51, de 20 de dezembro de 1985, observada a idade mínima de 55 (cinquenta e cinco) anos para ambos os sexos ou o disposto no § 3º.

§ 1º Serão considerados tempo de exercício em cargo de natureza estritamente policial, para os fins do inciso II do art. 1º da Lei Complementar n. 51, de 20 de dezembro de 1985, o tempo de atividade militar nas Forças Armadas, nas polícias militares e nos corpos de bombeiros militares e o tempo de atividade como agente penitenciário ou socioeducativo.

§ 2º Aplicam-se às aposentadorias dos servidores dos Estados de que trata o § 4º-B do art. 40 da Constituição Federal as normas constitucionais e infraconstitucionais anteriores à data de entrada em vigor desta Emenda Constitucional, enquanto não promovidas alterações na legislação interna relacionada ao respectivo regime próprio de previdência social.

§ 3º Os servidores de que trata o *caput* poderão aposentar-se aos 52 (cinquenta e dois) anos de idade, se mulher, e aos 53 (cinquenta e três) anos de idade, se homem, desde que cumprido período adicional de contribuição correspondente ao tempo que, na data de entrada em vigor desta Emenda Constitucional, faltaria para atingir o tempo de contribuição previsto na Lei Complementar n. 51, de 20 de dezembro de 1985.

Art. 6º O disposto no § 14 do art. 37 da Constituição Federal não se aplica a aposentadorias concedidas pelo Regime Geral de Previdência Social até a data de entrada em vigor desta Emenda Constitucional.

Art. 7º O disposto no § 15 do art. 37 da Constituição Federal não se aplica a complementações de aposentadorias e pensões concedidas até a data de entrada em vigor desta Emenda Constitucional.

Art. 8º Até que entre em vigor lei federal de que trata o § 19 do art. 40 da Constituição Federal, o servidor público federal que cumprir as exigências para a concessão da aposentadoria voluntária nos termos do disposto nos arts. 4º, 5º, 20, 21 e 22 e que optar por permanecer em atividade fará jus a um abono de permanência equivalente ao valor da sua contribuição previdenciária, até completar a idade para aposentadoria compulsória.

Art. 9º Até que entre em vigor lei complementar que discipline o § 22 do art. 40 da Constituição Federal, aplicam-se aos regimes próprios de previdência social o disposto na Lei n. 9.717, de 27 de novembro de 1998, e o disposto neste artigo.

§ 1º O equilíbrio financeiro e atuarial do regime próprio de previdência social deverá ser comprovado por meio de garantia de equivalência, a valor presente, entre o fluxo das receitas estimadas e das despesas projetadas, apuradas atuarialmente, que, juntamente com os bens, direitos e ativos vinculados, comparados às obrigações assumidas, evidenciem a solvência e a liquidez do plano de benefícios.

§ 2º O rol de benefícios dos regimes próprios de previdência social fica limitado às aposentadorias e à pensão por morte.

§ 3º Os afastamentos por incapacidade temporária para o trabalho e o salário-maternidade serão pagos diretamente pelo ente federativo e não correrão à conta do regime próprio de previdência social ao qual o servidor se vincula.

§ 4º Os Estados, o Distrito Federal e os Municípios não poderão estabelecer alíquota inferior à da contribuição dos servidores da União, exceto se demonstrado que o respectivo regime próprio de previdência social não possui déficit atuarial a ser equacionado, hipótese em que a alíquota não poderá ser inferior às alíquotas aplicáveis ao Regime Geral de Previdência Social.

§ 5º Para fins do disposto no § 4º, não será considerada como ausência de déficit a implementação de segregação da massa de segurados ou a previsão em lei de plano de equacionamento de déficit.

§ 6º A instituição do regime de previdência complementar na forma dos §§ 14 a 16 do art. 40 da Constituição Federal e a adequação do órgão ou entidade gestora do regime próprio de previdência social ao § 20 do art. 40 da Constituição Federal deverão ocorrer no prazo máximo de 2 (dois) anos da data de entrada em vigor desta Emenda Constitucional.

§ 7º Os recursos de regime próprio de previdência social poderão ser aplicados na concessão de empréstimos a seus segurados, na modalidade de consignados, observada regulamentação específica estabelecida pelo Conselho Monetário Nacional.

§ 8º Por meio de lei, poderá ser instituída contribuição extraordinária pelo prazo máximo de 20 (vinte) anos, nos termos dos §§ 1º-B e 1º-C do art. 149 da Constituição Federal.

§ 9º O parcelamento ou a moratória de débitos dos entes federativos com seus regimes próprios de previdência social fica limitado ao prazo a que se refere o § 11 do art. 195 da Constituição.

Art. 10. Até que entre em vigor lei federal que discipline os benefícios do regime próprio de previdência social dos servidores da União, aplica-se o disposto neste artigo.

§ 1º Os servidores públicos federais serão aposentados:

I — voluntariamente, observados, cumulativamente, os seguintes requisitos:

a) 62 (sessenta e dois) anos de idade, se mulher, e 65 (sessenta e cinco) anos de idade, se homem; e

b) 25 (vinte e cinco) anos de contribuição, desde que cumprido o tempo mínimo de 10 (dez) anos de efetivo exercício no serviço público e de 5 (cinco) anos no cargo efetivo em que for concedida a aposentadoria;

II — por incapacidade permanente para o trabalho, no cargo em que estiverem investidos, quando insuscetíveis de readaptação, hipótese em que será obrigatória a realização de avaliações periódicas para verificação da continuidade das condições que ensejaram a concessão da aposentadoria; ou

III — compulsoriamente, na forma do disposto no inciso II do § 1º do art. 40 da Constituição Federal.

§ 2º Os servidores públicos federais com direito a idade mínima ou tempo de contribuição distintos da regra geral para concessão de aposentadoria na forma dos §§ 4º-B, 4º-C e 5º do art. 40 da Constituição Federal poderão aposentar-se, observados os seguintes requisitos:

I — o policial civil do órgão a que se refere o inciso XIV do *caput* do art. 21 da Constituição Federal, o policial dos órgãos a que se referem o inciso IV do *caput* do art. 51, o inciso XIII do *caput* do art. 52 e os incisos I a III do *caput* do art. 144 da Constituição Federal e o ocupante de cargo de agente federal penitenciário ou socioeducativo, aos 55 (cinquenta e cinco) anos de idade, com 30 (trinta) anos de contribuição e 25 (vinte e cinco) anos de efetivo exercício em cargo dessas carreiras, para ambos os sexos;

II — o servidor público federal cujas atividades sejam exercidas com efetiva exposição a agentes químicos, físicos e biológicos prejudiciais à saúde, ou associação desses agentes, vedada a caracterização por categoria profissional ou ocupação, aos 60 (sessenta) anos de idade, com 25 (vinte e cinco) anos de efetiva exposição e contribuição, 10 (dez) anos de efetivo exercício de serviço público e 5 (cinco) anos no cargo efetivo em que for concedida a aposentadoria;

III — o titular do cargo federal de professor, aos 60 (sessenta) anos de idade, se homem, aos 57 (cinquenta e sete) anos, se mulher, com 25 (vinte e cinco) anos de contribuição exclusivamente em efetivo exercício das funções de magistério na educação infantil e no ensino fundamental e médio, 10 (dez) anos de efetivo exercício de serviço público e 5 (cinco) anos no cargo efetivo em que for concedida a aposentadoria, para ambos os sexos.

§ 3º A aposentadoria a que se refere o § 4º-C do art. 40 da Constituição Federal observará adicionalmente as condições e os requisitos estabelecidos para o Regime Geral de Previdência Social, naquilo em que não conflitarem com as regras específicas aplicáveis ao regime próprio de previdência social da União, vedada a conversão de tempo especial em comum.

§ 4º Os proventos das aposentadorias concedidas nos termos do disposto neste artigo serão apurados na forma da lei.

§ 5º Até que entre em vigor lei federal de que trata o § 19 do art. 40 da Constituição Federal, o servidor federal que cumprir as exigências para a concessão da aposentadoria voluntária nos termos do disposto neste artigo e que optar por permanecer em atividade fará jus a um abono de permanência equivalente ao valor da sua contribuição previdenciária, até completar a idade para aposentadoria compulsória.

§ 6º A pensão por morte devida aos dependentes do policial civil do órgão a que se refere o inciso XIV do *caput* do art. 21 da Constituição Federal, do policial dos órgãos a que se referem o inciso IV do *caput* do art. 51, o inciso XIII do *caput* do art. 52 e os incisos I a III do *caput* do art. 144 da Constituição Federal e dos ocupantes dos cargos de agente federal penitenciário ou socioeducativo decorrente de agressão sofrida no exercício ou em razão da função será vitalícia para o cônjuge ou companheiro e equivalente à remuneração do cargo.

§ 7º Aplicam-se às aposentadorias dos servidores dos Estados, do Distrito Federal e dos Municípios as normas constitucionais e infraconstitucionais anteriores à data de entrada em vigor desta Emenda Constitucional, enquanto não promovidas alterações na legislação interna relacionada ao respectivo regime próprio de previdência social.

Art. 11. Até que entre em vigor lei que altere a alíquota da contribuição previdenciária de que tratam os arts. 4º, 5º e 6º da Lei n. 10.887, de 18 de junho de 2004, esta será de 14% (quatorze por cento).

§ 1º A alíquota prevista no *caput* será reduzida ou majorada, considerado o valor da base de contribuição ou do benefício recebido, de acordo com os seguintes parâmetros:

I — até 1 (um) salário-mínimo, redução de seis inteiros e cinco décimos pontos percentuais;

II — acima de 1 (um) salário-mínimo até R$ 2.000,00 (dois mil reais), redução de cinco pontos percentuais;

III — de R$ 2.000,01 (dois mil reais e um centavo) até R$ 3.000,00 (três mil reais), redução de dois pontos percentuais;

IV — de R$ 3.000,01 (três mil reais e um centavo) até R$ 5.839,45 (cinco mil oitocentos e trinta e nove reais e quarenta e cinco centavos), sem redução ou acréscimo;

V — de R$ 5.839,46 (cinco mil oitocentos e trinta e nove reais e quarenta e seis centavos) até R$ 10.000,00 (dez mil reais), acréscimo de meio ponto percentual;

VI — de R$ 10.000,01 (dez mil reais e um centavo) até R$ 20.000,00 (vinte mil reais), acréscimo de dois inteiros e cinco décimos pontos percentuais;

VII — de R$ 20.000,01 (vinte mil reais e um centavo) até R$ 39.000,00 (trinta e nove mil reais), acréscimo de cinco pontos percentuais; e

VIII — acima de R$ 39.000,00 (trinta e nove mil reais), acréscimo de oito pontos percentuais.

§ 2º A alíquota, reduzida ou majorada nos termos do disposto no § 1º, será aplicada de forma progressiva sobre a base de contribuição do servidor ativo, incidindo cada alíquota sobre a faixa de valores compreendida nos respectivos limites.

§ 3º Os valores previstos no § 1º serão reajustados, a partir da data de entrada em vigor desta Emenda Constitucional, na mesma data e com o mesmo índice em que se der o reajuste dos benefícios do Regime Geral de Previdência Social, ressalvados aqueles vinculados ao salário-mínimo, aos quais se aplica a legislação específica.

§ 4º A alíquota de contribuição de que trata o *caput*, com a redução ou a majoração decorrentes do disposto no § 1º, será devida pelos aposentados e pensionistas de quaisquer dos Poderes da União, incluídas suas entidades autárquicas e suas fundações, e incidirá sobre o valor da parcela dos proventos de aposentadoria e de pensões que supere o limite máximo estabelecido para os benefícios do Regime Geral de Previdência Social, hipótese em que será considerada a totalidade do valor do benefício para fins de definição das alíquotas aplicáveis.

Art. 12. A União instituirá sistema integrado de dados relativos às remunerações, proventos e pensões dos segurados dos regimes de previdência de que tratam os arts. 40, 201 e 202 da Constituição Federal, aos benefícios dos programas de assistência social de que trata o art. 203 da Constituição Federal e às remunerações, proventos de inatividade e pensão por morte decorrentes das atividades militares de que tratam os arts. 42 e 142 da Constituição Federal, em interação com outras bases de dados, ferramentas e plataformas, para o fortalecimento de sua gestão, governança e transparência e o cumprimento das disposições estabelecidas nos incisos XI e XVI do art. 37 da Constituição Federal.

§ 1º A União, os Estados, o Distrito Federal e os Municípios e os órgãos e entidades gestoras dos regimes, dos sistemas e dos programas a que se refere o *caput* disponibilizarão as informações necessárias para a estruturação do sistema integrado de dados e terão acesso ao compartilhamento das referidas informações, na forma da legislação.

§ 2º É vedada a transmissão das informações de que trata este artigo a qualquer pessoa física ou jurídica para a prática de atividade não relacionada à fiscalização dos regimes, dos sistemas e dos programas a que se refere o *caput*.

Art. 13. Não se aplica o disposto no § 9º do art. 39 da Constituição Federal a parcelas remuneratórias decorrentes de incorporação de vantagens de caráter temporário ou vinculadas ao exercício de função de confiança ou de cargo em comissão efetivada até a data de entrada em vigor desta Emenda Constitucional.

Art. 14. Vedadas a adesão de novos segurados e a instituição de novos regimes dessa natureza, os atuais segurados de regime de previdência aplicável a titulares de mandato eletivo da União, dos Estados, do Distrito Federal e dos Municípios poderão, por meio de opção expressa formalizada no prazo de 180 (cento e oitenta) dias, contado da data de entrada em vigor desta Emenda Constitucional, retirar-se dos regimes previdenciários aos quais se encontrem vinculados.

§ 1º Os segurados, atuais e anteriores, do regime de previdência de que trata a Lei n. 9.506, de 30 de outubro de 1997, que fizerem a opção de permanecer nesse regime previdenciário deverão cumprir período adicional correspondente a 30% (trinta por cento) do tempo de contribuição que faltaria para aquisição do direito à aposentadoria na data de entrada em vigor desta Emenda Constitucional e somente poderão aposentar-se a partir dos 62 (sessenta e dois) anos de idade, se mulher, e 65 (sessenta e cinco) anos de idade, se homem.

§ 2º Se for exercida a opção prevista no *caput*, será assegurada a contagem do tempo de contribuição vertido para o regime de previdência ao qual o segurado se encontrava vinculado, nos termos do disposto no § 9º do art. 201 da Constituição Federal.

§ 3º A concessão de aposentadoria aos titulares de mandato eletivo e de pensão por morte aos dependentes de titular de mandato eletivo falecido será assegurada, a qualquer tempo, desde que cumpridos os requisitos para obtenção desses benefícios até a data de entrada em vigor desta Emenda Constitucional, observados os critérios da legislação vigente na data em que foram atendidos os requisitos para a concessão da aposentadoria ou da pensão por morte.

§ 4º Observado o disposto nos §§ 9º e 9º-A do art. 201 da Constituição Federal, o tempo de contribuição a regime próprio de previdência social e ao Regime Geral de Previdência Social, assim como o tempo de contribuição decorrente das atividades militares de que tratam os arts. 42 e 142 da Constituição Federal, que tenha sido considerado para a concessão de benefício pelos regimes a que se refere o *caput* não poderá ser utilizado para obtenção de benefício naqueles regimes.

§ 5º Lei específica do Estado, do Distrito Federal ou do Município deverá disciplinar a regra de transição a ser aplicada aos segurados que, na forma do *caput*, fizerem a opção de permanecer no regime previdenciário de que trata este artigo.

Art. 15. Ao segurado filiado ao Regime Geral de Previdência Social até a data de entrada em vigor desta Emenda Constitucional, fica assegurado o direito à aposentadoria quando forem preenchidos, cumulativamente, os seguintes requisitos:

I — 30 (trinta) anos de contribuição, se mulher, e 35 (trinta e cinco) anos de contribuição, se homem; e

II — somatório da idade e do tempo de contribuição, incluídas as frações, equivalente a 86 (oitenta e seis) pontos, se mulher, e 96 (noventa e seis) pontos, se homem, observado o disposto nos §§ 1º e 2º.

§ 1º A partir de 1º de janeiro de 2020, a pontuação a que se refere o inciso II do *caput* será acrescida a cada ano de 1 (um) ponto, até atingir o limite de 100 (cem) pontos, se mulher, e de 105 (cento e cinco) pontos, se homem.

§ 2º A idade e o tempo de contribuição serão apurados em dias para o cálculo do somatório de pontos a que se referem o inciso II do *caput* e o § 1º.

§ 3º Para o professor que comprovar exclusivamente 25 (vinte e cinco) anos de contribuição, se mulher, e 30 (trinta) anos de contribuição, se homem, em efetivo exercício das funções de magistério na educação infantil e no ensino fundamental e médio, o somatório da idade e do tempo de contribuição, incluídas as frações, será equivalente a 81 (oitenta e um) pontos, se mulher, e 91 (noventa e um) pontos, se homem, aos quais serão acrescidos, a partir de 1º de janeiro de 2020, 1 (um) ponto a cada ano para o homem e para a mulher, até atingir o limite de 92 (noventa e dois) pontos, se mulher, e 100 (cem) pontos, se homem.

§ 4º O valor da aposentadoria concedida nos termos do disposto neste artigo será apurado na forma da lei.

Art. 16. Ao segurado filiado ao Regime Geral de Previdência Social até a data de entrada em vigor desta Emenda Constitucional fica assegurado o direito à aposentadoria quando preencher, cumulativamente, os seguintes requisitos:

I — 30 (trinta) anos de contribuição, se mulher, e 35 (trinta e cinco) anos de contribuição, se homem; e

II — idade de 56 (cinquenta e seis) anos, se mulher, e 61 (sessenta e um) anos, se homem.

§ 1º A partir de 1º de janeiro de 2020, a idade a que se refere o inciso II do *caput* será acrescida de 6 (seis) meses a cada ano, até atingir 62 (sessenta e dois) anos de idade, se mulher, e 65 (sessenta e cinco) anos de idade, se homem.

§ 2º Para o professor que comprovar exclusivamente tempo de efetivo exercício das funções de magistério na educação infantil e no ensino fundamental e médio, o tempo de contribuição e a idade de que tratam os incisos I e II do *caput* deste artigo serão reduzidos em 5 (cinco) anos, sendo, a partir de 1º de janeiro de 2020, acrescidos 6 (seis) meses, a cada ano, às idades previstas no inciso II do *caput,* até atingirem 57 (cinquenta e sete) anos, se mulher, e 60 (sessenta) anos, se homem.

§ 3º O valor da aposentadoria concedida nos termos do disposto neste artigo será apurado na forma da lei.

Art. 17. Ao segurado filiado ao Regime Geral de Previdência Social até a data de entrada em vigor desta Emenda Constitucional e que na referida data contar com mais de 28 (vinte e oito) anos de contribuição, se mulher, e 33 (trinta e três) anos de contribuição, se homem, fica assegurado o direito à aposentadoria quando preencher, cumulativamente, os seguintes requisitos:

I — 30 (trinta) anos de contribuição, se mulher, e 35 (trinta e cinco) anos de contribuição, se homem; e

II — cumprimento de período adicional correspondente a 50% (cinquenta por cento) do tempo que, na data de entrada em vigor desta Emenda Constitucional, faltaria para atingir 30 (trinta) anos de contribuição, se mulher, e 35 (trinta e cinco) anos de contribuição, se homem.

Parágrafo único. O benefício concedido nos termos deste artigo terá seu valor apurado de acordo com a média aritmética simples dos salários de contribuição e das remunerações calculada na forma da lei, multiplicada pelo fator previdenciário, calculado na forma do disposto nos §§ 7º a 9º do art. 29 da Lei n. 8.213, de 24 de julho de 1991.

Art. 18. O segurado de que trata o inciso I do § 7º do art. 201 da Constituição Federal filiado ao Regime Geral de Previdência Social até a data de entrada em vigor desta Emenda Constitucional poderá aposentar-se quando preencher, cumulativamente, os seguintes requisitos:

I — 60 (sessenta) anos de idade, se mulher, e 65 (sessenta e cinco) anos de idade, se homem; e

II — 15 (quinze) anos de contribuição, para ambos os sexos.

§ 1º A partir de 1º de janeiro de 2020, a idade de 60 (sessenta) anos da mulher, prevista no inciso I do *caput*, será acrescida em 6 (seis) meses a cada ano, até atingir 62 (sessenta e dois) anos de idade.

§ 2º O valor da aposentadoria de que trata este artigo será apurado na forma da lei.

Art. 19. Até que lei disponha sobre o tempo de contribuição a que se refere o inciso I do § 7º do art. 201 da Constituição Federal, o segurado filiado ao Regime Geral de Previdência Social após a data de entrada em vigor desta Emenda Constitucional será aposentado aos 62 (sessenta e dois) anos de idade, se mulher, 65 (sessenta e cinco) anos de idade, se homem, com 15 (quinze) anos de tempo de contribuição, se mulher, e 20 (vinte) anos de tempo de contribuição, se homem.

§ 1º Até que lei complementar disponha sobre a redução de idade mínima ou tempo de contribuição prevista nos §§ 1º e 8º do art. 201 da Constituição Federal, será concedida aposentadoria:

I — aos segurados que comprovem o exercício de atividades com efetiva exposição a agentes químicos, físicos e biológicos prejudiciais à saúde, ou associação desses agentes, vedada a caracterização por categoria profissional ou ocupação, durante, no mínimo, 15 (quinze), 20 (vinte) ou 25 (vinte e cinco) anos, nos termos do disposto nos arts. 57 e 58 da Lei n. 8.213, de 24 de julho de 1991, quando cumpridos:

a) 55 (cinquenta e cinco) anos de idade, quando se tratar de atividade especial de 15 (quinze) anos de contribuição;

b) 58 (cinquenta e oito) anos de idade, quando se tratar de atividade especial de 20 (vinte) anos de contribuição; ou

c) 60 (sessenta) anos de idade, quando se tratar de atividade especial de 25 (vinte e cinco) anos de contribuição;

II — ao professor que comprove 25 (vinte e cinco) anos de contribuição exclusivamente em efetivo exercício das funções de magistério na educação infantil e no ensino fundamental e médio e tenha 57 (cinquenta e sete) anos de idade, se mulher, e 60 (sessenta) anos de idade, se homem.

§ 2º O valor das aposentadorias de que trata este artigo será apurado na forma da lei.

Art. 20. O segurado ou o servidor público federal que se tenha filiado ao Regime Geral de Previdência Social ou ingressado no serviço público em cargo efetivo até a data de entrada em vigor desta Emenda Constitucional poderá aposentar-se voluntariamente quando preencher, cumulativamente, os seguintes requisitos:

I — 57 (cinquenta e sete) anos de idade, se mulher, e 60 (sessenta) anos de idade, se homem;

II — 30 (trinta) anos de contribuição, se mulher, e 35 (trinta e cinco) anos de contribuição, se homem;

III — para os servidores públicos, 20 (vinte) anos de efetivo exercício no serviço público e 5 (cinco) anos no cargo efetivo em que se der a aposentadoria;

IV — período adicional de contribuição correspondente ao tempo que, na data de entrada em vigor desta Emenda Constitucional, faltaria para atingir o tempo mínimo de contribuição referido no inciso II.

§ 1º Para o professor que comprovar exclusivamente tempo de efetivo exercício das funções de magistério na educação infantil e no ensino fundamental e médio serão reduzidos, para ambos os sexos, os requisitos de idade e de tempo de contribuição em 5 (cinco) anos.

§ 2º O valor das aposentadorias concedidas nos termos do disposto neste artigo corresponderá:

I — em relação ao servidor público que tenha ingressado no serviço público em cargo efetivo até 31 de dezembro de 2003 e que não tenha feito a opção de que trata o § 16 do art. 40 da Constituição Federal, à totalidade da remuneração no cargo efetivo em que se der a aposentadoria, observado o disposto no § 8º do art. 4º; e

II — em relação aos demais servidores públicos e aos segurados do Regime Geral de Previdência Social, ao valor apurado na forma da lei.

§ 3º O valor das aposentadorias concedidas nos termos do disposto neste artigo não será inferior ao valor a que se refere o § 2º do art. 201 da Constituição Federal e será reajustado:

I — de acordo com o disposto no art. 7º da Emenda Constitucional n. 41, de 19 de dezembro de 2003, se cumpridos os requisitos previstos no inciso I do § 2º;

II — nos termos estabelecidos para o Regime Geral de Previdência Social, na hipótese prevista no inciso II do § 2º.

§ 4º Aplicam-se às aposentadorias dos servidores dos Estados, do Distrito Federal e dos Municípios as normas constitucionais e infraconstitucionais anteriores à data de entrada em vigor desta Emenda Constitucional, enquanto não promovidas alterações na legislação interna relacionada ao respectivo regime próprio de previdência social.

Art. 21. O segurado ou o servidor público federal que se tenha filiado ao Regime Geral de Previdência Social ou ingressado no serviço público em cargo efetivo até a data de entrada em vigor desta Emenda Constitucional cujas atividades tenham sido exercidas com efetiva exposição a agentes químicos, físicos e biológicos prejudiciais à saúde, ou associação desses agentes, vedada a caracterização por categoria profissional ou ocupação, desde que cumpridos, no caso do servidor, o tempo mínimo de 20 (vinte) anos de efetivo exercício no serviço público e de 5 (cinco) anos no cargo efetivo em que for concedida a aposentadoria, na forma dos arts. 57 e 58 da

Lei n. 8.213, de 24 de julho de 1991, poderão aposentar-se quando o total da soma resultante da sua idade e do tempo de contribuição e o tempo de efetiva exposição forem, respectivamente, de:

I — 66 (sessenta e seis) pontos e 15 (quinze) anos de efetiva exposição;

II — 76 (setenta e seis) pontos e 20 (vinte) anos de efetiva exposição; e

III — 86 (oitenta e seis) pontos e 25 (vinte e cinco) anos de efetiva exposição.

§ 1º A idade e o tempo de contribuição serão apurados em dias para o cálculo do somatório de pontos a que se refere o *caput*.

§ 2º O valor da aposentadoria de que trata este artigo será apurado na forma da lei.

§ 3º Aplicam-se às aposentadorias dos servidores dos Estados, do Distrito Federal e dos Municípios cujas atividades sejam exercidas com efetiva exposição a agentes químicos, físicos e biológicos prejudiciais à saúde, ou associação desses agentes, vedada a caracterização por categoria profissional ou ocupação, na forma do § 4º-C do art. 40 da Constituição Federal, as normas constitucionais e infraconstitucionais anteriores à data de entrada em vigor desta Emenda Constitucional, enquanto não promovidas alterações na legislação interna relacionada ao respectivo regime próprio de previdência social.

Art. 22. Até que lei discipline o § 4º-A do art. 40 e o inciso I do § 1º do art. 201 da Constituição Federal, a aposentadoria da pessoa com deficiência segurada do Regime Geral de Previdência Social ou do servidor público federal com deficiência vinculado a regime próprio de previdência social, desde que cumpridos, no caso do servidor, o tempo mínimo de 10 (dez) anos de efetivo exercício no serviço público e de 5 (cinco) anos no cargo efetivo em que for concedida a aposentadoria, será concedida na forma da Lei Complementar n. 142, de 8 de maio de 2013, inclusive quanto aos critérios de cálculo dos benefícios.

Parágrafo único. Aplicam-se às aposentadorias dos servidores com deficiência dos Estados, do Distrito Federal e dos Municípios as normas constitucionais e infraconstitucionais anteriores à data de entrada em vigor desta Emenda Constitucional, enquanto não promovidas alterações na legislação interna relacionada ao respectivo regime próprio de previdência social.

Art. 23. A pensão por morte concedida a dependente de segurado do Regime Geral de Previdência Social ou de servidor público federal será equivalente a uma cota familiar de 50% (cinquenta por cento) do valor da aposentadoria recebida pelo segurado ou servidor ou daquela a que teria direito se fosse aposentado por incapacidade permanente na data do óbito, acrescida de cotas de 10 (dez) pontos percentuais por dependente, até o máximo de 100% (cem por cento).

§ 1º As cotas por dependente cessarão com a perda dessa qualidade e não serão reversíveis aos demais dependentes, preservado o valor de 100% (cem por cento) da pensão por morte quando o número de dependentes remanescente for igual ou superior a 5 (cinco).

§ 2º Na hipótese de existir dependente inválido ou com deficiência intelectual, mental ou grave, o valor da pensão por morte de que trata o *caput* será equivalente a:

Reforma da Previdência: Entenda Ponto a Ponto | **167**

I — 100% (cem por cento) da aposentadoria recebida pelo segurado ou servidor ou daquela a que teria direito se fosse aposentado por incapacidade permanente na data do óbito, até o limite máximo de benefícios do Regime Geral de Previdência Social; e

II — uma cota familiar de 50% (cinquenta por cento) acrescida de cotas de 10 (dez) pontos percentuais por dependente, até o máximo de 100% (cem) por cento, para o valor que supere o limite máximo de benefícios do Regime Geral de Previdência Social.

§ 3º Quando não houver mais dependente inválido ou com deficiência intelectual, mental ou grave, o valor da pensão será recalculado na forma do disposto no *caput* e no § 1º.

§ 4º O tempo de duração da pensão por morte e das cotas individuais por dependente até a perda dessa qualidade, o rol de dependentes e sua qualificação e as condições necessárias para enquadramento serão aqueles estabelecidos na Lei n. 8.213, de 24 de julho de 1991.

§ 5º Para o dependente inválido ou com deficiência intelectual, mental ou grave, sua condição pode ser reconhecida previamente ao óbito do segurado, por meio de avaliação biopsicossocial realizada por equipe multiprofissional e interdisciplinar, observada revisão periódica na forma da legislação.

§ 6º Equiparam-se a filho, para fins de recebimento da pensão por morte, exclusivamente o enteado e o menor tutelado, desde que comprovada a dependência econômica.

§ 7º As regras sobre pensão previstas neste artigo e na legislação vigente na data de entrada em vigor desta Emenda Constitucional poderão ser alteradas na forma da lei para o Regime Geral de Previdência Social e para o regime próprio de previdência social da União.

§ 8º Aplicam-se às pensões concedidas aos dependentes de servidores dos Estados, do Distrito Federal e dos Municípios as normas constitucionais e infraconstitucionais anteriores à data de entrada em vigor desta Emenda Constitucional, enquanto não promovidas alterações na legislação interna relacionada ao respectivo regime próprio de previdência social.

Art. 24. É vedada a acumulação de mais de uma pensão por morte deixada por cônjuge ou companheiro, no âmbito do mesmo regime de previdência social, ressalvadas as pensões do mesmo instituidor decorrentes do exercício de cargos acumuláveis na forma do art. 37 da Constituição Federal.

§ 1º Será admitida, nos termos do § 2º, a acumulação de:

I — pensão por morte deixada por cônjuge ou companheiro de um regime de previdência social com pensão por morte concedida por outro regime de previdência social ou com pensões decorrentes das atividades militares de que tratam os arts. 42 e 142 da Constituição Federal;

II — pensão por morte deixada por cônjuge ou companheiro de um regime de previdência social com aposentadoria concedida no âmbito do Regime Geral de Previdência Social ou de regime próprio de previdência social ou com proventos de inatividade decorrentes das atividades militares de que tratam os arts. 42 e 142 da Constituição Federal; ou

III — pensões decorrentes das atividades militares de que tratam os arts. 42 e 142 da Constituição Federal com aposentadoria concedida no âmbito do Regime Geral de Previdência Social ou de regime próprio de previdência social.

§ 2º Nas hipóteses das acumulações previstas no § 1º, é assegurada a percepção do valor integral do benefício mais vantajoso e de uma parte de cada um dos demais benefícios, apurada cumulativamente de acordo com as seguintes faixas:

I — 60% (sessenta por cento) do valor que exceder 1 (um) salário-mínimo, até o limite de 2 (dois) salários-mínimos;

II — 40% (quarenta por cento) do valor que exceder 2 (dois) salários-mínimos, até o limite de 3 (três) salários-mínimos;

III — 20% (vinte por cento) do valor que exceder 3 (três) salários-mínimos, até o limite de 4 (quatro) salários-mínimos; e

IV — 10% (dez por cento) do valor que exceder 4 (quatro) salários-mínimos.

§ 3º A aplicação do disposto no § 2º poderá ser revista a qualquer tempo, a pedido do interessado, em razão de alteração de algum dos benefícios.

§ 4º As restrições previstas neste artigo não serão aplicadas se o direito aos benefícios houver sido adquirido antes da data de entrada em vigor desta Emenda Constitucional.

§ 5º As regras sobre acumulação previstas neste artigo e na legislação vigente na data de entrada em vigor desta Emenda Constitucional poderão ser alteradas na forma do § 6º do art. 40 e do § 15 do art. 201 da Constituição Federal.

Art. 25. Será assegurada a contagem de tempo de contribuição fictício no Regime Geral de Previdência Social decorrente de hipóteses descritas na legislação vigente até a data de entrada em vigor desta Emenda Constitucional para fins de concessão de aposentadoria, observando-se, a partir da sua entrada em vigor, o disposto no § 14 do art. 201 da Constituição Federal.

§ 1º Para fins de comprovação de atividade rural exercida até a data de entrada em vigor desta Emenda Constitucional, o prazo de que tratam os §§ 1º e 2º do art. 38-B da Lei n. 8.213, de 24 de julho de 1991, será prorrogado até a data em que o Cadastro Nacional de Informações Sociais (CNIS) atingir a cobertura mínima de 50% (cinquenta por cento) dos trabalhadores de que trata o § 8º do art. 195 da Constituição Federal, apurada conforme quantitativo da Pesquisa Nacional por Amostra de Domicílios Contínua (Pnad).

§ 2º Será reconhecida a conversão de tempo especial em comum, na forma prevista na Lei n. 8.213, de 24 de julho de 1991, ao segurado do Regime Geral de Previdência

Social que comprovar tempo de efetivo exercício de atividade sujeita a condições especiais que efetivamente prejudiquem a saúde, cumprido até a data de entrada em vigor desta Emenda Constitucional, vedada a conversão para o tempo cumprido após esta data.

§ 3º Considera-se nula a aposentadoria que tenha sido concedida ou que venha a ser concedida por regime próprio de previdência social com contagem recíproca do Regime Geral de Previdência Social mediante o cômputo de tempo de serviço sem o recolhimento da respectiva contribuição ou da correspondente indenização pelo segurado obrigatório responsável, à época do exercício da atividade, pelo recolhimento de suas próprias contribuições previdenciárias.

Art. 26. Até que lei discipline o cálculo dos benefícios do regime próprio de previdência social da União e do Regime Geral de Previdência Social, será utilizada a média aritmética simples dos salários de contribuição e das remunerações adotados como base para contribuições a regime próprio de previdência social e ao Regime Geral de Previdência Social, ou como base para contribuições decorrentes das atividades militares de que tratam os arts. 42 e 142 da Constituição Federal, atualizados monetariamente, correspondentes a 100% (cem por cento) do período contributivo desde a competência julho de 1994 ou desde o início da contribuição, se posterior àquela competência.

§ 1º A média a que se refere o *caput* será limitada ao valor máximo do salário de contribuição do Regime Geral de Previdência Social para os segurados desse regime e para o servidor que ingressou no serviço público em cargo efetivo após a implantação do regime de previdência complementar ou que tenha exercido a opção correspondente, nos termos do disposto nos §§ 14 a 16 do art. 40 da Constituição Federal.

§ 2º O valor do benefício de aposentadoria corresponderá a 60% (sessenta por cento) da média aritmética definida na forma prevista no *caput* e no § 1º, com acréscimo de 2 (dois) pontos percentuais para cada ano de contribuição que exceder o tempo de 20 (vinte) anos de contribuição nos casos:

I — do inciso II do § 6º do art. 4º, do § 4º do art. 15, do § 3º do art. 16 e do § 2º do art. 18;

II — do § 4º do art. 10, ressalvado o disposto no inciso II do § 3º e no § 4º deste artigo;

III — de aposentadoria por incapacidade permanente aos segurados do Regime Geral de Previdência Social, ressalvado o disposto no inciso II do § 3º deste artigo; e

IV — do § 2º do art. 19 e do § 2º do art. 21, ressalvado o disposto no § 5º deste artigo.

§ 3º O valor do benefício de aposentadoria corresponderá a 100% (cem por cento) da média aritmética definida na forma prevista no *caput* e no § 1º:

I — no caso do inciso II do § 2º do art. 20;

II — no caso de aposentadoria por incapacidade permanente, quando decorrer de acidente de trabalho, de doença profissional e de doença do trabalho.

§ 4º O valor do benefício da aposentadoria de que trata o inciso III do § 1º do art. 10 corresponderá ao resultado do tempo de contribuição dividido por 20 (vinte) anos, limitado a um inteiro, multiplicado pelo valor apurado na forma do *caput* do § 2º deste artigo, ressalvado o caso de cumprimento de critérios de acesso para aposentadoria voluntária que resulte em situação mais favorável.

§ 5º O acréscimo a que se refere o *caput* do § 2º será aplicado para cada ano que exceder 15 (quinze) anos de tempo de contribuição para os segurados de que tratam a alínea "a" do inciso I do § 1º do art. 19 e o inciso I do art. 21 e para as mulheres filiadas ao Regime Geral de Previdência Social.

§ 6º Poderão ser excluídas da média as contribuições que resultem em redução do valor do benefício, desde que mantido o tempo mínimo de contribuição exigido, vedada a utilização do tempo excluído para qualquer finalidade, inclusive para o acréscimo a que se referem os §§ 2º e 5º, para a averbação em outro regime previdenciário ou para a obtenção dos proventos de inatividade das atividades de que tratam os arts. 42 e 142 da Constituição Federal.

§ 7º Os benefícios calculados nos termos do disposto neste artigo serão reajustados nos termos estabelecidos para o Regime Geral de Previdência Social.

Art. 27. Até que lei discipline o acesso ao salário-família e ao auxílio-reclusão de que trata o inciso IV do art. 201 da Constituição Federal, esses benefícios serão concedidos apenas àqueles que tenham renda bruta mensal igual ou inferior a R$ 1.364,43 (mil trezentos e sessenta e quatro reais e quarenta e três centavos), que serão corrigidos pelos mesmos índices aplicados aos benefícios do Regime Geral de Previdência Social.

§ 1º Até que lei discipline o valor do auxílio-reclusão, de que trata o inciso IV do art. 201 da Constituição Federal, seu cálculo será realizado na forma daquele aplicável à pensão por morte, não podendo exceder o valor de 1 (um) salário-mínimo.

§ 2º Até que lei discipline o valor do salário-família, de que trata o inciso IV do art. 201 da Constituição Federal, seu valor será de R$ 46,54 (quarenta e seis reais e cinquenta e quatro centavos).

Art. 28. Até que lei altere as alíquotas da contribuição de que trata a Lei n° 8.212, de 24 de julho de 1991, devidas pelo segurado empregado, inclusive o doméstico, e pelo trabalhador avulso, estas serão de:

I — até 1 (um) salário-mínimo, 7,5% (sete inteiros e cinco décimos por cento);

II — acima de 1 (um) salário-mínimo até R$ 2.000,00 (dois mil reais), 9% (nove por cento);

III — de R$ 2.000,01 (dois mil reais e um centavo) até R$ 3.000,00 (três mil reais), 12% (doze por cento); e

IV — de R$ 3.000,01 (três mil reais e um centavo) até o limite do salário de contribuição, 14% (quatorze por cento).

§ 1º As alíquotas previstas no *caput* serão aplicadas de forma progressiva sobre o salário de contribuição do segurado, incidindo cada alíquota sobre a faixa de valores compreendida nos respectivos limites.

§ 2º Os valores previstos no *caput* serão reajustados, a partir da data de entrada em vigor desta Emenda Constitucional, na mesma data e com o mesmo índice em que se der o reajuste dos benefícios do Regime Geral de Previdência Social, ressalvados aqueles vinculados ao salário-mínimo, aos quais se aplica a legislação específica.

Art. 29. Até que entre em vigor lei que disponha sobre o § 14 do art. 195 da Constituição Federal, o segurado que, no somatório de remunerações auferidas no período de 1 (um) mês, receber remuneração inferior ao limite mínimo mensal do salário de contribuição poderá:

I — complementar a sua contribuição, de forma a alcançar o limite mínimo exigido;

II — utilizar o valor da contribuição que exceder o limite mínimo de contribuição de uma competência em outra; ou

III — agrupar contribuições inferiores ao limite mínimo de diferentes competências, para aproveitamento em contribuições mínimas mensais.

Parágrafo único. Os ajustes de complementação ou agrupamento de contribuições previstos nos incisos I, II e III do *caput* somente poderão ser feitos ao longo do mesmo ano civil.

Art. 30. A vedação de diferenciação ou substituição de base de cálculo decorrente do disposto no § 9º do art. 195 da Constituição Federal não se aplica a contribuições que substituam a contribuição de que trata a alínea "a" do inciso I do *caput* do art. 195 da Constituição Federal instituídas antes da data de entrada em vigor desta Emenda Constitucional.

Art. 31. O disposto no § 11 do art. 195 da Constituição Federal não se aplica aos parcelamentos previstos na legislação vigente até a data de entrada em vigor desta Emenda Constitucional, sendo vedadas a reabertura ou a prorrogação de prazo para adesão.

Art. 32. Até que entre em vigor lei que disponha sobre a alíquota da contribuição de que trata a Lei n. 7.689, de 15 de dezembro de 1988, esta será de 20% (vinte por cento) no caso das pessoas jurídicas referidas no inciso I do § 1º do art. 1º da Lei Complementar n. 105, de 10 de janeiro de 2001.

Art. 33. Até que seja disciplinada a relação entre a União, os Estados, o Distrito Federal e os Municípios e entidades abertas de previdência complementar na forma do disposto nos §§ 4º e 5º do art. 202 da Constituição Federal, somente entidades fechadas de previdência complementar estão autorizadas a administrar planos de benefícios patrocinados pela União, Estados, Distrito Federal ou Municípios, inclusive suas autarquias, fundações, sociedades de economia mista e empresas controladas direta ou indiretamente.

Art. 34. Na hipótese de extinção por lei de regime previdenciário e migração dos respectivos segurados para o Regime Geral de Previdência Social, serão observados, até que lei federal disponha sobre a matéria, os seguintes requisitos pelo ente federativo:

I — assunção integral da responsabilidade pelo pagamento dos benefícios concedidos durante a vigência do regime extinto, bem como daqueles cujos requisitos já tenham sido implementados antes da sua extinção;

II — previsão de mecanismo de ressarcimento ou de complementação de benefícios aos que tenham contribuído acima do limite máximo do Regime Geral de Previdência Social;

III — vinculação das reservas existentes no momento da extinção, exclusivamente:

a) ao pagamento dos benefícios concedidos e a conceder, ao ressarcimento de contribuições ou à complementação de benefícios, na forma dos incisos I e II; e

b) à compensação financeira com o Regime Geral de Previdência Social.

Parágrafo único. A existência de superávit atuarial não constitui óbice à extinção de regime próprio de previdência social e à consequente migração para o Regime Geral de Previdência Social.

Art. 35. Revogam-se:

I — os seguintes dispositivos da Constituição Federal:

a) o § 21 do art. 40;

b) o § 13 do art. 195;

II — os arts. 9º, 13 e 15 da Emenda Constitucional n. 20, de 15 de dezembro de 1998;

III — os arts. 2º, 6º e 6º-A da Emenda Constitucional n. 41, de 19 de dezembro de 2003;

IV — o art. 3º da Emenda Constitucional n. 47, de 5 de julho de 2005.

Art. 36. Esta Emenda Constitucional entra em vigor:

I — no primeiro dia do quarto mês subsequente ao da data de publicação desta Emenda Constitucional, quanto ao disposto nos arts. 11, 28 e 32;

II — para os regimes próprios de previdência social dos Estados, do Distrito Federal e dos Municípios, quanto à alteração promovida pelo art. 1º desta Emenda Constitucional no art. 149 da Constituição Federal e às revogações previstas na alínea "a" do inciso I e nos incisos III e IV do art. 35, na data de publicação de lei de iniciativa privativa do respectivo Poder Executivo que as referende integralmente;

III — nos demais casos, na data de sua publicação.

Parágrafo único. A lei de que trata o inciso II do *caput* não produzirá efeitos anteriores à data de sua publicação.

Brasília, em 12 de novembro de 2019.

Publicado no DOU em 13 de novembro de 2019.

B. LEI COMBATE A FRAUDES — Lei n. 13.486/2019

LEI N. 13.846, DE 18 DE JUNHO DE 2019

Institui o Programa Especial para Análise de Benefícios com Indícios de Irregularidade, o Programa de Revisão de Benefícios por Incapacidade, o Bônus de Desempenho Institucional por Análise de Benefícios com Indícios de Irregularidade do Monitoramento Operacional de Benefícios e o Bônus de Desempenho Institucional por Perícia Médica em Benefícios por Incapacidade; altera as Leis n°s 6.015, de 31 de dezembro de 1973, 7.783, de 28 de junho de 1989, 8.112, de 11 de dezembro de 1990, 8.212, de 24 de julho de 1991, 8.213, de 24 de julho de 1991, 8.742, de 7 de dezembro de 1993, 9.620, de 2 de abril de 1998, 9.717, de 27 de novembro de 1998, 9.796, de 5 de maio de 1999, 10.855, de 1º de abril de 2004, 10.876, de 2 de junho de 2004, 10.887, de 18 de junho de 2004, 11.481, de 31 de maio de 2007, e 11.907, de 2 de fevereiro de 2009; e revoga dispositivo da Lei n. 10.666, de 8 de maio de 2003, e a Lei n. 11.720, de 20 de junho de 2008.

O PRESIDENTE DA REPÚBLICA Faço saber que o Congresso Nacional decreta e eu sanciono a seguinte Lei:

Art. 1º Ficam instituídos, no âmbito do Instituto Nacional do Seguro Social (INSS):

I — o Programa Especial para Análise de Benefícios com Indícios de Irregularidade (Programa Especial), com o objetivo de analisar processos que apresentem indícios de irregularidade e potencial risco de realização de gastos indevidos na concessão de benefícios administrados pelo INSS; e

II — o Programa de Revisão de Benefícios por Incapacidade (Programa de Revisão), com o objetivo de revisar:

a) os benefícios por incapacidade mantidos sem perícia pelo INSS por período superior a 6 (seis) meses e que não possuam data de cessação estipulada ou indicação de reabilitação profissional; e

b) outros benefícios de natureza previdenciária, assistencial, trabalhista ou tributária.

§ 1º O Programa Especial durará até 31 de dezembro de 2020 e poderá ser prorrogado até 31 de dezembro de 2022 por ato fundamentado do Presidente do INSS.

~~§ 2º A análise dos processos administrativos de requerimento inicial e de revisão de benefícios administrados pelo INSS cujo prazo legal para conclusão tenha expirado até 18 de janeiro de 2019 integrará o Programa Especial.~~

§ 2º A análise dos processos administrativos de requerimento inicial e de revisão de benefícios administrados pelo INSS cujo prazo legal para conclusão tenha expirado até 15 de junho de 2019 integrará o Programa Especial. *(Redação dada pela Medida Provisória n. 891, de 2019)*

§ 3º O Programa de Revisão durará até 31 de dezembro de 2020 e poderá ser prorrogado até 31 de dezembro de 2022 por ato fundamentado do Ministro de Estado da Economia.

§ 4º O acompanhamento por médico perito de processos judiciais de benefícios por incapacidade integrará o Programa de Revisão.

§ 5º O Programa Especial e o Programa de Revisão não afetarão a regularidade dos atendimentos e dos agendamentos nas agências da Previdência Social.

Art. 2º Para a execução dos Programas de que trata o art. 1º desta Lei, ficam instituí-dos, até 31 de dezembro de 2020:

I — o Bônus de Desempenho Institucional por Análise de Benefícios com Indícios de Irregularidade do Monitoramento Operacional de Benefícios (BMOB); e

II — o Bônus de Desempenho Institucional por Perícia Médica em Benefícios por Incapacidade (BPMBI).

§ 1º A implementação e o pagamento do BMOB e do BPMBI ficam condicionados à expressa autorização em anexo próprio da lei orçamentária anual com a respectiva dotação prévia, nos termos do § 1º do art. 169 da Constituição Federal.

§ 2º A concessão do BMOB e do BPMBI poderá ser prorrogada por ato do Ministro de Estado da Economia, e a prorrogação do BMOB ficará condicionada à implementação de controles internos que atenuem os riscos de concessão de benefícios irregulares.

§ 3º Os valores do BMOB e do BPMBI poderão ser revistos por ato do Ministro de Estado da Economia, com periodicidade não inferior a 12 (doze) meses, até o limite da variação do Índice Nacional de Preços ao Consumidor Amplo (IPCA), aferido pela Fundação Instituto Brasileiro de Geografia e Estatística (IBGE), ou de outro índice que vier a substituí-lo, no mesmo período.

Art. 3º O BMOB será devido aos servidores públicos federais ativos que estejam em exercício no INSS e concluam a análise de processos do Programa Especial.

§ 1º As apurações referentes aos benefícios administrados pelo INSS poderão ensejar o pagamento do BMOB.

§ 2º A análise de processos de que trata o *caput* deste artigo deverá representar acréscimo real à capacidade operacional regular de realização de atividades do INSS, conforme estabelecido em ato do Presidente do INSS.

§ 3º A seleção dos processos priorizará os benefícios mais antigos, sem prejuízo dos critérios estabelecidos no art. 9º desta Lei.

Art. 4º O BMOB corresponderá ao valor de R$ 57,50 (cinquenta e sete reais e cinquenta centavos) por processo integrante do Programa Especial concluído, conforme estabelecido em ato do Presidente do INSS na forma prevista no art. 3º desta Lei.

§ 1º O BMOB somente será pago se as análises dos processos ocorrerem sem prejuízo das atividades regulares do cargo de que o servidor for titular.

§ 2º Ocorrerá a compensação da carga horária na hipótese de as atividades referentes às análises dos processos serem desempenhadas durante a jornada regular de trabalho.

§ 3º O BMOB gerará efeitos financeiros até 31 de dezembro de 2020 e poderá ser prorrogado, a critério da administração pública federal, nos termos do § 1º do art. 1º e do § 2º do art. 2º desta Lei.

Art. 5º O BMOB não será devido na hipótese de pagamento de adicional pela prestação de serviço extraordinário ou de adicional noturno referente à mesma hora de trabalho.

Art. 6º O BMOB observará as seguintes regras:

I — não será incorporado aos vencimentos, à remuneração ou aos proventos das aposentadorias e das pensões;

II — não servirá de base de cálculo para benefícios ou vantagens; e

III — não integrará a base de contribuição previdenciária do servidor.

Art. 7º O BMOB poderá ser pago cumulativamente com a Gratificação de Desempenho de Atividade do Seguro Social (GDASS), desde que os processos que ensejarem o seu pagamento não sejam computados na avaliação de desempenho referente à GDASS.

Art. 8º São considerados processos com indícios de irregularidade integrantes do Programa Especial aqueles com potencial risco de gastos indevidos e que se enquadrem nas seguintes hipóteses, sem prejuízo das disposições previstas no ato de que trata o art. 9º desta Lei:

I — potencial acúmulo indevido de benefícios indicado pelo Tribunal de Contas da União ou pela Controladoria-Geral da União;

II — potencial pagamento indevido de benefícios previdenciários indicado pelo Tribunal de Contas da União e pela Controladoria-Geral da União;

III — processos identificados na Força-Tarefa Previdenciária, composta pelo Ministério Público Federal, pela Polícia Federal e pela Secretaria Especial de Previdência e Trabalho do Ministério da Economia;

IV — suspeita de óbito do beneficiário;

V — benefício de prestação continuada, previsto na *Lei n. 8.742, de 7 de dezembro de 1993*, com indícios de irregularidade identificados em auditorias do Tribunal de

Contas da União e da Controladoria-Geral da União e em outras avaliações realizadas pela administração pública federal, permitidas, se necessário, a colaboração e a parceria da administração pública estadual e da administração pública municipal, por meio de procedimentos a serem definidos em cooperação com os Ministérios competentes;

VI — processos identificados como irregulares pelo INSS, devidamente motivados;

VII — benefícios pagos em valores superiores ao teto previdenciário adotado pelo Regime Geral de Previdência Social.

Art. 9º Ato do Presidente do INSS estabelecerá os procedimentos, as metas e os critérios necessários à realização das análises dos processos de que trata o inciso I do *caput* do art. 1º desta Lei e disciplinará:

I — os critérios gerais a serem observados para a aferição, o monitoramento e o controle da realização das análises dos processos para fins de pagamento do BMOB, observado o cumprimento da meta do processo de monitoramento;

II — a forma de realização de mutirões para análise dos processos;

III — os critérios de ordem de prioridade das análises dos processos, observado o disposto no § 3º do art. 3º desta Lei;

IV — os requisitos que caracterizem acréscimo real à capacidade operacional regular de realização de atividades do INSS;

V — os critérios de revisão da meta de análise dos processos de monitoramento; e

VI — outros critérios para caracterização de processos com indícios de irregularidade.

Art. 10. O BPMBI será devido aos ocupantes do cargo de Perito Médico Federal, integrante da carreira de Perito Médico Federal, do cargo de Perito Médico da Previdência Social, integrante da carreira de Perícia Médica da Previdência Social, de que trata a *Lei n. 10.876, de 2 de junho de 2004*, e do cargo de Supervisor Médico-Pericial, integrante da carreira de Supervisor Médico-Pericial, de que trata a *Lei n. 9.620, de 2 de abril de 1998*, para cada perícia médica extraordinária realizada no âmbito do Programa de Revisão, na forma estabelecida em ato do Secretário Especial de Previdência e Trabalho do Ministério da Economia.

§ 1º O ato do Secretário Especial de Previdência e Trabalho do Ministério da Economia a que se refere o *caput* deste artigo disporá sobre os critérios para seleção dos benefícios objeto das perícias extraordinárias e abrangerá:

I — benefícios por incapacidade mantidos sem perícia pelo INSS por período superior a 6 (seis) meses e que não possuam data de cessação estipulada ou indicação de reabilitação profissional;

II — benefícios de prestação continuada sem revisão por período superior a 2 (dois) anos; e

III — outros benefícios de natureza previdenciária, assistencial, trabalhista ou tributária.

§ 2º Para fins do disposto no *caput* deste artigo, perícia médica extraordinária será aquela realizada além da jornada de trabalho ordinária e que representa acréscimo real à capacidade operacional regular de realização de perícias médicas.

§ 3º Poderá haver o pagamento do BPMBI na hipótese de acompanhamento por médico perito de processos judiciais de benefícios por incapacidade.

Art. 11. O BPMBI corresponderá ao valor de R$ 61,72 (sessenta e um reais e setenta e dois centavos) por perícia extraordinária realizada, na forma prevista no art. 10 desta Lei.

Parágrafo único. O BPMBI gerará efeitos financeiros a partir de 18 de janeiro de 2019 até 31 de dezembro de 2020, permitida a prorrogação, a critério da administração pública federal, por ato do Ministro de Estado da Economia, nos termos do § 3º do art. 1º desta Lei.

Art. 12. O pagamento de adicional pela prestação de serviço extraordinário ou de adicional noturno não será devido na hipótese de pagamento do BPMBI referente à mesma hora de trabalho.

Art. 13. O BPMBI observará as seguintes regras:

I — não será incorporado aos vencimentos, à remuneração ou aos proventos das aposentadorias e das pensões;

II — não servirá de base de cálculo para benefícios ou vantagens; e

III — não integrará a base de contribuição previdenciária do servidor.

Art. 14. O BPMBI poderá ser pago cumulativamente com a Gratificação de Desempenho de Atividade de Perícia Médica Previdenciária (GDAPMP), desde que as perícias que ensejarem o seu pagamento não sejam computadas na avaliação de desempenho referente à GDAPMP.

Art. 15. Ato do Secretário Especial de Previdência e Trabalho do Ministério da Economia disporá sobre:

I — os critérios gerais a serem observados para a aferição, o monitoramento e o controle da realização das perícias médicas de que trata o art. 10 desta Lei, para fins de concessão do BPMBI;

II — o quantitativo diário máximo de perícias médicas, nos termos do disposto no art. 10 desta Lei, por perito médico, e a capacidade operacional ordinária de realização de perícias médicas pelo perito médico e pela Agência da Previdência Social do INSS;

III — a forma de realização de mutirão das perícias médicas; e

IV — os critérios de ordem de prioridade para o agendamento dos benefícios a serem revistos, tais como a data de concessão do benefício e a idade do beneficiário.

Art. 16. (VETADO).

Art. 17. As despesas decorrentes do pagamento do BMOB pela participação no Programa Especial e do BPMBI pela participação no Programa de Revisão correrão à conta do INSS.

Art. 18. O cargo de Perito Médico Previdenciário, integrante da carreira de Perito Médico Previdenciário, de que trata a *Lei n. 11.907, de 2 de fevereiro de 2009*, passa a ser denominado Perito Médico Federal, integrante da carreira de Perito Médico Federal.

Art. 19. O cargo de Perito Médico Federal, integrante da carreira de Perito Médico Federal, de que trata esta Lei, o cargo de Perito Médico da Previdência Social, integrante da carreira de Perícia Médica da Previdência Social, de que trata a *Lei n. 10.876, de 2 de junho de 2004*, e o cargo de Supervisor Médico-Pericial, integrante da carreira de Supervisor Médico-Pericial, de que trata a *Lei n. 9.620, de 2 de abril de 1998*, passam a integrar o quadro de pessoal do Ministério da Economia.

Art. 20. O exercício dos servidores das carreiras de Perito Médico Federal, de Perícia Médica da Previdência Social e de Supervisor Médico-Pericial será disposto em ato do Ministro de Estado da Economia.

Parágrafo único. As atividades relativas à gestão das carreiras de Perito Médico Federal, de Perícia Médica da Previdência Social e de Supervisor Médico-Pericial serão exercidas pelo INSS até que seja efetivada a nova estrutura.

Art. 21. A revisão e a concessão de benefícios tributários com base em perícias médicas serão realizadas somente após a implementação e a estruturação de perícias médicas para essa finalidade.

§ 1º Ato do Ministro de Estado da Economia definirá os procedimentos para realizar a implementação e a estruturação de perícias médicas a que se refere o *caput* deste artigo.

§ 2º Até a implementação e a estruturação das perícias médicas a que se refere o *caput* deste artigo, ficam mantidos os atuais procedimentos para a revisão e a concessão dos benefícios tributários de que trata este artigo.

Art. 22. A *Lei n. 8.112, de 11 de dezembro de 1990*, passa a vigorar com as seguintes alterações:

> "*Art. 215.* Por morte do servidor, os seus dependentes, nas hipóteses legais, fazem jus à pensão por morte, observados os limites estabelecidos no inciso XI do *caput* do art. 37 da Constituição Federal e no art. 2º da Lei n. 10.887, de 18 de junho de 2004." (NR)

> "Art. 217. ....
>
> ....
>
> IV — ....
>
> ....
>
> *d)* tenha deficiência intelectual ou mental;
>
> ....

§ 4º (VETADO)." (NR)

"*Art. 219.* A pensão por morte será devida ao conjunto dos dependentes do segurado que falecer, aposentado ou não, a contar da data:

I — do óbito, quando requerida em até 180 (cento e oitenta dias) após o óbito, para os filhos menores de 16 (dezesseis) anos, ou em até 90 (noventa) dias após o óbito, para os demais dependentes;

II — do requerimento, quando requerida após o prazo previsto no inciso I do *caput* deste artigo; ou

III — da decisão judicial, na hipótese de morte presumida.

§ 1º A concessão da pensão por morte não será protelada pela falta de habilitação de outro possível dependente e a habilitação posterior que importe em exclusão ou inclusão de dependente só produzirá efeito a partir da data da publicação da portaria de concessão da pensão ao dependente habilitado.

§ 2º Ajuizada a ação judicial para reconhecimento da condição de dependente, este poderá requerer a sua habilitação provisória ao benefício de pensão por morte, exclusivamente para fins de rateio dos valores com outros dependentes, vedado o pagamento da respectiva cota até o trânsito em julgado da respectiva ação, ressalvada a existência de decisão judicial em contrário.

§ 3º Nas ações em que for parte o ente público responsável pela concessão da pensão por morte, este poderá proceder de ofício à habilitação excepcional da referida pensão, apenas para efeitos de rateio, descontando-se os valores referentes a esta habilitação das demais cotas, vedado o pagamento da respectiva cota até o trânsito em julgado da respectiva ação, ressalvada a existência de decisão judicial em contrário.

§ 4º Julgada improcedente a ação prevista no § 2º ou § 3º deste artigo, o valor retido será corrigido pelos índices legais de reajustamento e será pago de forma proporcional aos demais dependentes, de acordo com as suas cotas e o tempo de duração de seus benefícios.

§ 5º Em qualquer hipótese, fica assegurada ao órgão concessor da pensão por morte a cobrança dos valores indevidamente pagos em função de nova habilitação." (NR)

"Art. 222. ....

....

III — a cessação da invalidez, em se tratando de beneficiário inválido, ou o afastamento da deficiência, em se tratando de beneficiário com deficiência, respeitados os períodos mínimos decorrentes da aplicação das alíneas *a* e *b* do inciso VII do *caput* deste artigo;

....

§ 5º Na hipótese de o servidor falecido estar, na data de seu falecimento, obrigado por determinação judicial a pagar alimentos temporários a ex-cônjuge, ex-companheiro ou ex-companheira, a pensão por morte será devida pelo prazo remanescente na data do óbito, caso não incida outra hipótese de cancelamento anterior do benefício.

§ 6º O beneficiário que não atender à convocação de que trata o § 1º deste artigo terá o benefício suspenso, observado o disposto nos incisos I e II do *caput* do art. 95 da Lei n. 13.146, de 6 de julho de 2015.

§ 7º O exercício de atividade remunerada, inclusive na condição de microempreendedor individual, não impede a concessão ou manutenção da cota da pensão de dependente com deficiência intelectual ou mental ou com deficiência grave.

§ 8º No ato de requerimento de benefícios previdenciários, não será exigida apresentação de termo de curatela de titular ou de beneficiário com deficiência, observados os procedimentos a serem estabelecidos em regulamento." (NR)

Art. 23. A *Lei n. 8.212, de 24 de julho de 1991,* passa a vigorar com as seguintes alterações:

"Art. 49. ....

....

§ 4º O Departamento Nacional de Registro do Comércio (DNRC), por intermédio das Juntas Comerciais, e os Cartórios de Registro Civil de Pessoas Jurídicas prestarão, obrigatoriamente, ao Ministério da Economia, ao INSS e à Secretaria da Receita Federal do Brasil todas as informações referentes aos atos constitutivos e alterações posteriores relativos a empresas e entidades neles registradas.

...." (NR)

"*Art. 68.* O Titular do Cartório de Registro Civil de Pessoas Naturais remeterá ao INSS, em até 1 (um) dia útil, pelo Sistema Nacional de Informações de Registro Civil (Sirc) ou por outro meio que venha a substituí-lo, a relação dos nascimentos, dos natimortos, dos casamentos, dos óbitos, das averbações, das anotações e das retificações registradas na serventia.

§ 1º Para os Municípios que não dispõem de provedor de conexão à internet ou de qualquer meio de acesso à internet, fica autorizada a remessa da relação em até 5 (cinco) dias úteis.

§ 2º Para os registros de nascimento e de natimorto, constarão das informações, obrigatoriamente, a inscrição no Cadastro de Pessoas Físicas (CPF), o sexo, a data e o local de nascimento do registrado, bem como o nome completo, o sexo, a data e o local de nascimento e a inscrição no CPF da filiação.

§ 3º Para os registros de casamento e de óbito, constarão das informações, obrigatoriamente, a inscrição no CPF, o sexo, a data e o local de nascimento do registrado, bem como, acaso disponíveis, os seguintes dados:

I — número do cadastro perante o Programa de Integração Social (PIS) ou o Programa de Formação do Patrimônio do Servidor Público (Pasep);

II — Número de Identificação do Trabalhador (NIT);

III — número de benefício previdenciário ou assistencial, se a pessoa falecida for titular de qualquer benefício pago pelo INSS;

IV — número de registro da Carteira de Identidade e respectivo órgão emissor;

V — número do título de eleitor;

VI — número e série da Carteira de Trabalho e Previdência Social (CTPS).

§ 4º No caso de não haver sido registrado nenhum nascimento, natimorto, casamento, óbito ou averbações, anotações e retificações no mês, deverá o Titular do Cartório de Registro Civil de Pessoas Naturais comunicar este fato ao INSS até o 5º (quinto) dia útil do mês subsequente.

§ 5º O descumprimento de qualquer obrigação imposta neste artigo e o fornecimento de informação inexata sujeitarão o Titular do Cartório de Registro Civil de Pessoas Naturais, além de outras penalidades previstas, à penalidade prevista no art. 92 desta Lei e à ação regressiva proposta pelo INSS, em razão dos danos sofridos." (NR)

"*Art. 69.* O INSS manterá programa permanente de revisão da concessão e da manutenção dos benefícios por ele administrados, a fim de apurar irregularidades ou erros materiais.

§ 1º Na hipótese de haver indícios de irregularidade ou erros materiais na concessão, na manutenção ou na revisão do benefício, o INSS notificará o beneficiário, o seu representante legal ou o seu procurador para apresentar defesa, provas ou documentos dos quais dispuser, no prazo de:

I — 30 (trinta) dias, no caso de trabalhador urbano;

II — 60 (sessenta) dias, no caso de trabalhador rural individual e avulso, agricultor familiar ou segurado especial.

§ 2º A notificação a que se refere o § 1º deste artigo será feita:

I — preferencialmente por rede bancária ou por meio eletrônico, conforme previsto em regulamento;

II — por via postal, por carta simples, considerado o endereço constante do cadastro do benefício, hipótese em que o aviso de recebimento será considerado prova suficiente da notificação;

III — pessoalmente, quando entregue ao interessado em mãos; ou

IV — por edital, nos casos de retorno com a não localização do segurado, referente à comunicação indicada no inciso II deste parágrafo.

§ 3º A defesa poderá ser apresentada pelo canal de atendimento eletrônico do INSS ou na Agência da Previdência Social do domicílio do beneficiário, na forma do regulamento.

§ 4º O benefício será suspenso nas seguintes hipóteses:

I — não apresentação da defesa no prazo estabelecido no § 1º deste artigo;

II — defesa considerada insuficiente ou improcedente pelo INSS.

§ 5º O INSS deverá notificar o beneficiário quanto à suspensão do benefício de que trata o § 4º deste artigo e conceder-lhe prazo de 30 (trinta) dias para interposição de recurso.

§ 6º Decorrido o prazo de 30 (trinta) dias após a suspensão a que se refere o § 4º deste artigo, sem que o beneficiário, o seu representante legal ou o seu procurador apresente recurso administrativo aos canais de atendimento do INSS ou a outros canais autorizados, o benefício será cessado.

§ 7º Para fins do disposto no *caput* deste artigo, o INSS poderá realizar recenseamento para atualização do cadastro dos beneficiários, abrangidos os benefícios administrados pelo INSS, observado o disposto nos incisos III, IV e V do § 8º deste artigo.

§ 8º Aqueles que receberem benefícios realizarão anualmente a comprovação de vida nas instituições financeiras, por meio de atendimento eletrônico com uso de biometria ou por qualquer meio definido pelo INSS que assegure a identificação do beneficiário, observadas as seguintes disposições:

I — a prova de vida e a renovação de senha serão efetuadas por aquele que receber o benefício, mediante identificação por funcionário da instituição, quando realizada nas instituições financeiras;

II — o representante legal ou o procurador do beneficiário, legalmente cadastrado no INSS, poderá realizar a prova de vida no INSS ou na instituição financeira responsável pelo pagamento;

III — a prova de vida de segurados com idade igual ou superior a 60 (sessenta) anos será disciplinada em ato do Presidente do INSS;

IV — o INSS disporá de meios, incluída a realização de pesquisa externa, que garantam a identificação e o processo de prova de vida para pessoas com dificuldades de locomoção e idosos acima de 80 (oitenta) anos que recebam benefícios; e

V — o INSS poderá bloquear o pagamento do benefício encaminhado às instituições financeiras até que o beneficiário atenda à convocação, permitida a liberação do pagamento automaticamente pela instituição financeira.

§ 9º O recurso de que trata o § 5º deste artigo não terá efeito suspensivo.

§ 10. Apurada irregularidade recorrente ou fragilidade nos procedimentos, reconhecida na forma prevista no **caput** deste artigo ou pelos órgãos de controle, os procedimentos de análise e concessão de benefícios serão revistos, de modo a reduzir o risco de fraude e concessão irregular.

§ 11. Para fins do disposto no § 8º deste artigo, preservados a integridade dos dados e o sigilo eventualmente existente, o INSS:

I — terá acesso a todos os dados biométricos mantidos e administrados pelos órgãos públicos federais; e

II — poderá ter, por meio de convênio, acesso aos dados biométricos:

a) da Justiça Eleitoral; e

b) de outros entes federativos." (NR)

Art. 24. A *Lei n. 8.213, de 24 de julho de 1991*, passa a vigorar com as seguintes alterações:

"Art. 15. ....

I — sem limite de prazo, quem está em gozo de benefício, exceto do auxílio-acidente;

...." (NR)

"Art. 16. ....

....

§ 5º As provas de união estável e de dependência econômica exigem início de prova material contemporânea dos fatos, produzido em período não superior a 24 (vinte e quatro) meses anterior à data do óbito ou do recolhimento à prisão do segurado, não admitida a prova exclusivamente testemunhal, exceto na ocorrência de motivo de força maior ou caso fortuito, conforme disposto no regulamento.

§ 6º Na hipótese da alínea *c* do inciso V do § 2º do art. 77 desta Lei, a par da exigência do § 5º deste artigo, deverá ser apresentado, ainda, início de prova material que comprove união estável por pelo menos 2 (dois) anos antes do óbito do segurado.

§ 7º Será excluído definitivamente da condição de dependente quem tiver sido condenado criminalmente por sentença com trânsito em julgado, como autor, coautor ou partícipe de homicídio doloso, ou de tentativa desse crime, cometido contra a pessoa do segurado, ressalvados os absolutamente incapazes e os inimputáveis." (NR)

"Art. 17. ....

....

§ 7º Não será admitida a inscrição **post mortem** de segurado contribuinte individual e de segurado facultativo." (NR)

"Art. 18. ....

....

§ 4º Os benefícios referidos no *caput* deste artigo poderão ser solicitados, pelos interessados, aos Oficiais de Registro Civil das Pessoas Naturais, que encaminharão, eletronicamente, requerimento e respectiva documentação comprobatória de seu direito para deliberação e análise do Instituto Nacional do Seguro Social (INSS), nos termos do regulamento." (NR)

"Art. 25. ....

....

III — salário-maternidade para as seguradas de que tratam os incisos V e VII do *caput* do art. 11 e o art. 13 desta Lei: 10 (dez) contribuições mensais, respeitado o disposto no parágrafo único do art. 39 desta Lei; e

IV — auxílio-reclusão: 24 (vinte e quatro) contribuições mensais.

...." (NR)

"Art. 26. ....

I — pensão por morte, salário-família e auxílio-acidente;

...." (NR)

"*Art. 27-A.* Na hipótese de perda da qualidade de segurado, para fins da concessão dos benefícios de auxílio-doença, de aposentadoria por invalidez, de salário-ma-

Reforma da Previdência: Entenda Ponto a Ponto | **185**

ternidade e de auxílio-reclusão, o segurado deverá contar, a partir da data da nova filiação à Previdência Social, com metade dos períodos previstos nos incisos I, III e IV do *caput* do art. 25 desta Lei." (NR)

"*Art. 32.* O salário de benefício do segurado que contribuir em razão de atividades concomitantes será calculado com base na soma dos salários de contribuição das atividades exercidas na data do requerimento ou do óbito, ou no período básico de cálculo, observado o disposto no art. 29 desta Lei.

I — (revogado);

II — (revogado);

a) (revogada);

b) (revogada);

III — (revogado).

§ 1º O disposto neste artigo não se aplica ao segurado que, em obediência ao limite máximo do salário de contribuição, contribuiu apenas por uma das atividades concomitantes.

§ 2º Não se aplica o disposto neste artigo ao segurado que tenha sofrido redução do salário de contribuição das atividades concomitantes em respeito ao limite máximo desse salário." (NR)

"Art. 38-A O Ministério da Economia manterá sistema de cadastro dos segurados especiais no Cadastro Nacional de Informações Sociais (CNIS), observado o disposto nos §§ 4º e 5º do art. 17 desta Lei, e poderá firmar acordo de cooperação com o Ministério da Agricultura, Pecuária e Abastecimento e com outros órgãos da administração pública federal, estadual, distrital e municipal para a manutenção e a gestão do sistema de cadastro.

§ 1º O sistema de que trata o *caput* deste artigo preverá a manutenção e a atualização anual do cadastro e conterá as informações necessárias à caracterização da condição de segurado especial, nos termos do disposto no regulamento.

§ 2º Da aplicação do disposto neste artigo não poderá resultar nenhum ônus para os segurados, sem prejuízo do disposto no § 4º deste artigo.

....

§ 4º A atualização anual de que trata o § 1º deste artigo será feita até 30 de junho do ano subsequente.

§ 5º É vedada a atualização de que trata o § 1º deste artigo após o prazo de 5 (cinco) anos, contado da data estabelecida no § 4º deste artigo.

§ 6º Decorrido o prazo de 5 (cinco) anos de que trata o § 5º deste artigo, o segurado especial só poderá computar o período de trabalho rural se efetuados em época própria a comercialização da produção e o recolhimento da contribuição prevista no art. 25 da Lei n. 8.212, de 24 de julho de 1991." (NR)

"Art. 38-B. ....

§ 1º A partir de 1º de janeiro de 2023, a comprovação da condição e do exercício da atividade rural do segurado especial ocorrerá, exclusivamente, pelas informações constantes do cadastro a que se refere o art. 38-A desta Lei.

§ 2º Para o período anterior a 1º de janeiro de 2023, o segurado especial comprovará o tempo de exercício da atividade rural por meio de autodeclaração ratificada por entidades públicas credenciadas, nos termos do art. 13 da Lei n. 12.188, de 11 de janeiro de 2010, e por outros órgãos públicos, na forma prevista no regulamento.

§ 3º Até 1º de janeiro de 2025, o cadastro de que trata o art. 38-A poderá ser realizado, atualizado e corrigido, sem prejuízo do prazo de que trata o § 1º deste artigo e da regra permanente prevista nos §§ 4º e 5º do art. 38-A desta Lei.

§ 4º Na hipótese de divergência de informações entre o cadastro e outras bases de dados, para fins de reconhecimento do direito ao benefício, o INSS poderá exigir a apresentação dos documentos referidos no art. 106 desta Lei.

§ 5º O cadastro e os prazos de que tratam este artigo e o art. 38-A desta Lei deverão ser amplamente divulgados por todos os meios de comunicação cabíveis para que todos os cidadãos tenham acesso à informação sobre a existência do referido cadastro e a obrigatoriedade de registro." (NR)

"Art. 39. Para os segurados especiais, referidos no inciso VII do *caput* do art. 11 desta Lei, fica garantida a concessão:

I — de aposentadoria por idade ou por invalidez, de auxílio-doença, de auxílio-reclusão ou de pensão, no valor de 1 (um) salário mínimo, e de auxílio-acidente, conforme disposto no art. 86 desta Lei, desde que comprovem o exercício de atividade rural, ainda que de forma descontínua, no período imediatamente anterior ao requerimento do benefício, igual ao número de meses correspondentes à carência do benefício requerido, observado o disposto nos arts. 38-A e 38-B desta Lei; ou

...." (NR)

"Art. 55. ....

....

§ 3º A comprovação do tempo de serviço para os fins desta Lei, inclusive mediante justificativa administrativa ou judicial, observado o disposto no art. 108 desta Lei, só produzirá efeito quando for baseada em início de prova material contemporânea dos fatos, não admitida a prova exclusivamente testemunhal, exceto na ocorrência de motivo de força maior ou caso fortuito, na forma prevista no regulamento.

...." (NR)

"Art. 59. ....

§ 1º Não será devido o auxílio-doença ao segurado que se filiar ao Regime Geral de Previdência Social já portador da doença ou da lesão invocada como causa para o benefício, exceto quando a incapacidade sobrevier por motivo de progressão ou agravamento da doença ou da lesão.

§ 2º Não será devido o auxílio-doença para o segurado recluso em regime fechado.

§ 3º O segurado em gozo de auxílio-doença na data do recolhimento à prisão terá o benefício suspenso.

Reforma da Previdência: Entenda Ponto a Ponto | **187**

§ 4º A suspensão prevista no § 3º deste artigo será de até 60 (sessenta) dias, contados da data do recolhimento à prisão, cessado o benefício após o referido prazo.

§ 5º Na hipótese de o segurado ser colocado em liberdade antes do prazo previsto no § 4º deste artigo, o benefício será restabelecido a partir da data da soltura.

§ 6º Em caso de prisão declarada ilegal, o segurado terá direito à percepção do benefício por todo o período devido.

§ 7º O disposto nos §§ 2º, 3º, 4º, 5º e 6º deste artigo aplica-se somente aos benefícios dos segurados que forem recolhidos à prisão a partir da data de publicação desta Lei.

§ 8º O segurado recluso em cumprimento de pena em regime aberto ou semiaberto terá direito ao auxílio-doença." (NR)

"Art. 62. ....

§ 1º ....

§ 2º A alteração das atribuições e responsabilidades do segurado compatíveis com a limitação que tenha sofrido em sua capacidade física ou mental não configura desvio de cargo ou função do segurado reabilitado ou que estiver em processo de reabilitação profissional a cargo do INSS." (NR)

"Art. 73. ....

Parágrafo único. Aplica-se à segurada desempregada, desde que mantida a qualidade de segurada, na forma prevista no art. 15 desta Lei, o disposto no inciso III do *caput* deste artigo." (NR)

"Art. 74. ....

I — do óbito, quando requerida em até 180 (cento e oitenta) dias após o óbito, para os filhos menores de 16 (dezesseis) anos, ou em até 90 (noventa) dias após o óbito, para os demais dependentes;

....

§ 1º Perde o direito à pensão por morte o condenado criminalmente por sentença com trânsito em julgado, como autor, coautor ou partícipe de homicídio doloso, ou de tentativa desse crime, cometido contra a pessoa do segurado, ressalvados os absolutamente incapazes e os inimputáveis.

....

§ 3º Ajuizada a ação judicial para reconhecimento da condição de dependente, este poderá requerer a sua habilitação provisória ao benefício de pensão por morte, exclusivamente para fins de rateio dos valores com outros dependentes, vedado o pagamento da respectiva cota até o trânsito em julgado da respectiva ação, ressalvada a existência de decisão judicial em contrário.

§ 4º Nas ações em que o INSS for parte, este poderá proceder de ofício à habilitação excepcional da referida pensão, apenas para efeitos de rateio, descontando-se os valores referentes a esta habilitação das demais cotas, vedado o pagamento da respectiva cota até o trânsito em julgado da respectiva ação, ressalvada a existência de decisão judicial em contrário.

§ 5º Julgada improcedente a ação prevista no § 3º ou § 4º deste artigo, o valor retido será corrigido pelos índices legais de reajustamento e será pago de forma proporcional aos demais dependentes, de acordo com as suas cotas e o tempo de duração de seus benefícios.

§ 6º Em qualquer caso, fica assegurada ao INSS a cobrança dos valores indevidamente pagos em função de nova habilitação." (NR)

"Art. 76. ....

....

§ 3º Na hipótese de o segurado falecido estar, na data de seu falecimento, obrigado por determinação judicial a pagar alimentos temporários a ex-cônjuge, ex-companheiro ou ex-companheira, a pensão por morte será devida pelo prazo remanescente na data do óbito, caso não incida outra hipótese de cancelamento anterior do benefício." (NR)

"Art. 77. ....

....

§ 2º O direito à percepção da cota individual cessará:

....

VI — pela perda do direito, na forma do § 1º do art. 74 desta Lei.

....

§ 7º Se houver fundados indícios de autoria, coautoria ou participação de dependente, ressalvados os absolutamente incapazes e os inimputáveis, em homicídio, ou em tentativa desse crime, cometido contra a pessoa do segurado, será possível a suspensão provisória de sua parte no benefício de pensão por morte, mediante processo administrativo próprio, respeitados a ampla defesa e o contraditório, e serão devidas, em caso de absolvição, todas as parcelas corrigidas desde a data da suspensão, bem como a reativação imediata do benefício." (NR)

"Art. 80. O auxílio-reclusão, cumprida a carência prevista no inciso IV do *caput* do art. 25 desta Lei, será devido, nas condições da pensão por morte, aos dependentes do segurado de baixa renda recolhido à prisão em regime fechado que não receber remuneração da empresa nem estiver em gozo de auxílio-doença, de pensão por morte, de salário-maternidade, de aposentadoria ou de abono de permanência em serviço.

§ 1º O requerimento do auxílio-reclusão será instruído com certidão judicial que ateste o recolhimento efetivo à prisão, e será obrigatória a apresentação de prova de permanência na condição de presidiário para a manutenção do benefício.

§ 2º O INSS celebrará convênios com os órgãos públicos responsáveis pelo cadastro dos presos para obter informações sobre o recolhimento à prisão.

Reforma da Previdência: Entenda Ponto a Ponto | **189**

§ 3º Para fins do disposto nesta Lei, considera-se segurado de baixa renda aquele que, no mês de competência de recolhimento à prisão, tenha renda, apurada nos termos do disposto no § 4º deste artigo, de valor igual ou inferior àquela prevista no art. 13 da Emenda Constitucional n. 20, de 15 de dezembro de 1998, corrigido pelos índices de reajuste aplicados aos benefícios do RGPS.

§ 4º A aferição da renda mensal bruta para enquadramento do segurado como de baixa renda ocorrerá pela média dos salários de contribuição apurados no período de 12 (doze) meses anteriores ao mês do recolhimento à prisão.

§ 5º A certidão judicial e a prova de permanência na condição de presidiário poderão ser substituídas pelo acesso à base de dados, por meio eletrônico, a ser disponibilizada pelo Conselho Nacional de Justiça, com dados cadastrais que assegurem a identificação plena do segurado e da sua condição de presidiário.

§ 6º Se o segurado tiver recebido benefícios por incapacidade no período previsto no § 4º deste artigo, sua duração será contada considerando-se como salário de contribuição no período o salário de benefício que serviu de base para o cálculo da renda mensal, reajustado na mesma época e com a mesma base dos benefícios em geral, não podendo ser inferior ao valor de 1 (um) salário mínimo.

§ 7º O exercício de atividade remunerada do segurado recluso, em cumprimento de pena em regime fechado, não acarreta a perda do direito ao recebimento do auxílio-reclusão para seus dependentes.

§ 8º Em caso de morte de segurado recluso que tenha contribuído para a previdência social durante o período de reclusão, o valor da pensão por morte será calculado levando-se em consideração o tempo de contribuição adicional e os correspondentes salários de contribuição, facultada a opção pelo valor do auxílio-reclusão." (NR)

"Art. 96. ....

....

V — é vedada a emissão de Certidão de Tempo de Contribuição (CTC) com o registro exclusivo de tempo de serviço, sem a comprovação de contribuição efetiva, exceto para o segurado empregado, empregado doméstico, trabalhador avulso e, a partir de 1º de abril de 2003, para o contribuinte individual que presta serviço a empresa obrigada a arrecadar a contribuição a seu cargo, observado o disposto no § 5º do art. 4º da Lei n. 10.666, de 8 de maio de 2003;

VI — a CTC somente poderá ser emitida por regime próprio de previdência social para ex-servidor;

VII — é vedada a contagem recíproca de tempo de contribuição do RGPS por regime próprio de previdência social sem a emissão da CTC correspondente, ainda que o tempo de contribuição referente ao RGPS tenha sido prestado pelo servidor público ao próprio ente instituidor;

VIII — é vedada a desaverbação de tempo em regime próprio de previdência social quando o tempo averbado tiver gerado a concessão de vantagens remuneratórias ao servidor público em atividade; e

IX — para fins de elegibilidade às aposentadorias especiais referidas no § 4º do art. 40 e no § 1º do art. 201 da Constituição Federal, os períodos reconhecidos pelo regime previdenciário de origem como de tempo especial, sem conversão em tempo comum, deverão estar incluídos nos períodos de contribuição compreendidos na CTC e discriminados de data a data.

Parágrafo único. O disposto no inciso V do *caput* deste artigo não se aplica ao tempo de serviço anterior à edição da Emenda Constitucional n. 20, de 15 de dezembro de 1998, que tenha sido equiparado por lei a tempo de contribuição." (NR)

"Art. 103. O prazo de decadência do direito ou da ação do segurado ou beneficiário para a revisão do ato de concessão, indeferimento, cancelamento ou cessação de benefício e do ato de deferimento, indeferimento ou não concessão de revisão de benefício é de 10 (dez) anos, contado:

I — do dia primeiro do mês subsequente ao do recebimento da primeira prestação ou da data em que a prestação deveria ter sido paga com o valor revisto; ou

II — do dia em que o segurado tomar conhecimento da decisão de indeferimento, cancelamento ou cessação do seu pedido de benefício ou da decisão de deferimento ou indeferimento de revisão de benefício, no âmbito administrativo.

...." (NR)

"Art. 106. A comprovação do exercício de atividade rural será feita, complementarmente à autodeclaração de que trata o § 2º e ao cadastro de que trata o § 1º, ambos do art. 38-B desta Lei, por meio de, entre outros:

....

III — (revogado);

IV — Declaração de Aptidão ao Programa Nacional de Fortalecimento da Agricultura Familiar, de que trata o inciso II do *caput* do art. 2º da Lei n. 12.188, de 11 de janeiro de 2010, ou por documento que a substitua;

...." (NR)

"Art. 110. ....

§ 1º ....

§ 2º O dependente excluído, na forma do § 7º do art. 16 desta Lei, ou que tenha a parte provisoriamente suspensa, na forma do § 7º do art. 77 desta Lei, não poderá representar outro dependente para fins de recebimento e percepção do benefício.

§ 3º O dependente que perde o direito à pensão por morte, na forma do § 1º do art. 74 desta Lei, não poderá representar outro dependente para fins de recebimento e percepção do benefício." (NR)

"Art. 115. ....

....

II — pagamento administrativo ou judicial de benefício previdenciário ou assistencial indevido, ou além do devido, inclusive na hipótese de cessação do benefício pela revogação de decisão judicial, em valor que não exceda 30% (trinta por cento) da sua importância, nos termos do regulamento;

....

3º Serão inscritos em dívida ativa pela Procuradoria-Geral Federal os créditos constituídos pelo INSS em decorrência de benefício previdenciário ou assistencial pago indevidamente ou além do devido, inclusive na hipótese de cessação do benefício pela revogação de decisão judicial, nos termos da Lei n. 6.830, de 22 de setembro de 1980, para a execução judicial.

§ 4º Será objeto de inscrição em dívida ativa, para os fins do disposto no § 3º deste artigo, em conjunto ou separadamente, o terceiro beneficiado que sabia ou deveria saber da origem do benefício pago indevidamente em razão de fraude, de dolo ou de coação, desde que devidamente identificado em procedimento administrativo de responsabilização.

§ 5º O procedimento de que trata o § 4º deste artigo será disciplinado em regulamento, nos termos da Lei n. 9.784, de 29 de janeiro de 1999, e no art. 27 do Decreto-Lei n. 4.657, de 4 de setembro de 1942.

§ 6º Na hipótese prevista no inciso V do **caput** deste artigo, a autorização do desconto deverá ser revalidada a cada 3 (três) anos, a partir de 31 de dezembro de 2021, nos termos do regulamento." (NR)

"Art. 120. A Previdência Social ajuizará ação regressiva contra os responsáveis nos casos de:

I — negligência quanto às normas padrão de segurança e higiene do trabalho indicadas para a proteção individual e coletiva;

II — violência doméstica e familiar contra a mulher, nos termos da Lei n. 11.340, de 7 de agosto de 2006." (NR)

"Art. 121. O pagamento de prestações pela Previdência Social em decorrência dos casos previstos nos incisos I e II do **caput** do art. 120 desta Lei não exclui a responsabilidade civil da empresa, no caso do inciso I, ou do responsável pela violência doméstica e familiar, no caso do inciso II." (NR)

"*Art. 124-A.* O INSS implementará e manterá processo administrativo eletrônico para requerimento de benefícios e serviços e disponibilizará canais eletrônicos de atendimento.

§ 1º O INSS facilitará o atendimento, o requerimento, a concessão, a manutenção e a revisão de benefícios por meio eletrônico e implementará procedimentos automatizados, de atendimento e prestação de serviços por meio de atendimento telefônico ou de canais remotos.

§ 2º Poderão ser celebrados acordos de cooperação, na modalidade de adesão, com órgãos e entidades da União, dos Estados, do Distrito Federal e dos Municípios, para a recepção de documentos e o apoio administrativo às atividades do INSS que demandem serviços presenciais.

§ 3º A implementação de serviços eletrônicos preverá mecanismos de controle preventivos de fraude e de identificação segura do cidadão."

"Art. 124-B. O INSS, para o exercício de suas competências, observado o disposto nos incisos XI e XII do art. 5º da Constituição Federal e na Lei n. 13.709, de 14 de agosto de 2018, terá acesso aos dados necessários para a análise, a concessão, a revisão e a manutenção de benefícios por ele administrados, em especial aos dados:

I — (VETADO);

II — dos registros e dos prontuários eletrônicos do Sistema Único de Saúde (SUS), administrados pelo Ministério da Saúde;

III — dos documentos médicos mantidos por entidades públicas e privadas, sendo necessária, no caso destas últimas, a celebração de convênio para garantir o acesso; e

IV — de movimentação das contas do Fundo de Garantia por Tempo de Serviço (FGTS), instituído pela Lei n. 5.107, de 13 de setembro de 1966, mantidas pela Caixa Econômica Federal.

§ 1º Para fins do cumprimento do disposto no *caput* deste artigo, serão preservados a integridade e o sigilo dos dados acessados pelo INSS, eventualmente existentes, e o acesso aos dados dos prontuários eletrônicos do Sistema Único de Saúde (SUS) e dos documentos médicos mantidos por entidades públicas e privadas será exclusivamente franqueado aos peritos médicos federais designados pelo INSS.

§ 2º O Ministério da Economia terá acesso às bases de dados geridas ou administradas pelo INSS, incluída a folha de pagamento de benefícios com o detalhamento dos pagamentos.

§ 3º As bases de dados e as informações de que tratam o *caput* e o § 1º deste artigo poderão ser compartilhadas com os regimes próprios de previdência social, para estrita utilização em suas atribuições relacionadas à recepção, à análise, à concessão, à revisão e à manutenção de benefícios por eles administrados, preservados a integridade dos dados e o sigilo eventualmente existente, na forma disciplinada conjuntamente pela Secretaria Especial de Previdência e Trabalho do Ministério da Economia e pelo gestor dos dados.

§ 4º Fica dispensada a celebração de convênio, de acordo de cooperação técnica ou de instrumentos congêneres para a efetivação do acesso aos dados de que trata o *caput* deste artigo, quando se tratar de dados hospedados por órgãos da administração pública federal, e caberá ao INSS a responsabilidade de arcar com os custos envolvidos, quando houver, no acesso ou na extração dos dados, exceto quando estabelecido de forma diversa entre os órgãos envolvidos.

§ 5º As solicitações de acesso a dados hospedados por entidades privadas possuem característica de requisição, dispensados a celebração de convênio, acordo de cooperação técnica ou instrumentos congêneres para a efetivação do acesso aos dados de que trata o *caput* deste artigo e o ressarcimento de eventuais custos, vedado o compartilhamento dos dados com demais entidades de direito privado."

"Art. 124-C. O servidor responsável pela análise dos pedidos dos benefícios previstos nesta Lei motivará suas decisões ou opiniões técnicas e responderá pessoalmente apenas na hipótese de dolo ou erro grosseiro."

"Art. 124-D. A administração pública federal desenvolverá ações de segurança da informação e comunicações, incluídas as de segurança cibernética, de segurança das infraestruturas, de qualidade dos dados e de segurança de interoperabilidade de bases governamentais, e efetuará a sua integração, inclusive com as bases de dados e informações dos Estados, dos Municípios e do Distrito Federal, com o objetivo de atenuar riscos e inconformidades em pagamentos de benefícios sociais."

"Art. 124-E (VETADO)."

"Art. 124-F (VETADO)."

"Art. 126. Compete ao Conselho de Recursos da Previdência Social julgar:

I — recursos das decisões do INSS nos processos de interesse dos beneficiários;

II — contestações e recursos relativos à atribuição, pelo Ministério da Economia, do Fator Acidentário de Prevenção aos estabelecimentos das empresas;

III — recursos das decisões do INSS relacionados à comprovação de atividade rural de segurado especial de que tratam os arts. 38-A e 38-B, ou demais informações relacionadas ao CNIS de que trata o art. 29-A desta Lei.

....

§ 3º A propositura de ação que tenha por objeto idêntico pedido sobre o qual versa o processo administrativo importa renúncia ao direito de recorrer na esfera administrativa e desistência do recurso interposto." (NR)

Art. 25. O art. 20 da *Lei n. 8.742, de 7 de dezembro de 1993*, passa a vigorar acrescido do seguinte § 12:

"Art. 20. ....

....

§ 12. São requisitos para a concessão, a manutenção e a revisão do benefício as inscrições no Cadastro de Pessoas Físicas (CPF) e no Cadastro Único para Programas Sociais do Governo Federal — Cadastro Único, conforme previsto em regulamento." (NR)

Art. 26. A *Lei n. 9.620, de 2 de abril de 1998*, passa a vigorar com as seguintes alterações:

"Art. 1º ....

I — Supervisor Médico-Pericial, composta de 500 (quinhentos) cargos de igual denominação, lotados no quadro de pessoal do Ministério da Economia com atribuições destinadas às atividades de gestão governamental, de gerenciamento, de supervisão, de controle, de fiscalização e de auditoria das atividades de perícia médica;

..........." (NR)

"Art. 5º ....

I — da carreira de Supervisor Médico-Pericial, o Ministério da Economia;

..........." (NR)

"Art. 6º ....

....

IV — definir os termos do edital dos concursos públicos para provimentos dos cargos, observadas as atribuições da carreira e as normas editadas pelo Ministério da Economia;

....

VII — supervisionar e acompanhar a aplicação das normas e dos procedimentos, para fins de progressão e promoção, e das demais regras referentes à organização da carreira, e propor o seu aperfeiçoamento ao Ministério da Economia.

§ 1º Observadas as normas editadas pelo Ministério da Economia, os órgãos supervisores a que se refere o *caput* deste artigo serão assessorados por:

I — representantes dos órgãos ou das entidades de lotação dos integrantes da carreira; e

II — comitê consultivo, composto de integrantes da carreira sob a sua supervisão.

§ 2º (Revogado)." (NR)

"*Art. 21.* Compete ao Ministério da Economia editar as normas complementares e os procedimentos necessários à promoção nas carreiras de que trata esta Lei." (NR)

Art. 27. A *Lei n. 10.876, de 2 de junho de 2004,* passa a vigorar com as seguintes alterações:

"*Art. 12-A.* O ocupante de cargo efetivo de Perito Médico da Previdência Social da carreira de Perícia Médica da Previdência Social em exercício no órgão de lotação ou no INSS perceberá a parcela da GDAMP referente à avaliação de desempenho institucional no valor correspondente ao atribuído ao órgão ou à entidade em que o servidor estiver em efetivo exercício somada à parcela da GDAMP referente à avaliação de desempenho individual conforme os critérios de avaliação estabelecidos em regulamento." (NR)

"*Art. 15.* O ocupante de cargo efetivo de Perito Médico da Previdência Social da carreira de Perícia Médica da Previdência Social que não se encontrar em exercício no órgão de lotação ou no INSS perceberá integralmente a parcela da GDAMP referente à avaliação de desempenho institucional no período somada à parcela da GDAMP referente à avaliação de desempenho individual, quando requisitado pela Presidência da República ou pela Vice-Presidência da República.

...." (NR)

Art. 28. A *Lei n. 11.907, de 2 de fevereiro de 2009,* passa a vigorar com as seguintes alterações:

"**Seção V**

Da Carreira de Perito Médico Federal e da Carreira de Supervisor Médico-Pericial"

"Art. 30. Fica estruturada a carreira de Perito Médico Federal, no âmbito do quadro de pessoal do Ministério da Economia, composta dos cargos de nível superior de Perito Médico Federal, de provimento efetivo.

....

§ 3º São atribuições essenciais e exclusivas dos cargos de Perito Médico Federal, de Perito Médico da Previdência Social e, supletivamente, de Supervisor Médico-Pericial da carreira de que trata a *Lei n. 9.620, de 2 de abril de 1998*, as atividades médico-periciais relacionadas com:

I — o regime geral de previdência social e assistência social:

a) a emissão de parecer conclusivo quanto à incapacidade laboral;

b) a verificação, quando necessária à análise da procedência de benefícios previdenciários;

c) a caracterização da invalidez; e

d) a auditoria médica.

II — a instrução de processos administrativos referentes à concessão e à revisão de benefícios tributários e previdenciários a que se referem as alíneas *a, c* e *d* do inciso I e o inciso V do *caput* deste artigo;

III — o assessoramento técnico à representação judicial e extrajudicial da União, das autarquias e das fundações públicas federais quanto aos expedientes e aos processos relacionados com o disposto neste artigo;

IV — a movimentação da conta vinculada do trabalhador ao Fundo de Garantia do Tempo de Serviço (FGTS), nas hipóteses previstas em lei, relacionadas à condição de saúde;

V — o exame médico-pericial componente da avaliação biopsicossocial da deficiência de que trata o § 1º do art. 2º da Lei n. 13.146, de 6 de julho de 2015 (Estatuto da Pessoa com Deficiência), no âmbito federal, para fins previdenciários, assistenciais e tributários, observada a vigência estabelecida no parágrafo único do art. 39 da Lei resultante da Medida Provisória n. 871, de 18 de janeiro de 2019; *(Vigência)*

VI — as atividades acessórias àquelas previstas neste artigo, na forma definida em regulamento.

§ 4º Ato do Ministro de Estado da Economia poderá autorizar a execução pelos titulares de cargos de que trata o § 3º deste artigo de outras atividades médico-periciais previstas em lei para a administração pública federal.

§ 4º-A Ato do dirigente máximo do Sistema de Pessoal Civil da Administração Federal (Sipec) regulamentará as orientações e os procedimentos a serem adotados na realização das atividades de que trata o § 4º deste artigo.

....

§ 11. O Perito Médico Federal deve trabalhar com isenção e sem interferências externas, vedada a presença ou a participação de não médicos durante o ato médico-pericial, exceto quando autorizado por ato discricionário do Perito Médico Federal.

§ 12. Nas perícias médicas onde for exigido o exame médico-pericial presencial do requerente, ficará vedada a substituição do exame presencial por exame remoto ou à distância na forma de telemedicina ou tecnologias similares." (NR)

"Art. 35. ....

....

§ 5º Os ocupantes dos cargos a que se refere o *caput* deste artigo poderão, a qualquer tempo, optar pela jornada semanal de trabalho de 30 (trinta) ou 40 (quarenta) horas, por meio do termo de opção de que trata o Anexo XIV-A desta Lei, observado o interesse da administração pública federal quanto à alteração da jornada de trabalho e respeitado o limite estabelecido em ato do Ministro de Estado da Economia.

...." (NR)

"Art. 38. Fica instituída a Gratificação de Desempenho de Atividade de Perícia Médica Previdenciária (GDAPMP), devida aos titulares dos cargos de provimento efetivo da carreira de Perito Médico Previdenciário e da carreira de Supervisor Médico-Pericial, quando em efetivo exercício nas atividades inerentes às atribuições do respectivo cargo no órgão de lotação ou no INSS, em função do desempenho individual do servidor e do alcance de metas de desempenho institucional.

....

§ 4º A parcela referente à avaliação de desempenho institucional será paga conforme os parâmetros de alcance das metas organizacionais, a serem definidos em ato do dirigente máximo do órgão de lotação.

...." (NR)

"Art. 39. Os ocupantes de cargos efetivos de Perito Médico Federal ou de Supervisor Médico-Pericial que se encontrarem em efetivo exercício das atividades inerentes às atribuições do respectivo cargo no Ministério da Economia ou no INSS perceberão a parcela da GDAPMP referente à avaliação de desempenho institucional no valor correspondente ao atribuído ao órgão ou à entidade em que o servidor estiver em efetivo exercício e a parcela da GDAPMP referente à avaliação de desempenho individual conforme os critérios e os procedimentos de avaliação estabelecidos no art. 46 desta Lei." (NR)

"Art. 40. Os ocupantes de cargos efetivos das carreiras de Perito Médico Federal ou de Supervisor Médico-Pericial que se encontrarem na condição de dirigentes máximos de Superintendência Regional, de Gerência-Executiva, de Agência da Previdência Social e de Chefia de Seção de Saúde do Trabalhador do INSS perceberão a GDAPMP nos termos do disposto no art. 39." (NR)

"Art. 41. Os ocupantes de cargos efetivos das carreiras de Perito Médico Federal ou de Supervisor Médico-Pericial que se encontrarem em exercício no órgão de lotação ou no INSS quando investidos em cargo em comissão ou função de confiança farão jus à GDAPMP da seguinte forma:

....

II — os investidos em cargos em comissão do Grupo-DAS de níveis 4, 5 ou 6 ou equivalentes, hipótese em que o valor da GDAPMP será correspondente à pontuação máxima possível a título de desempenho individual somada à pontuação correspondente à média nacional atribuída a título de avaliação institucional às unidades do órgão ou da entidade em que o servidor se encontrar em efetivo exercício." (NR)

"Art. 42. Os ocupantes de cargos efetivos das carreiras de Perito Médico Federal ou de Supervisor Médico-Pericial que não se encontrarem em efetivo exercício no órgão de lotação ou no INSS farão jus à GDAPMP quando:

...." (NR)

"Art. 46. ....

§ 1º Os critérios e os procedimentos específicos da avaliação individual e institucional e da atribuição da GDAPMP serão estabelecidos em ato do Ministro de Estado da Economia.

§ 2º As metas referentes à avaliação de desempenho institucional serão estabelecidas anualmente em ato do Ministro de Estado da Economia.

...." (NR)

Art. 29. O § 1º do art. 4º da *Lei n. 10.887, de 18 de junho de 2004,* passa a vigorar acrescido dos seguintes incisos XXVI e XXVII:

"Art. 4º ....

§ 1º ....

....

XXVI — o Bônus de Desempenho Institucional por Perícia Médica em Benefícios por Incapacidade (BPMBI); e

XXVII — o Bônus de Desempenho Institucional por Análise de Benefícios com Indícios de Irregularidade do Monitoramento Operacional de Benefícios (BMOB).

...." (NR)

Art. 30. A *Lei n. 6.015, de 31 de dezembro de 1973,* passa a vigorar com as seguintes alterações:

"Art. 52. ....

....

§ 3º O oficial de registro civil comunicará o registro de nascimento ao Ministério da Economia e ao INSS pelo Sistema Nacional de Informações de Registro Civil (Sirc) ou por outro meio que venha a substituí-lo." (NR)

"Art. 75. ....

Parágrafo único. O oficial de registro civil comunicará o registro ao Ministério da Economia e ao INSS pelo Sistema Nacional de Informações de Registro Civil (Sirc) ou por outro meio que venha a substituí-lo." (NR)

Art. 31. A *Lei n. 9.717, de 27 de novembro de 1998*, passa a vigorar com as seguintes alterações, numerando-se o parágrafo único do art. 1º e do art. 8º como § 1º:

"Art. 1º ....

§ 1º Aplicam-se adicionalmente aos regimes próprios de previdência social as disposições estabelecidas no art. 6º desta Lei relativas aos fundos com finalidade previdenciária por eles instituídos.

§ 2º Os regimes próprios de previdência social da União, dos Estados, do Distrito Federal e dos Municípios operacionalizarão a compensação financeira a que se referem o § 9º do art. 201 da Constituição Federal e a Lei n. 9.796, de 5 de maio de 1999, entre si e com o regime geral de previdência social, sob pena de incidirem nas sanções de que trata o art. 7º desta Lei." (NR)

"Art. 6º ....

Parágrafo único. No estabelecimento das condições e dos limites para aplicação dos recursos dos regimes próprios de previdência social, na forma do inciso IV do *caput* deste artigo, o Conselho Monetário Nacional deverá considerar, entre outros requisitos:

I — a natureza pública das unidades gestoras desses regimes e dos recursos aplicados, exigindo a observância dos princípios de segurança, proteção e prudência financeira;

II — a necessidade de exigência, em relação às instituições públicas ou privadas que administram, direta ou indiretamente por meio de fundos de investimento, os recursos desses regimes, da observância de critérios relacionados a boa qualidade de gestão, ambiente de controle interno, histórico e experiência de atuação, solidez patrimonial, volume de recursos sob administração e outros destinados à mitigação de riscos." (NR)

"Art. 8º Os responsáveis pelos poderes, órgãos ou entidades do ente estatal, os dirigentes da unidade gestora do respectivo regime próprio de previdência social e os membros dos seus conselhos e comitês respondem diretamente por infração ao disposto nesta Lei, sujeitando-se, no que couber, ao regime disciplinar estabelecido na Lei Complementar n. 109, de 29 de maio de 2001, e seu regulamento, e conforme diretrizes gerais.

§ 1º As infrações serão apuradas mediante processo administrativo que tenha por base o auto, a representação ou a denúncia positiva dos fatos irregulares, assegurados ao acusado o contraditório e a ampla defesa, em conformidade com diretrizes gerais.

§ 2º São também responsáveis quaisquer profissionais que prestem serviços técnicos ao ente estatal e respectivo regime próprio de previdência social, diretamente ou por intermédio de pessoa jurídica contratada." (NR)

"Art. 8º-A. Os dirigentes do ente federativo instituidor do regime próprio de previdência social e da unidade gestora do regime e os demais responsáveis pelas ações de investimento e aplicação dos recursos previdenciários, inclusive os consultores, os distribuidores, a instituição financeira administradora da carteira, o fundo de investimentos que tenha recebido os recursos e seus gestores e administradores serão solidariamente responsáveis, na medida de sua participação, pelo ressarcimento dos prejuízos decorrentes de aplicação em desacordo com a legislação vigente a que tiverem dado causa."

"Art. 8º-B. Os dirigentes da unidade gestora do regime próprio de previdência social deverão atender aos seguintes requisitos mínimos:

I — não ter sofrido condenação criminal ou incidido em alguma das demais situações de inelegilidade previstas no inciso I do *caput* do art. 1º da Lei Complementar n. 64, de 18 de maio de 1990, observados os critérios e prazos previstos na referida Lei Complementar;

II — possuir certificação e habilitação comprovadas, nos termos definidos em parâmetros gerais;

III — possuir comprovada experiência no exercício de atividade nas áreas financeira, administrativa, contábil, jurídica, de fiscalização, atuarial ou de auditoria;

IV — ter formação superior.

Parágrafo único. Os requisitos a que se referem os incisos I e II do **caput** deste artigo aplicam-se aos membros dos conselhos deliberativo e fiscal e do comitê de investimentos da unidade gestora do regime próprio de previdência social."

"Art. 9º Compete à União, por intermédio da Secretaria Especial de Previdência e Trabalho do Ministério da Economia, em relação aos regimes próprios de previdência social e aos seus fundos previdenciários:

I — a orientação, a supervisão, a fiscalização e o acompanhamento;

II — o estabelecimento e a publicação de parâmetros, diretrizes e critérios de responsabilidade previdenciária na sua instituição, organização e funcionamento, relativos a custeio, benefícios, atuária, contabilidade, aplicação e utilização de recursos e constituição e manutenção dos fundos previdenciários, para preservação do caráter contributivo e solidário e do equilíbrio financeiro e atuarial;

III — a apuração de infrações, por servidor credenciado, e a aplicação de penalidades, por órgão próprio, nos casos previstos no art. 8º desta Lei;

IV — a emissão do Certificado de Regularidade Previdenciária (CRP), que atestará, para os fins do disposto no art. 7º desta Lei, o cumprimento, pelos Estados, Distrito Federal e Municípios, dos critérios e exigências aplicáveis aos regimes próprios de previdência social e aos seus fundos previdenciários.

Parágrafo único. A União, os Estados, o Distrito Federal e os Municípios encaminharão à Secretaria Especial de Previdência e Trabalho do Ministério da Economia, na forma, na periodicidade e nos critérios por ela definidos, dados e informações sobre o regime próprio de previdência social e seus segurados." (NR)

Art. 32. A *Lei n. 9.796, de 5 de maio de 1999*, passa a vigorar com as seguintes alterações:

"Art. 8º Na hipótese de descumprimento do prazo de desembolso estipulado no § 2º do art. 6º desta Lei ou de descumprimento do prazo de análise dos requerimentos estipulado em regulamento, serão aplicadas as mesmas normas em vigor para atualização dos valores dos recolhimentos em atraso de contribuições previdenciárias arrecadadas pelo Instituto Nacional do Seguro Social (INSS).

...." (NR)

"Art. 8º-A ....

§ 1º O regulamento estabelecerá as disposições específicas a serem observadas na compensação financeira entre os regimes próprios de previdência social, inclusive no que se refere ao período de estoque e às condições para seu pagamento, admitido o parcelamento.

§ 2º O ente federativo que não aderir à compensação financeira com os demais regimes próprios de previdência social ou inadimplir suas obrigações terá suspenso o recebimento dos valores devidos pela compensação com o regime geral de previdência social, na forma estabelecida no regulamento." (NR)

Art. 33. O art. 5º-B da *Lei n. 10.855, de 1º de abril de 2004*, passa a vigorar com a seguinte redação:

"Art. 5º-B. São atribuições da carreira do Seguro Social:

I — no exercício da competência do INSS e em caráter privativo:

a) elaborar e proferir decisões ou delas participar em processo administrativo-previdenciário relativas ao Regime Geral da Previdência Social (RGPS), de que trata o art. 201 da Constituição Federal, bem como em processos de consulta, de restituição ou de apuração de irregularidade em processos administrados pelo INSS;

b) proceder à orientação no tocante à interpretação da legislação previdenciária de que trata o art. 201 da Constituição Federal;

c) realizar as alterações cadastrais que impactam em alteração de direitos a benefícios sociais no Cadastro Nacional de Informações Sociais (CNIS), de que trata o art. 29-A da Lei n. 8.213, de 24 de julho de 1991;

d) exercer, em caráter geral e concorrente, as demais atividades inerentes à competência do INSS;

II — exercer atividades de natureza técnica, acessória ou preparatória ao exercício das atribuições privativas ao servidor administrativo da carreira do Seguro Social;

III — atuar no exame de matérias e processos administrativos de benefícios sociais, ressalvado o disposto na alínea *a* do inciso I do *caput* deste artigo.

Parágrafo único. Outras atribuições específicas dos cargos de que tratam os arts. 5º e 5º-A desta Lei poderão ser estabelecidas em regulamento." (NR)

Art. 34. O art. 10 da *Lei n. 7.783, de 28 de junho de 1989*, passa a vigorar acrescido dos seguintes incisos XII, XIII e XIV:

"Art. 10. ....

....

XII — atividades médico-periciais relacionadas com o regime geral de previdência social e a assistência social;

XIII — atividades médico-periciais relacionadas com a caracterização do impedimento físico, mental, intelectual ou sensorial da pessoa com deficiência, por meio da integração de equipes multiprofissionais e interdisciplinares, para fins de reconhecimento de direitos previstos em lei, em especial na Lei n. 13.146, de 6 de julho de 2015 (Estatuto da Pessoa com Deficiência); e

XIV — outras prestações médico-periciais da carreira de Perito Médico Federal indispensáveis ao atendimento das necessidades inadiáveis da comunidade." (NR)

Art. 35. O art. 14 da Lei *n. 11.481, de 31 de maio de 2007,* passa a vigorar acrescido do seguinte § 5º:

"Art. 14. ....

....

§ 5º Na hipótese de que trata o *caput* deste artigo, será devido pelo adquirente o percentual de 5% (cinco por cento) do valor da alienação, a ser destinado exclusivamente para a modernização do atendimento aos segurados do Regime Geral de Previdência Social (RGPS) e o aperfeiçoamento dos sistemas de prevenção à fraude, dispensado dessa obrigação o arrematante beneficiário de programas habitacionais ou de regularização fundiária de interesse social." (NR)

Art. 36. Os valores creditados indevidamente em razão de óbito, em favor de pessoa natural falecida, em instituições integrantes do sistema financeiro nacional por pessoa jurídica de direito público interno deverão ser restituídos.

§ 1º O disposto no *caput* deste artigo:

I — aplica-se aos créditos realizados, inclusive anteriormente à data de entrada em vigor desta Lei;

II — não se aplica aos créditos referentes a períodos de competência anteriores ao óbito;

III — não se aplica aos benefícios do Programa Bolsa Família, de que trata a *Lei n. 10.836, de 9 de janeiro de 2004;* e

IV — não afasta outros mecanismos de restituição de valores pagos por entes públicos.

§ 2º O ente público informará à instituição financeira o valor monetário exato a ser restituído.

§ 3º O cálculo para a restituição do valor a que se refere o § 2º deste artigo considerará a proporcionalidade dos valores pagos referentes ao período posterior ao falecimento do beneficiário.

§ 4º O ente público comprovará o óbito à instituição financeira utilizando-se de um dos seguintes instrumentos:

I — certidão de óbito original;

II — cópia autenticada, em cartório ou administrativamente, da certidão de óbito, inclusive por meio eletrônico;

III — comunicação eletrônica remetida pelo cartório ao ente público;

IV — informação relativa ao óbito prestada por órgão integrante do Sistema Único de Saúde (SUS); ou

V — informação prestada pelo INSS, por meio de relatório conclusivo de apuração de óbito.

§ 5º Após o recebimento do requerimento de restituição, formulado nos termos deste artigo, e observadas as normas a serem editadas pelo Conselho Monetário Nacional, a instituição financeira:

I — bloqueará, imediatamente, os valores disponíveis; e

II — restituirá ao ente público os valores bloqueados até o 45º (quadragésimo quinto) dia após o recebimento do requerimento.

§ 6º Na hipótese de não haver saldo suficiente para a restituição, a instituição financeira restituirá o valor disponível e comunicará a inexistência ou insuficiência de saldo ao ente público.

§ 7º Consideram-se disponíveis os valores existentes na conta corrente do beneficiário ou nas aplicações automáticas de recursos a ela vinculadas na data em que a instituição retornar ao ente público.

§ 8º Na hipótese de a instituição financeira constatar erro no requerimento de restituição, por meio do comparecimento do beneficiário ou de prova de vida, deverá, imediatamente:

I — desbloquear os valores; e

II — comunicar o desbloqueio ao ente público requerente.

§ 9º O disposto no *caput* deste artigo não exclui a retificação do requerimento pelo ente público, de ofício ou a pedido do beneficiário.

Art. 37. A ratificação prevista no § 2º do art. 38-B da Lei n. 8.213, de 24 de julho de 1991, será exigida pelo INSS após o prazo de 60 (sessenta) dias, contado da data de publicação da *Medida Provisória n. 871, de 2019, em 18 de janeiro de 2019.*

Parágrafo único. No decorrer do prazo de que trata o *caput* deste artigo, será aceita pelo INSS a autodeclaração do segurado independentemente da ratificação prevista no § 2º do art. 38-B da Lei n. 8.213, de 24 de julho de 1991, sem prejuízo do disposto no § 4º do referido artigo, devendo ser solicitados os documentos referidos no *art. 106 da Lei n. 8.213, de 24 de julho de 1991.*

Art. 38. Ficam revogados:

I — os seguintes dispositivos da *Lei n. 8.213, de 24 de julho de 1991*:

a) § 5º *do art. 60;*

b) *art. 79;*

c) *inciso III do* caput *do art. 106;*

II — o § 2º do art. 6º da Lei n. 9.620, de 2 de abril de 1998;

III — o art. 2º da Lei n. 10.876, de 2 de junho de 2004;

IV — a Lei n. 11.720, de 20 de junho de 2008;

V — o inciso IV do art. 7º da Lei n. 9.717, de 27 de novembro de 1998;

IV — o art. 2º da Lei n. 10.666, de 8 de maio de 2003.

Art. 39. Esta Lei entra em vigor na data de sua publicação.

Parágrafo único. O disposto no *inciso V do § 3º do art. 30 da Lei n. 11.907, de 2 de fevereiro de 2009*, terá vigência entre a data de publicação desta Lei e a data de publicação do ato normativo que aprovar o instrumento de avaliação a que se refere o *§ 2º do art. 2º da Lei n. 13.146, de 6 de julho de 2015* (Estatuto da Pessoa com Deficiência).

Brasília, 18 de junho de 2019; 198º da Independência e 131º da República.

JAIR MESSIAS BOLSONARO
Paulo Guedes
Roberto de Oliveira Campos Neto

Este texto não substitui o publicado no DOU de 18.6.2019 — Edição extra

C. PROJETO DE LEI N. 1.646/2019

PROJETO DE LEI N. 1.649/2019

Estabelece medidas para o combate ao devedor contumaz e de fortalecimento da cobrança da dívida ativa e altera a Lei n. 6.830, de 22 de setembro de 1980, a Lei n. 8.397, de 6 de janeiro de 1992, e a Lei n. 9.430, de 27 de dezembro de 1996.

O CONGRESSO NACIONAL decreta:

Art. 1º Esta Lei estabelece medidas para o combate ao devedor contumaz e de fortalecimento da cobrança da dívida ativa. Parágrafo único. Considera-se devedor contumaz o contribuinte cujo comportamento fiscal se caracteriza pela inadimplência substancial e reiterada de tributos.

Art. 2º Os órgãos da administração tributária da União poderão instaurar procedimento administrativo para caracterização e aplicação de restrições administrativas ao devedor contumaz, quando houver:

I — indícios de que a pessoa jurídica tenha sido constituída para a prática de fraude fiscal estruturada, inclusive em proveito de terceiros;

II — indícios de que a pessoa jurídica esteja constituída por interpostas pessoas que não sejam os verdadeiros sócios ou acionistas ou o verdadeiro titular, na hipótese de firma individual;

III — indícios de que a pessoa jurídica participe de organização constituída com o propósito de não recolher tributos ou de burlar os mecanismos de cobrança de débitos fiscais; ou

IV — indícios de que a pessoa física, devedora principal ou correspensável, deliberadamente oculta bens, receitas ou direitos, com o propósito de não recolher tributos ou de burlar os mecanismos de cobrança de débitos fiscais.

§ 1º Para fins do procedimento de que trata o *caput*, considera-se inadimplência substancial e reiterada de tributos a existência de débitos, em nome do devedor ou das pessoas físicas ou jurídicas a ele relacionadas, inscritos ou não em dívida ativa da União, de valor igualou superior a R$ 15.000.000,00 (quinze milhões de reais), em situação irregular por período igualou superior a um ano.

§ 2º Considera-se em situação irregular o crédito tributário que não esteja garantido ou com exigibilidade suspensa, observado o disposto no art. 206 da Lei n. 5.172, de 25 de outubro de 1966- Código Tributário Nacional.

§ 3º O valor estabelecido no § 1º poderá ser atualizado em ato do Ministro de Estado da Economia.

Art. 3º Ao final do procedimento de que trata o *caput* do art. 22, comprovados os motivos que deram origem à sua instauração, o contribuinte caracterizado como devedor contumaz poderá sofrer, isolada ou cumulativamente, as seguintes restrições administrativas:

I — cancelamento do cadastro fiscal do contribuinte pessoa jurídica ou equivalente; e

II — impedimento de fruição de quaisquer benefícios fiscais, pelo prazo de dez anos, inclusive de adesão a parcelamentos, de concessão de remissão ou de anistia e de utilização de créditos de prejuízo fiscal ou de base de cálculo negativa da Contribuição Social sobre o Lucro Líquido — CSLL para a quitação de tributos.

§ 1º Na hipótese de pagamento ou de parcelamento das dívidas pelo contribuinte antes da notificação da decisão administrativa de primeira instância, o procedimento será encerrado, se houver pagamento integral das dívidas, ou suspenso, se houver parcelamento integral das dívidas.

§ 2º As restrições administrativas previstas no *caput* poderão ser aplicadas em face do devedor principal e das pessoas físicas ou jurídicas a ele relacionadas, conforme o caso.

Art. 4º A Secretaria Especial da Receita Federal do Brasil do Ministério da Economia e a Procuradoria-Geral da Fazenda Nacional do Ministério da Economia, no âmbito de suas competências, editarão os atos necessários à execução do procedimento de que trata o *caput* do art. 2º, com observância às seguintes garantias, no mínimo:

I — concessão de prazo de trinta dias para exercício do direito de defesa pelo interessado; II — fundamentação das decisões, com indicação precisa dos elementos de fato e de prova que justificam a medida;

III — possibilidade de recurso, no prazo de quinze dias, com efeito suspensivo; e

IV — possibilidade de reavaliação das medidas adotadas, por meio de pedido fundamentado de interessado que comprove a cessação dos motivos que as tenham justificado.

Parágrafo único. Aplica-se ao procedimento de que trata o *caput* do art. 22, subsidiariamente, o rito estabelecido na Lei n. 9.784, de 29 de janeiro de 1999.

Art. 5º. A Procuradoria-Geral da Fazenda Nacional do Ministério da Economia, para recuperar créditos inscritos em dívida ativa que, a critério da autoridade fazendária, sejam classificados como irrecuperáveis ou de difícil recuperação e desde que inexistentes indícios de esvaziamento patrimonial fraudulento, poderá conceder descontos de até cinquenta por cento sobre o valor total consolidado da dívida, para pagamento à vista ou em até sessenta parcelas mensais.

§ 1º Os descontos de que trata o *caput* não poderão:

I — implicar redução do montante principal do tributo devido;

II — abranger as multas decorrentes de lançamento de ofício em decorrência da caracterização das hipóteses definidas nos art. 71, art. 72 e art. 73 da Lei n. 4.502, de 30 de novembro de 1964;

III — incidir sobre créditos relativos ao Regime Especial Unificado de Arrecadação de Tributos e Contribuições devidos pelas Microempresas e Empresas de Pequeno Porte — Simples Nacional ou ao Fundo de Garantia do Tempo de Serviço — FGTS; e

IV — alcançar créditos inscritos em dívida ativa da União há menos de dez anos, na data da proposta de quitação na forma prevista no *caput*.

§ 2º Aceita a proposta de quitação realizada nos termos do *caput*, o sujeito passivo deverá realizar o pagamento do valor à vista ou parcelado no prazo estipulado.

§ 3º O não pagamento do valor à vista ou de três parcelas devidas, consecutivas ou alternadas, implicará o cancelamento imediato dos descontos concedidos e a cobrança integral da dívida, deduzidos os valores já pagos, e a Procuradoria-Geral da Fazenda Nacional do Ministério da Economia poderá requerer a convolação da recuperação judicial em falência ou ajuizar ação de falência, conforme o caso.

§ 4º Compete à Procuradoria-Geral da Fazenda Nacional do Ministério da Economia regulamentar o disposto neste artigo e inclusive fixar os descontos a serem concedidos, de forma proporcional, sobre os acréscimos legais, com base na recuperabilidade do crédito e no prazo para quitação.

Art. 6º A Procuradoria-Geral Federal, no exercício das atividades de cobrança da dívida ativa, poderá, por meio de ato do Procurador-Geral Federal:

I — condicionar o ajuizamento de execuções fiscais à verificação de indícios de bens, direitos ou atividade econômica dos devedores ou corresponsáveis a que tenha acesso, desde que úteis à satisfação integral ou parcial dos débitos a serem executados; e

II — apurar administrativamente a responsabilidade de terceiros, nas hipóteses legais, nos termos do disposto na Lei n. 9.784, de 1999.

Art. 7º A Lei n. 6.830, de 22 de setembro de 1980, passa a vigorar com as seguintes alterações:

"Art. 4º...

§ 4º Aplica-se à Dívida Ativa da Fazenda Pública de natureza não tributária, inclusive a relativa ao Fundo de Garantia do Tempo de Serviço — FGTS, o disposto nos art. 130 a art. 137, art. 185 a art. 186 e art. 188 a art. 192 da Lei n. 5.172, de 25 de outubro de 1966 — Código Tributário Nacional." (NR)

"Art. 5º A competência para processar e julgar a execução da Dívida Ativa da Fazenda Pública exclui a de qualquer outro Juízo, inclusive o da falência, da recuperação judicial, da concordata, da liquidação, da insolvência ou do inventário.

Parágrafo único. Compete ao Juízo da execução fiscal determinar a constrição e a alienação de bens de devedor em recuperação judicial." (NR)

"Art. 7º

IV — registro da penhora ou do arresto, independentemente do pagamento de custas ou outras despesas, observado o disposto no art. 14;

V — avaliação dos bens penhorados ou arrestados;

VI — busca, apreensão e remoção imediata dos bens móveis penhorados;

VII — imissão na posse e autorização para exploração econômica dos direitos dela decorrentes pelo depositário ou administrador judicial dos bens imóveis penhorados; e

VIII — autorização para alienação antecipada e por iniciativa da Fazenda Pública quando os bens penhorados forem veículos automotores ou outros bens móveis sujeitos à depreciação ou à deterioração ou cuja guarda e conservação sejam excessivamente onerosas.

§ 1º A aplicação do disposto nos incisos VI, VII e VIII do *caput* fica condicionada a prévio requerimento da Fazenda Pública, na petição inicial, de forma incidental em qualquer fase do processo ou em petição depositada no cartório judicial, decisão judicial fundamentada e à disponibilização pelo exequente de estrutura própria ou de terceiros conveniados para depósito, guarda, transporte, conservação e administração dos bens.

§ 2º A Fazenda Pública deverá indicar os administradores, depositários, corretores ou leiloeiros credenciados para atuação perante o Juízo da execução fiscal.

§ 3º O Juízo da execução fiscal, quando exigido pela lei, nomeará os auxiliares a que se refere o § 2º entre os indicados pela Fazenda Pública.

§ 4º As despesas para depósito, guarda, transporte, conservação e administração dos bens serão descontadas do produto da alienação, observados os termos do credenciamento ou da decisão judicial e limitadas ao percentual de um por cento sobre o valor da alienação.

§ 5º Na hipótese de administração de penhora do faturamento, o percentual de que trata o § 4º será calculado com base nos valores pagos ou depositados mensalmente.

§ 6º Nas hipóteses de parcelamento e de pagamento da dívida após a penhora, caberá ao devedor o pagamento das despesas de que trata o § 4º, em que o limite percentual estabelecido incidirá sobre o valor da avaliação.

§ 7º A devolução da posse do bem ao devedor, na hipótese do § 6º, dependerá de prévia aquiescência da Fazenda Pública e ficará condicionada ao pagamento das despesas incorridas.

§ 8º Na hipótese de cancelamento ou de anulação da dívida, a posse do bem será imediatamente devolvida ao devedor, sem qualquer ônus.

§ 9º Sem prejuízo do previsto no *caput*, a alienação antecipada também poderá ser realizada quando houver manifesta vantagem, hipótese em que o Juiz ouvirá previamente as partes.

§ 10. O produto da alienação antecipada será depositado em Juízo.

§ 11. A Fazenda Pública poderá contratar, por meio de processo licitatório, empresa para prestação de serviços de gestão de bens penhorados ou aceitos em garantia administrativa, inclusive depósito, guarda, transporte, conservação, administração, alienação e credenciamento dos profissionais de que trata o § 2º" (NR)

"Art. 16.

§ 1º Não são admissíveis embargos do executado antes de garantida a execução, exceto nos casos em que o Juiz reconhecer a impossibilidade da prestação de garantia integral pelo devedor, quando o prazo de que trata o *caput* será contado da data da intimação da decisão judicial.

....

§ 4º OS embargos à execução não terão efeito suspensivo, exceto se demonstrados os requisitos previstos no § 1º do art. 919 da Lei n. 13.105, de 16 de março de 2015 — Código de Processo Civil.

§ 5º o juiz rejeitará liminarmente os embargos:

I — nas hipóteses estabelecidas no art. 918 da Lei n. 13.105, de 2015 — Código de Processo Civil; e

II — na falta de garantia integral ressalvada a hipótese do § lº." (NR)

"Art. 23. Se não efetivada a adjudicação ou a alienação por iniciativa do devedor ou da Fazenda Pública} a alienação dos bens penhorados será feita em leilão judicial.

....

§ 2º Cabe ao arrematante o pagamento da comissão do leiloeiro ou do corretor e das demais despesas indicadas no edital.» (NR)

"Art. 31. Nos processos de falência, concordata, recuperação judicial, liquidação, inventário, arrolamento ou concurso de credores, nenhuma alienação será judicialmente autorizada sem a prova de quitação da Dívida Ativa ou a concordância da Fazenda Pública, exceto se para satisfação de créditos com ordem de preferência prioritária em relação aos créditos fazendários.

Parágrafo único. A inobservância do disposto no *caput*, ainda que autorizada por decisão judicial, implica ineficácia da alienação perante a Fazenda Pública credora e sujeição dos bens alienados à constrição e alienação pelo Juízo da execução fiscal," (NR)

Art. 8º A Lei n. 8.397, de 6 de janeiro de 1992, passa a vigorar com as seguintes alterações:

"Art. 1º O procedimento cautelar fiscal poderá ser instaurado após a constituição do crédito, ainda que não definitiva, inclusive no curso do processo administrativo fiscal ou da execução judicial da Dívida Ativa da União, dos Estados, do Distrito Federal, dos Municípios e das respectivas autarquias, observado o disposto nesta Lei.

Parágrafo único. Nas hipóteses dos incisos V, VII, VIII e IX do *caput* do art. 2º, a medida cautelar fiscal poderá ser requerida após a notificação do contribuinte do início do procedimento fiscal." (NR)

"Art. 2º A medida cautelar fiscal poderá ser requerida quando o sujeito passivo da obrigação tributária ou não tributária:

....

V — põe ou tenta por seus bens em nome de terceiros;

....

IX — apresenta sinais de paralisação das atividades empresariais ou redução patrimonial que comprometam a satisfação do crédito fiscal; ou

X — pratica outros atos que dificultam ou impedem a satisfação do crédito.

§ 1º Na hipótese de haver indícios de conluio, simulação ou dissimulação de atos, negócios ou operações, interposição de pessoas, utilização de pessoa jurídica sem atividade econômica de fato para absorver eventuais responsabilizações, confusão patrimonial ou quaisquer atos tendentes a impedir, obstruir ou dificultar o adimplemento do débito, a medida cautelar fiscal poderá ser requerida contra terceiros que não constem no procedimento fiscal de constituição do crédito ou na certidão de Dívida Ativa.

§ 2º O requerimento de medida cautelar fiscal de que trata o § 1º não induz, por si só, responsabilidade de terceiros, a qual deverá ser apurada em processo administrativo ou judicial, assegurados o contraditório e a ampla defesa.

§ 3º Sem prejuízo do disposto no parágrafo único do art. 1º, é cabível a medida cautelar fiscal ainda que a exigibilidade do crédito esteja suspensa ou que o crédito não esteja constituído definitivamente." (NR)

"Art. 3º ....

I — prova literal do início do procedimento fiscal ou, quando for o caso, da constituição do crédito; e

...." (NR)

"Art. 4º ....

§ 1º Na hipótese de pessoa jurídica, a indisponibilidade poderá recair sobre todos os ativos, inclusive os financeiros, e poderá ser estendida aos bens do acionista controlador e aos dos que, em razão do contrato social ou do estatuto, tinham poderes para fazer a empresa cumprir suas obrigações fiscais ao tempo:

I — do fato gerador, nos casos de lançamento de ofício; ou

II — do inadimplemento da obrigação fiscal, nos demais casos.

...." (NR)

Art. 9º Os órgãos responsáveis pela cobrança da dívida ativa poderão contratar, por meio de processo licitatório ou credenciamento, serviços de terceiros para auxiliar a atividade de cobrança administrativa por eles desempenhadas.

§ 1º Os serviços referidos no *caput* envolvem a execução material de atos para viabilizar a cobrança administrativa de responsabilidade dos órgãos públicos, inclusive contato com os devedores pela via telefônica ou por meios digitais.

§ 2º O órgão responsável, no âmbito de suas competências, deverá regulamentar o disposto neste artigo e definir os requisitos para contratação, os critérios para seleção das dívidas, o valor máximo admissível e a forma de remuneração do contratado, que poderá ser por taxa de êxito, desde que demonstrada a sua maior adequação ao interesse público e às práticas usuais de mercado.

Art. 10. A Lei n. 9.430, de 27 de dezembro de 1996, passa a vigorar com as seguintes alterações:

"Art. 80. As pessoas jurídicas que, obrigadas, deixarem de apresentar a declaração a que se refere o art. 7º da Lei n. 10.426, de 24 de abril de 2002, ou a declaração de que trata o inciso IV do *caput* do art. 32 da Lei n. 8.212, de 24 de julho de 1991, por doze meses consecutivos, poderão ter sua inscrição no Cadastro Nacional da Pessoa Jurídica — CNPJ baixada, nos termos e condições definidos pela Secretaria Especial da Receita Federal do Brasil do Ministério da Economia, se, intimadas por edital, não regularizarem sua situação no prazo de sessenta dias, contado da data da publicação da intimação.

§ 1º Poderão ainda ter a inscrição no CNPJ baixada, nos termos e nas condições definidos pela Secretaria Especial da Receita Federal do Brasil do Ministério da Economia, as pessoas jurídicas:

I — que não existam de fato; ou

II — que, declaradas inaptas, nos termos do art. 81, não tenham regularizado sua situação: a) nos seis meses subsequentes, na hipótese do inciso I do *caput* do art. 81; ou b) no exercício subsequente, na hipótese do inciso II do *caput* do art. 81.

...." (NR)

"Art. 81. Poderá ser declarada inapta, nos termos e nas condições definidos pela Secretaria Especial da Receita Federal do Brasil do Ministério da Economia, a inscrição no CNPJ da pessoa jurídica que, obrigada, deixar de apresentar:

I — a declaração de que trata o art. 7º da Lei n. 10.426, de 2002, ou a declaração de que trata o inciso IV do *caput* do art. 32 da Lei n. 8.212, de 1991, por seis meses consecutivos; ou

II — nos cinco anos anteriores, as demais declarações e demonstrativos em dois exercícios consecutivos ou alternados.

...." (NR)

Art. 11. O Poder Executivo federal, com vistas ao cumprimento do disposto no inciso II do *caput* do art. 5º e no art. 14 da Lei Complementar n. 101, de 4 de maio de 2000 — Lei de Responsabilidade Fiscal, incluirá o montante da renúncia fiscal decorrente da aplicação do disposto no art. 5º desta Lei no demonstrativo a que se refere o § 6º do art. 165 da Constituição que acompanhar o projeto da Lei Orçamentária Anual e fará constar das propostas orçamentárias subsequentes os valores relativos à referida renúncia.

Parágrafo único. Os descontos previstos no art. 5º somente serão concedidos se atendido o disposto no *caput* e na Lei de Diretrizes Orçamentárias, inclusive com

Reforma da Previdência: Entenda Ponto a Ponto | **211**

a demonstração pelo Poder Executivo federal de que a renúncia foi considerada na estimativa de receita da Lei Orçamentária Anual, na forma do art. 12 da Lei Complementar n.101, de 2000 — Lei de Responsabilidade Fiscal, e de que não afetará as metas de resultados fiscais previstas no anexo próprio da Lei de Diretrizes Orçamentárias.

Art. 12. Ficam revogadas as alíneas "a" e "b" do inciso V do *caput* do art. 2º da Lei n. 8.397, de 1992.

Art. 13. Esta Lei entra em vigor:

I — quanto ao art. 5º, no primeiro dia do exercício subsequente ao de sua publicação; e

II — quanto aos demais dispositivos, trinta dias após a data de sua publicação.

Brasília,

D. QUADROS COMPARATIVOS

1. REGRAS PERMANENTES

1.1. Condições Comuns para o Regime Geral e para o Regime Próprio da Previdência Social

RGPS	RPPS — FEDERAL
Urbano	**Servidor Público Federal**
Art. 201. ..... (...) § 7º É assegurada aposentadoria no regime geral de previdência social, nos termos da lei, obedecidas as seguintes condições: I — 65 (sessenta e cinco) anos de idade, se homem, e 62 (sessenta e dois) anos de idade, se mulher, observado tempo mínimo de contribuição;	Art. 40. ...... (...) § 1º O servidor abrangido por regime próprio de previdência social será aposentado: (...) III — no âmbito da União, aos 62 (sessenta e dois) anos de idade, se mulher, e aos 65 (sessenta e cinco) anos de idade, se homem, e, no âmbito dos Estados, do Distrito Federal e dos Municípios, na idade mínima estabelecida mediante emenda às respectivas Constituições e Leis Orgânicas, observados o tempo de contribuição e os demais requisitos estabelecidos em lei complementar do respectivo ente federativo.

QUADRO COMPARATIVO — RGPS — Rural	
Antes da Emenda Constitucional	**Depois da Emenda Constitucional**
Art. 201. ..... § 7º É assegurada aposentadoria no regime geral de previdência social, nos termos da lei, obedecidas as seguintes condições: (...) II — sessenta e cinco anos de idade, se homem, e sessenta anos de idade, se mulher, **reduzido em cinco anos o limite para os trabalhadores rurais de ambos os sexos e para os que exerçam suas atividades em regime de economia familiar, nestes incluídos o produtor rural, o garimpeiro e o pescador artesanal.** *(Incluído dada pela Emenda Constitucional n. 20, de 1998)*	Art. 201. ..... § 7º É assegurada aposentadoria no regime geral de previdência social, nos termos da lei, obedecidas as seguintes condições: (...) **II — 60 (sessenta) anos de idade, se homem, e 55 (cinquenta e cinco) anos de idade, se mulher, para os trabalhadores rurais e para os que exerçam suas atividades em regime de economia familiar, nestes incluídos o produtor rural, o garimpeiro e o pescador artesanal.**

Regime Geral da Previdência Social RGPS (Art. 19)	Regime Próprio da Previdência Social RPPS-FEDERAL (Art. 10)
Homem: 65 anos de idade; e **20 anos de contribuição.** **Mulher:** 62 anos de idade; e **15 anos de contribuição.**	**Homem:** 65 anos de idade; e **25 anos de contribuição.** **Mulher:** 62 anos de idade; e **25 anos de contribuição.** **Para ambos os sexos:** ➢ 10 anos no serviço público; e ➢ 5 anos no cargo.

1.2. Regime Geral da Previdência Social — RGPS

QUADRO COMPARATIVO	
Antes da Emenda Constitucional	Depois da Emenda Constitucional
Art. 40. ..... § 19. O servidor de que trata este artigo que tenha completado as exigências para aposentadoria voluntária estabelecidas no § 1º, III, a, e que opte por permanecer em atividade **fará jus** a um abono de permanência equivalente ao valor da sua contribuição previdenciária até completar as exigências para aposentadoria compulsória contidas no § 1º, II. *(Incluído pela Emenda Constitucional n. 41, 19.12.2003)*	Art. 40. ..... **§ 19. Observados critérios a serem estabelecidos em lei do respectivo ente federativo,** o servidor titular de cargo efetivo que tenha completado as exigências para a aposentadoria voluntária e que opte por permanecer em atividade **poderá fazer jus** a um abono de permanência equivalente, no máximo, ao valor da sua contribuição previdenciária, até completar a idade para aposentadoria compulsória.

APOSENTADORIA POR IDADE — RGPS	
Trabalhador(a) Urbano(a)	Trabalhador(a) Rural
Homem: • 65 anos de idade; e • 20 anos de contribuição. **Mulher:** • 62 anos de idade; e • 15 anos de contribuição.	**Homem:** • 60 anos de idade; e • 15 anos de contribuição. **Mulher:** • 55 anos de idade; e • 15 anos de contribuição.

1.3. Regime Próprio da Previdência Social — RPPS

QUADRO COMPARATIVO	
Antes da Emenda Constitucional	**Depois da Emenda Constitucional**
Art. 40.	Art. 40. .....
(...)	(...)
§ 3º Para o cálculo dos proventos de aposentadoria, por ocasião da sua concessão, **serão consideradas** as remunerações utilizadas como base para as contribuições do servidor aos regimes de previdência de que tratam este artigo e o art. 201, **na forma da lei.** *(Redação dada pela Emenda Constitucional n. 41, 19.12.2003)*	§ 3º **As regras para cálculo de proventos de aposentadoria serão disciplinadas em lei do respectivo ente federativo.**
(...)	(...)
§ 7º **Lei disporá** sobre a concessão do benefício de pensão por morte, **que será igual:** *(Redação dada pela Emenda Constitucional n. 41, 19.12.2003)*	§ 7º **Observado o disposto no § 2º do art. 201 quando se tratar da única fonte de renda formal auferida pelo dependente, o benefício de pensão por morte será concedido nos termos de lei do respectivo ente federativo,** a qual tratará de forma diferenciada a hipótese de morte dos servidores de que trata o § 4º-B decorrente de agressão sofrida no exercício ou em razão da função.
I — ao valor da totalidade dos proventos do servidor falecido, até o limite máximo estabelecido para os benefícios do regime geral de previdência social de que trata o art. 201, acrescido de setenta por cento da parcela excedente a este limite, caso aposentado à data do óbito; ou *(Incluído pela Emenda Constitucional n. 41, 19.12.2003)*	
II — ao valor da totalidade da remuneração do servidor no cargo efetivo em que se deu o falecimento, até o limite máximo estabelecido para os benefícios do regime geral de previdência social de que trata o art. 201, acrescido de setenta por cento da parcela excedente a este limite, caso em atividade na data do óbito. *(Incluído pela Emenda Constitucional n. 41, 19.12.2003)*	

QUADRO COMPARATIVO	
Antes da Emenda Constitucional	**Depois da Emenda Constitucional**
Art. 40.	Art. 40. .....
(...)	(...)

QUADRO COMPARATIVO	
Antes da Emenda Constitucional	**Depois da Emenda Constitucional**
III — voluntariamente, desde que cumprido tempo mínimo de dez anos de efetivo exercício no serviço público e cinco anos no cargo efetivo em que se dará a aposentadoria, observadas as seguintes condições: *(Redação dada pela Emenda Constitucional n. 20, de 1998)* a) sessenta anos de idade e trinta e cinco de contribuição, se homem, e cinquenta e cinco anos de idade e trinta de contribuição, se mulher; *(Redação dada pela Emenda Constitucional n. 20, de 1998)* b) sessenta e cinco anos de idade, se homem, e sessenta anos de idade, se mulher, com proventos proporcionais ao tempo de contribuição. *(Redação dada pela Emenda Constitucional n. 20, de 1998)*	III — no âmbito da União, aos 62 (sessenta e dois) anos de idade, se mulher, e aos 65 (sessenta e cinco) anos de idade, se homem, e, no âmbito dos Estados, do Distrito Federal e dos Municípios, na idade mínima estabelecida mediante emenda às respectivas Constituições e Leis Orgânicas, observados o tempo de contribuição e os demais **requisitos estabelecidos em lei complementar do respectivo ente federativo.**

Regime Próprio da Previdência Social RPPS-FEDERAL (Art. 10)		
	Mulher	**Homem**
• Idade	• 62	• 65
• Contribuição	• 25	• 25
Tempo no	Mulher e Homem	
• Serviço Público	• 10	
• Cargo	• 5	

QUADRO COMPARATIVO	
Antes da Emenda Constitucional	**Depois da Emenda Constitucional**
Art. 40. ..... (...) § 6º Ressalvadas as aposentadorias decorrentes dos cargos acumuláveis na forma desta Constituição, é vedada a percepção de mais	Art. 40. ..... (...) **§ 6º Ressalvadas as aposentadorias decorrentes dos cargos acumuláveis na forma desta Constituição, é vedada a percepção**

QUADRO COMPARATIVO	
Antes da Emenda Constitucional	**Depois da Emenda Constitucional**
de uma aposentadoria à conta do regime de previdência previsto neste artigo. *(Redação dada pela Emenda Constitucional n. 20, de 15.12.98)*	**de mais de uma aposentadoria à conta de regime próprio de previdência social, aplicando-se outras vedações, regras e condições para a acumulação de benefícios previdenciários estabelecidas no Regime Geral de Previdência Social.**

QUADRO COMPARATIVO	
Antes da Emenda Constitucional	**Depois da Emenda Constitucional**
Art. 40.	Art. 40. .....
§ 1º Os servidores abrangidos pelo regime de previdência de que trata este artigo serão aposentados, calculados os seus proventos a partir dos valores fixados na forma dos §§ 3º e 17: *(Redação dada pela Emenda Constitucional n. 41, 19.12.2003)* I – por invalidez permanente, sendo os proventos proporcionais ao tempo de contribuição, exceto se decorrente de acidente em serviço, moléstia profissional ou doença grave, contagiosa ou incurável, na forma da lei; *(Redação dada pela Emenda Constitucional n. 41, 19.12.2003)*	**§ 1º O servidor abrangido por regime próprio de previdência social será aposentado:** I – por incapacidade permanente para o trabalho, no cargo em que estiver investido, **quando insuscetível de readaptação**, hipótese em que será obrigatória a realização de avaliações periódicas para verificação da continuidade das condições que ensejaram a concessão da aposentadoria, na forma de lei do respectivo ente federativo;

QUADRO COMPARATIVO	
Antes da Emenda Constitucional	**Depois da Emenda Constitucional**
Art. 40.	Art. 40. .....
§ 14 – A União, os Estados, o Distrito Federal e os Municípios, **desde que instituam regime de previdência complementar** para os seus respectivos servidores titulares de cargo efetivo, poderão fixar, para o valor das aposentadorias e pensões a serem concedidas pelo regime de que trata este artigo, o limite máximo estabelecido para os benefícios do regime geral de previdência social de que	**§ 14. A União, os Estados, o Distrito Federal e os Municípios instituirão**, por lei de iniciativa do respectivo Poder Executivo, regime de previdência complementar para servidores públicos ocupantes de cargo efetivo, observado o limite máximo dos benefícios do Regime Geral de Previdência Social para o valor das aposentadorias e das pensões em regime próprio de previdência social, ressalvado o disposto no § 16.

QUADRO COMPARATIVO	
Antes da Emenda Constitucional	**Depois da Emenda Constitucional**
trata o art. 201. *(Incluído pela Emenda Constitucional n. 20, de 15.12.98)* **§ 15. O regime de previdência complementar de que trata o § 14 será instituído por lei de** iniciativa do respectivo Poder Executivo, observado o disposto no art. 202 e seus parágrafos, no que couber, por intermédio de **entidades fechadas de previdência complementar, de natureza pública**, que oferecerão aos respectivos participantes planos de benefícios somente na modalidade de contribuição definida. *(Redação dada pela Emenda Constitucional n. 41, 19.12.2003)*	**§ 15. O regime de previdência complementar de que trata o § 14 oferecerá plano de benefícios somente na modalidade contribuição definida, observará o disposto** no art. 202 e será efetivado por intermédio de **entidade fechada de previdência complementar ou de entidade aberta de previdência complementar.**

1.4. Cálculo de Benefícios

QUADRO COMPARATIVO — RPPS	
Antes da Emenda Constitucional	**Depois da Emenda Constitucional**
Art. 40. ..... § 3º Para o cálculo dos proventos de aposentadoria, por ocasião da sua concessão, serão consideradas as remunerações utilizadas como base para as contribuições do servidor aos regimes de previdência de que tratam este artigo e o art. 201, **na forma da lei.** *(Redação dada pela Emenda Constitucional n. 41, 19.12.2003)* (...) § 17. Todos os valores de remuneração considerados para o cálculo do benefício previsto no § 3° serão devidamente atualizados, na forma da lei. *(Incluído pela Emenda Constitucional n. 41, 19.12.2003)*	Art. 40. ..... **§ 3º As regras para cálculo de proventos de aposentadoria serão disciplinadas em lei do respectivo ente federativo.** MANTIDO

2. Aposentadoria Especial

QUADRO COMPARATIVO — RPPS — Professores	
Antes da Emenda Constitucional	**Depois da Emenda Constitucional**
Art. 40......... (...)	Art. 40. ..... (...)

QUADRO COMPARATIVO — RPPS — Professores	
Antes da Emenda Constitucional	Depois da Emenda Constitucional
§ 5º Os requisitos de idade e de tempo de contribuição serão **reduzidos em cinco anos**, em relação ao disposto no § 1º, III, "a", para o professor que comprove exclusivamente tempo de efetivo exercício das funções de magistério na educação infantil e no ensino fundamental e médio. *(Redação dada pela Emenda Constitucional n. 20, de 15.12.98)*	**§ 5º Os ocupantes do cargo de professor** terão idade mínima **reduzida em 5 (cinco anos)** em relação às idades decorrentes da aplicação do disposto no inciso III do § 1º, desde que comprovem tempo de efetivo exercício das funções de magistério na educação infantil e no ensino fundamental e médio **fixado em lei complementar do respectivo ente federativo.**

QUADRO COMPARATIVO — RGPS — Professores	
Antes da Emenda Constitucional	Depois da Emenda Constitucional
Art. 201. ..... (...) § 8º Os requisitos a que se refere o inciso I do parágrafo anterior serão **reduzidos em cinco anos**, para o professor que comprove exclusivamente tempo de efetivo exercício das funções de magistério na educação infantil e no ensino fundamental e médio. *(Redação dada pela Emenda Constitucional n. 20, de 1998)*	Art. 201. ..... (...) **§ 8º O requisito de idade a que se refere o inciso I do § 7º será reduzido em 5 (cinco anos)**, para o professor que comprove tempo de efetivo exercício das funções de magistério na educação infantil e no ensino fundamental e médio fixado em **lei complementar.**

QUADRO COMPARATIVO — RPPS — Deficientes	
Antes da Emenda Constitucional	Depois da Emenda Constitucional
Art. 40......... (...) § 4º É vedada a adoção de requisitos e critérios diferenciados para a concessão de aposentadoria aos abrangidos pelo regime de que trata este artigo, ressalvados, **nos termos definidos em leis complementares**, os casos de servidores: *(Redação dada pela Emenda Constitucional n. 47, de 2005)* I **portadores de deficiência;** *(Incluído pela Emenda Constitucional n. 47, de 2005)*	Art. 40. .... (...) **§ 4º-A Poderão ser estabelecidos por lei complementar** do respectivo ente federativo **idade e tempo de contribuição** diferenciados para aposentadoria de **servidores com deficiência, previamente submetidos à avaliação biopsicossocial realizada por equipe multiprofissional e interdisciplinar.**

Reforma da Previdência: Entenda Ponto a Ponto | **219**

QUADRO COMPARATIVO — RGPS — Deficientes	
Antes da Emenda Constitucional	**Depois da Emenda Constitucional**
Art. 201.	Art. 201. .....
(...)	(...)
§ 1º É vedada a adoção de requisitos e critérios diferenciados para a concessão de aposentadoria aos beneficiários do regime geral de previdência social, ressalvados os casos de atividades exercidas sob condições especiais que prejudiquem a saúde ou a integridade física e quando se tratar de **segurados portadores de deficiência, nos termos definidos em lei complementar.** *(Redação dada pela Emenda Constitucional n. 47, de 2005)*	**§ 1º É vedada a adoção de requisitos ou critérios diferenciados para concessão de benefícios, ressalvado, nos termos de lei complementar, a possibilidade de previsão de idade e tempo de contribuição** distintos da regra geral para concessão de aposentadoria exclusivamente em favor dos segurados: I — **com deficiência, previamente submetidos à avaliação biopsicossocial realizada por equipe multiprofissional e interdisciplinar;**

QUADRO COMPARATIVO — RPPS — Agente Nocivo	
Antes da Emenda Constitucional	**Depois da Emenda Constitucional**
Art. 40.........	Art. 40. .....
(...)	(...)
§ 4º É vedada a adoção de requisitos e critérios diferenciados para a concessão de aposentadoria aos abrangidos pelo regime de que trata este artigo, ressalvados, **nos termos definidos em leis complementares,** os casos de servidores: *(Redação dada pela Emenda Constitucional n. 47, de 2005)* I — portadores de deficiência; *(Incluído pela Emenda Constitucional n. 47, de 2005)* II — que exerçam atividades de risco; *(Incluído pela Emenda Constitucional n. 47, de 2005)* III — **cujas atividades sejam exercidas sob condições especiais que prejudiquem a saúde ou a integridade física.** *(Incluído pela Emenda Constitucional n. 47, de 2005)*	**§ 4º-C Poderão ser estabelecidos por lei complementar do respectivo ente federativo idade e tempo de contribuição** diferenciados para aposentadoria de servidores cujas atividades sejam exercidas com **efetiva exposição** a agentes químicos, físicos e biológicos prejudiciais à saúde, ou associação destes agentes, vedados a caracterização por categoria profissional ou ocupação.

QUADRO COMPARATIVO — RGPS — Agente Nocivo	
Antes da Emenda Constitucional	**Depois da Emenda Constitucional**
Art. 201. ..... (...) § 1º É vedada a adoção de requisitos e critérios diferenciados para a concessão de aposentadoria aos beneficiários do regime geral de previdência social, ressalvados os casos de **atividades exercidas sob condições especiais** que prejudiquem a saúde ou a integridade física e quando se tratar de segurados portadores de deficiência, **nos termos definidos em lei complementar**. *(Redação dada pela Emenda Constitucional n. 47, de 2005)*	Art. 201. ..... (...) **§ 1º É vedada a adoção de requisitos ou critérios diferenciados para concessão de benefícios, ressalvado, nos termos de lei complementar, a possibilidade de previsão de idade e tempo de contribuição** distintos da regra geral para concessão de aposentadoria exclusivamente em favor dos segurados: (...) **II — cujas atividades sejam exercidas com efetiva exposição a agentes químicos, físicos e biológicos prejudiciais à saúde, ou associação destes agentes, vedados a caracterização por categoria profissional ou ocupação.**

QUADRO COMPARATIVO — RPPS — Forças Policiais	
Antes da Emenda Constitucional	**Depois da Emenda Constitucional**
Art. 40......... (...) § 4º É vedada a adoção de requisitos e critérios diferenciados para a concessão de aposentadoria aos abrangidos pelo regime de que trata este artigo, ressalvados, **nos termos definidos em leis complementares**, os casos de servidores: *(Redação dada pela Emenda Constitucional n. 47, de 2005)*	Art. 40. ..... (...) **§ 4º-B Poderão ser estabelecidos por lei complementar do respectivo ente federativo idade e tempo de contribuição diferenciados para aposentadoria de ocupantes do cargo de agente penitenciário, de agente socioeducativo ou de policial** dos órgãos de que tratam o inciso IV do *caput* do art. 51[129], o inciso XIII do *caput*

---

(129) "Art. 51. Compete privativamente à Câmara dos Deputados: (...) IV — dispor sobre sua organização, funcionamento, polícia, criação, transformação ou extinção dos cargos, empregos e funções de seus serviços, e a iniciativa de lei para fixação da respectiva remuneração, observados os parâmetros estabelecidos na lei de diretrizes orçamentárias; *(Redação dada pela Emenda Constitucional n. 19, de 1998)*". BRASIL. Constituição Federal.

QUADRO COMPARATIVO — RPPS — Forças Policiais	
Antes da Emenda Constitucional	**Depois da Emenda Constitucional**
I — portadores de deficiência; *(Incluído pela Emenda Constitucional n. 47, de 2005)* II — **que exerçam atividades de risco**; *(Incluído pela Emenda Constitucional n. 47, de 2005)* III — cujas atividades sejam exercidas sob condições especiais que prejudiquem a saúde ou a integridade física. *(Incluído pela Emenda Constitucional n. 47, de 2005)*	do art. 52[130] e os incisos I a IV do *caput* do art. 144[131].

QUADRO COMPARATIVO — RGPS — Forças Policiais	
Antes da Emenda Constitucional	Depois da Emenda Constitucional
Art. 201. ..... (...) § 1º É vedada a adoção de requisitos e critérios diferenciados para a concessão de aposentadoria aos beneficiários do regime geral de previdência social, ressalvados os casos de **atividades exercidas sob condições especiais** que prejudiquem a saúde ou a integridade física e quando se tratar de segurados portadores de deficiência, **nos termos definidos em lei complementar**. *(Redação dada pela Emenda Constitucional n. 47, de 2005)*	Art. 201. ..... (...) **§ 1º É vedada a adoção de requisitos ou critérios diferenciados para concessão de benefícios, ressalvado, nos termos de lei complementar, a possibilidade de previsão de idade e tempo de contribuição** distintos da regra geral para concessão de aposentadoria exclusivamente em favor dos segurados: (...) II — cujas atividades sejam exercidas com efetiva exposição a agentes nocivos químicos, físicos e biológicos prejudiciais à saúde, ou associação destes agentes, vedados a caracterização por categoria profissional ou ocupação e o enquadramento por periculosidade.

---

(130) "Art. 52. Compete privativamente ao Senado Federal: (...) XIII — dispor sobre sua organização, funcionamento, polícia, criação, transformação ou extinção dos cargos, empregos e funções de seus serviços, e a iniciativa de lei para fixação da respectiva remuneração, observados os parâmetros estabelecidos na lei de diretrizes orçamentárias; *(Redação dada pela Emenda Constitucional n. 19, de 1998)*". BRASIL. Constituição Federal.
(131) "Art. 144. A segurança pública, dever do Estado, direito e responsabilidade de todos, é exercida para a preservação da ordem pública e da incolumidade das pessoas e do patrimônio, através dos seguintes órgãos: (...) I — polícia federal; II — polícia rodoviária federal; III — polícia ferroviária federal; IV — polícias civis;". BRASIL. Constituição Federal.

QUADRO COMPARATIVO — Forças Policiais	
Antes da Emenda Constitucional[132]	Após a Emenda Constitucional[133]
Homem: • 20 anos no cargo; e • 30 anos de contribuição. **Mulher:** • 15 anos no cargo; e • 25 anos de contribuição.	**Homem e mulher:** • 55 anos de idade; • 25 anos no cargo; e • 30 anos de contribuição.

QUADRO COMPARATIVO — RPPS — Pensão por Morte	
Antes da Emenda Constitucional	Depois da Emenda Constitucional
Art. 40. .... (...) § 7º Lei disporá sobre a concessão do benefício de pensão por morte, que será igual: *(Redação dada pela Emenda Constitucional n. 41, 19.12.2003)* I — ao valor da **totalidade dos proventos do servidor falecido,** até o limite máximo estabelecido para os benefícios do regime geral de previdência social de que trata o art. 201, **acrescido de setenta por cento da parcela excedente a este limite, caso aposentado à data do óbito**; ou *(Incluído pela Emenda Constitucional n. 41, 19.12.2003)*	Art. 40. ..... (...) § 7º **Observado o disposto no § 2º do art. 201**[134] quando se tratar da única fonte de renda formal auferida pelo dependente, o benefício de pensão por morte será concedido **nos termos de lei do respectivo ente federativo**, a qual tratará de **forma diferenciada** a hipótese de morte dos servidores de que trata o § 4º-B[135] decorrente de agressão sofrida no exercício ou em razão da função.

---

(132) Somente incluía as carreiras policiais.
(133) Passou a incluir, além das carreiras policiais, a carreira de agente federal penitenciário ou socioeducativo.
(134) "Art. 201. (...) § 2º Nenhum benefício que substitua o salário de contribuição ou o rendimento do trabalho do segurado terá valor mensal inferior ao salário mínimo. *(Redação dada pela Emenda Constitucional n. 20, de 1998).* BRASIL. Constituição Federal.
(135) "Art. 40. (...) § 4º-B Poderão ser estabelecidos por lei complementar do respectivo ente federativo idade e tempo de contribuição diferenciados para aposentadoria de ocupantes do cargo de agente penitenciário, de agente socioeducativo ou de policial dos órgãos de que tratam o inciso IV do caput do art. 51, o inciso XIII do caput do art. 52 e os incisos I a IV do caput do art. 144". BRASIL. Constituição Federal.

Reforma da Previdência: Entenda Ponto a Ponto | **223**

QUADRO COMPARATIVO — RPPS — Pensão por Morte	
Antes da Emenda Constitucional	Depois da Emenda Constitucional
II — ao valor da **totalidade da remuneração do servidor** no cargo efetivo em que se deu o falecimento, até o limite máximo estabelecido para os benefícios do regime geral de previdência social de que trata o art. 201, acrescido de **setenta por cento da parcela excedente a este limite, caso em atividade** na data do óbito. *(Incluído pela Emenda Constitucional n. 41, 19.12.2003)*	

2. REGRAS DE TRANSIÇÃO

APOSENTADORIA — RGPS — Urbano		
PONTOS		
Regra Anterior	Regra Definitiva	Transição
IDADE		
Homem: • 65 anos de idade; e • 15 anos de contribuição. **Mulher:** • 60 anos de idade; e • 15 anos de contribuição.	**Homem:** • 65 anos de idade; e • 20 anos de contribuição. **Mulher:** • 62 anos de idade; e • 15 anos de contribuição.	**Homem:** • Qualquer idade; • 96 pontos; e • 35 anos de contribuição. **Mulher:** • Qualquer idade; • 86 pontos; e • 30 anos de contribuição.
TEMPO DE CONTRIBUIÇÃO		
Homem: • 35 anos de contribuição. **Mulher:** • 30 anos de contribuição.		

APOSENTADORIA — RGPS — Urbano
PONTOS — Professor

Regra Anterior	Regra Definitiva	Transição
IDADE		
Homem: • 65 anos de idade; • 15 anos de contribuição. **Mulher:** • 60 anos de idade; e • 15 anos de contribuição.	**Homem:** • 60 anos de idade; e • 25 anos de contribuição. **Mulher:** • 57 anos de idade; e • 25 anos de contribuição.	**Homem:** • Qualquer idade; • 91 pontos; e • 30 anos de contribuição. **Mulher:** • Qualquer idade; • 81 pontos; e • 25 anos de contribuição.
TEMPO DE CONTRIBUIÇÃO		
Homem: • 30 anos de contribuição. **Mulher:** • 25 anos de contribuição.		

APOSENTADORIA — RGPS — Urbano
IDADE E TEMPO DE CONTRIBUIÇÃO

Regra Anterior	Regra Definitiva	Transição
IDADE		
Homem: • 65 anos de idade; • 15 anos de contribuição. **Mulher:** • 60 anos de idade; e • 15 anos de contribuição.	**Homem:** • 65 anos de idade; e • 20 anos de contribuição. **Mulher:** • 62 anos de idade; e • 15 anos de contribuição.	**Homem:** • 61 anos de idade; e • 35 anos de contribuição. **Mulher:** • 56 anos de idade; e • 30 anos de contribuição.
TEMPO DE CONTRIBUIÇÃO		
Homem: • 35 anos de contribuição. **Mulher:** • 30 anos de contribuição.		

Reforma da Previdência: Entenda Ponto a Ponto | **225**

APOSENTADORIA — RGPS — Urbano IDADE E TEMPO DE CONTRIBUIÇÃO Professor		
Regra Anterior	**Regra Definitiva**	**Transição**
IDADE		
Homem: • 65 anos de idade; • 15 anos de contribuição. **Mulher:** • 60 anos de idade; e • 15 anos de contribuição.	**Homem:** • 60 anos de idade; e • 25 anos de contribuição. **Mulher:** • 57 anos de idade; e • 25 anos de contribuição.	**Homem:** • 56 anos de idade; e • 30 anos de contribuição. **Mulher:** • 52 anos de idade; e • 25 anos de contribuição.
TEMPO DE CONTRIBUIÇÃO		
Homem: • 30 anos de contribuição de magistério. **Mulher:** • 25 anos de contribuição de magistério.		

APOSENTADORIA — RGPS — Urbano PEDÁGIO 50%		
Regra Anterior	**Regra Definitiva**	**Transição**
IDADE		
Homem: • 65 anos de idade; • 15 anos de contribuição. **Mulher:** • 60 anos de idade; e • 15 anos de contribuição.	**Homem:** • 65 anos de idade; e • 20 anos de contribuição. **Mulher:** • 62 anos de idade; e • 15 anos de contribuição.	**Homem:** • Qualquer idade; • 35 anos de contribuição; e • 50% de pedágio. **Mulher:** • Qualquer de idade; • 30 anos de contribuição; e • 50% de pedágio. **Fator Previdenciário**
TEMPO DE CONTRIBUIÇÃO		
Homem: • 35 anos de contribuição. **Mulher:** • 30 anos de contribuição.		

APOSENTADORIA — RGPS — Urbano
PEDÁGIO 100%

Regra Anterior	Regra Definitiva	Transição
IDADE		
Homem: • 65 anos de idade; e • 15 anos de contribuição. **Mulher:** • 60 anos de idade; e • 15 anos de contribuição.	**Homem:** • 65 anos de idade; e • 20 anos de contribuição. **Mulher:** • 62 anos de idade; e • 15 anos de contribuição.	**Homem:** • 60 anos de idade; • 35 anos de contribuição; e • 100% de pedágio. **Mulher:** • 57 anos de idade; • 30 anos de contribuição; e • 100% de pedágio.
TEMPO DE CONTRIBUIÇÃO		
Homem: • 35 anos de contribuição. **Mulher:** • 30 anos de contribuição.		

APOSENTADORIA — RGPS — Urbano
PEDÁGIO 100% — Professor

Regra Anterior	Regra Definitiva	Transição
IDADE		
Homem: • 65 anos de idade; • 15 anos de contribuição. **Mulher:** • 60 anos de idade; e • 15 anos de contribuição.	**Homem:** • 60 anos de idade; e • 25 anos de contribuição. **Mulher:** • 57 anos de idade; e • 25 anos de contribuição.	**Homem:** • 55 anos de idade; • 30 anos de contribuição; e • 100% de pedágio. **Mulher:** • 52 anos de idade; • 25 anos de contribuição; e • 100% de pedágio.
TEMPO DE CONTRIBUIÇÃO		
Homem: • 30 anos de contribuição. **Mulher:** • 25 anos de contribuição.		

APOSENTADORIA ESPECIAL			
Atividade Especial	Regras Anteriores	Regras Definitivas	Transição
15 anos	**Homem e Mulher:** • qualquer idade; e • 15 anos de contribuição.	**Homem e Mulher:** • 55 anos de idade; e • 15 anos de contribuição.	**Homem e Mulher:** • qualquer idade; • 15 anos de contribuição; e • 66 pontos.
20 anos	**Homem e Mulher:** • qualquer idade; e • 20 anos de contribuição.	**Homem e Mulher:** • 58 anos de idade; e • 20 anos de contribuição.	**Homem e Mulher:** • qualquer idade; • 20 anos de contribuição; e • 76 pontos.
25 anos	Homem e Mulher: • qualquer idade; e • 25 anos de contribuição.	Homem e Mulher: • 60 anos de idade; e • 25 anos de contribuição.	Homem e Mulher: • 60 anos de idade; • 25 anos de contribuição; e • 86 pontos.

APOSENTADORIA — RPPS PONTOS		
Regra Anterior	Regra Definitiva	Transição
IDADE		
Homem: • 65 anos de idade; • 10 anos serviço; e • 5 anos cargo. **Mulher:** • 60 anos de idade; e • 10 anos serviço; e • 5 anos cargo.		**Homem:** • 61 anos de idade; • 96 pontos; • 35 anos de contribuição; • 20 anos serviço; e • 5 anos cargo.
TEMPO DE CONTRIBUIÇÃO	**Homem:** • 65 anos de idade; • 25 anos de contribuição; • 10 anos serviço; e • 5 anos cargo.	
Homem: • 60 anos de idade; • 35 anos de contribuição; • 10 anos serviço; e • 5 anos cargo. **Mulher:** • 55 anos de idade; • 30 anos de contribuição; • 10 anos serviço; e • 5 anos cargo.	**Mulher:** • 62 anos de idade; • 25 anos de contribuição; • 10 anos serviço; e • 5 anos cargo.	**Mulher:** • 56 anos de idade; • 86 pontos; • 30 anos de contribuição; • 20 anos serviço; e • 5 anos cargo.

APOSENTADORIA — RPPS PONTOS — Professor		
Regra Anterior	**Regra Definitiva**	**Transição**
IDADE		

IDADE

Homem:
- 65 anos de idade;
- 10 anos serviço; e
- 5 anos cargo.

Mulher:
- 60 anos de idade;
- 10 anos serviço; e
- 5 anos cargo.

TEMPO DE CONTRIBUIÇÃO

Homem:
- 55 anos de idade;
- 30 anos de contribuição;
- 10 anos serviço; e
- 5 anos cargo.

Mulher:
- 50 anos de idade;
- 25 anos de contribuição;
- 10 anos serviço; e
- 5 anos cargo.

Regra Definitiva

Homem:
- 60 anos de idade;
- 25 anos de contribuição;
- 10 anos serviço; e
- 5 anos cargo.

Mulher:
- 57 anos de idade;
- 25 anos de contribuição;
- 10 anos serviço; e
- 5 anos cargo.

Transição

Homem:
- 56 anos de idade;
- 91 pontos;
- 30 anos de contribuição;
- 20 anos serviço; e
- 5 anos cargo.

Mulher:
- 51 anos de idade;
- 81 pontos;
- 25 anos de contribuição;
- 20 anos serviço; e
- 5 anos cargo.

APOSENTADORIA — RPPS PEDÁGIO 100%		
Regra Anterior	**Regra Definitiva**	**Transição**
IDADE		

IDADE

Homem:
- 65 anos de idade;
- 10 anos serviço; e
- 5 anos cargo.

Mulher:
- 60 anos de idade;
- 10 anos serviço; e
- 5 anos cargo.

TEMPO DE CONTRIBUIÇÃO

Homem:
- 60 anos de idade;
- 35 anos de contribuição;
- 10 anos serviço; e
- 5 anos cargo.

Mulher:
- 55 anos de idade;
- 30 anos de contribuição;
- 10 anos serviço; e
- 5 anos cargo.

Regra Definitiva

Homem:
- 65 anos de idade;
- 25 anos de contribuição;
- 10 anos serviço; e
- 5 anos cargo.

Mulher:
- 62 anos de idade;
- 25 anos de contribuição;
- 10 anos serviço; e
- 5 anos cargo.

Transição

Homem:
- 60 anos de idade;
- 35 anos de contribuição;
- 100% de pedágio;
- 20 anos serviço; e
- 5 anos cargo.

Mulher:
- 57 anos de idade;
- 30 anos de contribuição;
- 100% de pedágio;
- 20 anos serviço; e
- 5 anos cargo.

APOSENTADORIA — RPPS PEDÁGIO 100% — Professor		
Regra Anterior	**Regra Definitiva**	**Transição**
IDADE		
Homem: • 65 anos de idade; • 10 anos serviço; e • 5 anos cargo. **Mulher:** • 60 anos de idade; • 10 anos serviço; e • 5 anos cargo.	**Homem:** • 60 anos de idade; • 25 anos de contribuição; • 10 anos serviço; e • 5 anos cargo. **Mulher:** • 57 anos de idade; • 25 anos de contribuição; • 10 anos serviço; e • 5 anos cargo.	**Homem:** • 55 anos de idade; • 30 anos de contribuição; • 100% de pedágio; • 20 anos serviço; e • 5 anos cargo. **Mulher:** • 52 anos de idade; • 25 anos de contribuição; • 100% de pedágio; • 20 anos serviço; e • 5 anos cargo.
TEMPO DE CONTRIBUIÇÃO		
Homem: • 55 anos de idade; • 30 anos de contribuição; • 10 anos serviço; e • 5 anos cargo. **Mulher:** • 50 anos de idade; • 25 anos de contribuição; • 10 anos serviço; e • 5 anos cargo.		

APOSENTADORIA — RPPS POLICIAIS FEDERAIS — 1º Caso		
Regra Anterior	**Regra Definitiva**	**Transição**
Homem: • qualquer idade; • 30 anos de contribuição; e • 20 anos na atividade. **Mulher:** • qualquer idade; • 25 anos de contribuição; e • 15 anos na atividade.	**Homem e Mulher:** • 55 anos de idade; • 30 anos de contribuição; e • 25 anos na atividade.	**Homem:** • 55 anos de idade; • 30 anos de contribuição; e • 20 na atividade. **Mulher:** • 55 anos de idade; • 25 anos de contribuição; e • 15 anos na atividade.

APOSENTADORIA — RPPS
POLICIAIS FEDERAIS — 2º Caso

Regra Anterior	Regra Definitiva	Transição
Homem • qualquer idade; • 30 anos de contribuição; e • 20 anos na atividade. **Mulher:** • qualquer idade; • 25 anos de contribuição; e • 15 anos na atividade.	**Homem e Mulher:** • 55 anos de idade; • 30 anos de contribuição; • 25 anos na atividade.	**Homem:** • 53 anos de idade; • 30 anos de contribuição; • 20 na atividade; e • 100% de pedágio. **Mulher:** • 52 anos de idade; • 25 anos de contribuição; • 15 anos na atividade; e • 100% de pedágio

APOSENTADORIA ESPECIAL
RPPS — Pontos

Atividade Especial	Regras Anteriores	Regras Definitivas	Transição
15 anos	Não era regulamentado anteriormente.	**Homem e Mulher:** • 60 anos de idade; • 25 anos de exposição e de contribuição; • 10 anos de serviço público; e • 5 anos no cargo.	**Homem e Mulher:** • qualquer idade; • 15 anos de exposição; • 66 pontos; • 20 anos de serviço público; e • 5 anos no cargo.
20 anos			**Homem e Mulher:** • qualquer idade; • 20 anos de exposição; • 76 pontos; • 20 anos de serviço público; e • 5 anos no cargo.
25 anos			**Homem e Mulher:** • qualquer idade; • 25 anos de exposição; • 86 pontos; • 20 anos de serviço público; e • 5 anos no cargo.